企业合规
法律实务概论

QIYE HEGUI
FALÜ SHIWU GAILUN

姚轩鸽／主　编
牛文杰／副主编

法律出版社
LAW PRESS·CHINA
北京

图书在版编目（CIP）数据

企业合规法律实务概论 / 姚轩鸽主编 ；牛文杰副主编. -- 北京 ：法律出版社，2025. -- ISBN 978 - 7 - 5244 - 0596 - 2

Ⅰ. D922.291.914

中国国家版本馆 CIP 数据核字第 2025PM5071 号

企业合规法律实务概论
QIYE HEGUI FALÜ SHIWU GAILUN

姚轩鸽 主　编
牛文杰 副主编

责任编辑 董　昱
装帧设计 苏　慰

出版发行 法律出版社
编辑统筹 法规出版分社
责任校对 张翼羽
责任印制 耿润瑜
经　　销 新华书店

开本 710 毫米 × 1000 毫米　1/16
印张 18　**字数** 286 千
版本 2025 年 8 月第 1 版
印次 2025 年 8 月第 1 次印刷
印刷 北京建宏印刷有限公司

地址：北京市丰台区莲花池西里 7 号（100073）
网址：www.lawpress.com.cn
投稿邮箱：info@lawpress.com.cn
举报盗版邮箱：jbwq@lawpress.com.cn
销售电话：010 - 83938349
客服电话：010 - 83938350
咨询电话：010 - 63939796

书号：ISBN 978 - 7 - 5244 - 0596 - 2　**定价**：59.00 元
凡购买本社图书，如有印装错误，我社负责退换。电话：010 - 83938349

序　言

2024年6月11日，在习近平总书记主持召开的中央全面深化改革委员会第五次会议上，审议通过了《关于完善中国特色现代企业制度的意见》。这是继现代企业制度的理论架构提出30多年之后，党和政府又一次重申建立健全产权清晰、权责明确、政企分开、管理科学的现代企业制度的重要性和现实的必要性。其中强调“完善中国特色现代企业制度，要尊重企业经营主体地位，坚持问题导向，根据企业规模、发展阶段、所有制性质等，分类施策、加强引导”。对国有企业而言，要完善党领导国有企业的制度机制，推动国有企业严格落实责任，完善国有企业现代公司治理，加强对国有资本的监督管理。同时，要鼓励有条件的民营企业建立现代企业制度，完善法人治理结构、规范股东行为、强化内部监督、健全风险防范机制，提升内部管理水平。该意见在根本上确立了新时代企业合规的内涵与要旨，即任何企业合规的理论与实践，都离不开现代企业制度的建设与完善。因此，从本质上看，企业合规是现代企业制度发展到我国深化经济体制改革的今天，对企业制度及其内部管控制度建设的一次更高阶和更新的全面检视，或者说企业合规制度建设就是我国现代企业制度的2.0版。

企业合规的起源可以追溯到19世纪末20世纪初的美国。当时，美国国会、美国政府的监管部门和联邦法院为了应对大型私人企业在市场与行业中的不正当竞争和垄断行为，制定了反垄断的监管流程以及反垄断和反腐败立法，并作出相关判例，为企业合规提供了初步的法律基础。在此后的100多年里，在美国资本主义高速发展过程中，各种经济危机和金融危机频仍，为了加强对企业贸易和金融活动的监管，促进企业合规，防范经济和金融风险，美国国会陆续制定了1914年《联邦贸易委员会法》（Federal Trade Commission Act），1933年《证券法》（Truth in Securities Law），1934年《证券交易法》(Securities Exchange Act),1976 年《哈特－斯科特－罗德诺法案》(Hart－Scott－Rodino Act),即《企业并购管制法》,1977 年《外国腐败行为反对法》(Foreign Corrupt Practices Act),2002 年《企业腐败违法行为法》(Corporate and Criminal Fraud Accountability Act) 等。这些法律法规以及据此产生的大量判例规则,表明作为资本主义发展龙头的美国,已经从完全的自由资本主义发展阶段走向政府监管和企业自由竞争发展相结合的市场规制阶段,其典型特征就是企业合规的全面化和系统化。

美国这些企业合规立法及其司法实践,相应地也影响和促进了现代欧盟各国的企业合规的全面展开,从反洗钱到打击恐怖主义融资活动、促进环境治理、知识产权保护,再到维护和促进欧洲市场竞争,对垄断、价格协议、市场分割、公司治理等行为进行约束,包括对美国微软公司等企业涉嫌垄断、倾销等破坏市场公平竞争行为的具体处罚,欧盟已经将企业合规作为市场监管、保护公平竞争、依法治理的全面要求。

我国的企业合规最早发端于 20 世纪 80 年代实行改革开放初期,当时有大量的国有企业需要进行类似于产权确权登记、政企分开、公司治理等的股份制改制和市场化的公司制度安排,以适应全面开放的国内外市场经济中竞争的需要。1993 年 11 月 11 日至 14 日举行的中国共产党十四届三中全会,作出了《中共中央关于建立社会主义市场经济体制若干问题的决定》,其中将转换国有企业经营机制、建立现代企业制度以及与之相关的培育和发展市场体系,转变政府职能等,作为改革的重中之重。现代企业制度被表述为“产权明晰,权责明确,政企分开,管理科学”四个基本特征,从此,我国的企业经营管理逐渐走上法治化、规范化之路。

在我国改革开放之初,企业产权明晰主要是指国有企业、集体企业的产权归属界定,并且和政企职能互相分开紧密相关,即企业要回归以营利为目的的经济组织的本来面目,以为所有人、投资人或股东创造最大财富为根本目标。为此,必须在明确界定产权归属的同时,剥离国有企业过去所承担的公共职能或部分政府职能。在这方面,我国制定了《中华人民共和国公司法》、《中华人民共和国中外合资经营企业法》(已失效,从 2020 年 1 月 1 日起由《中华人民共和国外商投资法》替代)、《中华人民共和国全民所有制工业企业法》、《中华人民共和国城镇集体所有制企业条例》、《中华人民共和国证券法》、《中华人民共和国反垄断法》、《中华人民共和国反不正当竞争法》、《中华人民共和国监察法》及《中国共产党廉洁自律准则》等法律法规，将国有企业、集体企业、民营企业、外资企业逐渐统统定位于营利性企业法人或者非法人经济组织，它们自身及其股东和高级管理人员，必须按照这些法律法规建立、治理和经营管理企业。

在企业的内部管理方面，无论哪一种所有制类型的企业，权责明确、管理科学都是企业成长、发展、壮大、竞争的必要前提。这就要求企业不断建设和完善内部的经营管理制度、规则和程序，即企业要适应市场竞争的经营管理的体制和机制，其中包括企业内部的基本规章制度，企业防范经营风险的内部审计、监督、“防火墙”设置、风险评估管理制度，以及企业加强环境保护、安全生产以及职工权益保护等方面的制度与规则安排。

进入21世纪之后，我国的改革开放逐步进入深水区，企业合规从国有企业的股份制改制、民营企业规范化管理渐次转移到产品质量管理、公平竞争、知识产权保护、企业信息与大数据安全、国际市场竞争环境适应、企业反腐败等方面，企业除了必须确保其业务活动符合国内外法律法规和市场的行业标准，还需要为企业建立符合法规要求、监管要求以及行业标准、市场惯例等的企业文化，维护企业的声誉，增强员工和客户的信任感，以确保企业行为满足社会期望与企业自身价值观的双重要求。企业合规的目标最终体现为以公正、透明与诚信的方式推动业务发展，通过遵守法律法规和商业道德规范，塑造一个可信赖的企业形象和品牌价值。

遵循上述意见和思路，本书详尽梳理、整合了近年来学界和司法实践有关企业合规方面的认知与观点，力图较为全面地概括并探讨企业合规与现代企业制度相结合视角下的合规理论框架以及其中较为成熟的知识点，以之作为三亚学院法学院拟为高年级本科生开设的“企业合规理论与实务”课程之教材，体现三亚学院作为应用型大学的民商法、公司法理论与企业经营管理实践、实操过程融会贯通的本色，并反映了学院的企业合规教学、研究与行政、司法的市场规制实践相互紧密结合的特点。此外，本书不仅是为在校研习的学生提供高质量的、具有创新性的企业合规专业教材，也希望用本书中的企业治理和经营管理实例，为企业界以及相关法律界人士提供认识和了解企业合规与现代企业制度所涉方方面面的基本路径与引导蓝图。

本书由三亚学院法学院相关民商法、经济法、企业公司法教学的诸位教师集体编撰，承担各章撰写任务的教师有：

禄正平 谢 畅：第一章 企业合规概述

禄正平 侯光明：第三章 企业合规自治与市场规制的相互关系

牛文杰：第二章 企业合规的基本理论

第四章 企业合规管理体系

王 铎：第五章 企业投融资合规

王文丽：第六章 企业治理合规

韦海浪：第七章 企业正当经营与竞争合规

宋杉杉：第八章 企业知识产权合规

李志兵 胡肖肖：第九章 企业数据与信息安全合规

姚轩鸽：第十章 企业税务合规

沈宝生：第十一章 企业劳动用工合规

胡粟文：第十二章 企业合规风险及其法律责任分析

侯光明：第十三章 企业道德合规及其风险与防范

高坤龙：第十四章 企业违法犯罪风险及其治理

全书由禄正平、牛文杰统稿，侯光明、胡粟文参与了部分章节的修改。

将现代企业制度的建立与完善融合于企业合规理论与实践总的架构中，既是对深化改革开放的延续，又是对建设中国特色现代企业制度以及使中国企业强身健骨，走向世界的必由之路，我们期待本书面世后推动企业合规与现代企业制度的学习和研究更上层楼。

是为序。

禄正平

2025 年 6 月 16 日

目 录

上编
总论
1

上编

总论

第一章　企业合规概述

企业合规说到底，是指在市场经济中，企业的经营活动需要“依法经营，照章纳税”，只是随着现代社会经济生活越来越多样化、市场竞争加剧和互联网电商营销模式的出现，市场的法律规制与监管也需要与时俱进，企业自身的自律、自治又有新的内容需要调整、补充和完善，因此，对企业合规就有了诸多新的含义和新的诠释。

第一节　西方国家企业合规溯源

企业合规的起源可以追溯到 19 世纪末 20 世纪初的美国。当时，美国国会、美国政府的监管部门和联邦法院为了应对大型私人企业在市场与行业中的不正当竞争和垄断行为，制定了反垄断的监管流程以及反垄断和反腐败立法，并作出相关判例，为企业合规提供了初步的法律基础。在此后的 100 多年里，随着各种法律法规的制定和修改，企业合规日益成为一项重要的企业经营管理实践。

美国企业合规的反垄断立法主要有：1890 年的《谢尔曼反托拉斯法》（Sherman Antitrust Act）；1914 年的《克利福德反托拉斯法》（Clayton Antitrust Act），该法补充了《谢尔曼反托拉斯法》的不足，规定了独立经营的限制、独占及垄断的禁止、价格歧视的禁止等；1914 年的《联邦贸易委员会法》（Federal Trade Commission Act），该法主要授权联邦贸易委员会负责监管市场和经营秩序，防止不正当垄断和欺诈消费者的行为；1976 年的《哈特 - 斯科特 - 罗德诺法案》（Hart - Scott - Rodino Act），该法要求公司在通过收购或合并方式获得其他公司时，向美国联邦贸易委员会和司法部提供必要的信息，以便监督并可能禁止该交易。[1]

在反对企业可能存在的商业贿赂与腐败行为方面，美国 1977 年的《外国腐败行为反对法》（Foreign Corrupt Practices Act），规定公司必须将反腐败的整个过程加以有效的记录并建立内部控制机构与相关措施等；2002 年的《企业腐败违法行为法》（Corporate and Criminal Fraud Accountability Act），要求对企业的内部财务和管理行为进行监管和控制，以避免内部财务和会计作假，防止金融欺诈和腐败行为。

美国 2002 年通过的《萨班斯—奥克斯利法案》，则是自 1930 年以来对联邦证券法所作的最大修改。在推动企业合规方面，该项法案的实施代表了美国治理上市公司基本理念的转变，即从简单的信息披露走向实质性的监管。其中，最主要的监管方式就是督促公司建立内部控制体系，要求公司管理层承担其建立、运行、评估、披露内部控制体系的责任。在该法案的影响下，美国上市公司会计监管委员会确立了企业内部控制体系的基本标准。这些标准要求管理层对内部控制体系的有效性进行评估，并对评估进行记录和报告。管理层的责任主要包括：记录与所有财务报表、会计科目和披露事项认定有关的内控设计；测试相关的内控体系，且须涵盖内部控制的全部要素；执行适当程序以获得充分的证据并保留相关记录，以便支持对内控体系有效性的评估；内部控制体系评估，应由公司管理层负责实施，可向内部审计师、公司其他人员和第三方请求协助，但不可直接委派给外部审计师或其他任何第三方，遇有一个或多个严重不合格的情况管理层就不应认定内控体系的有效性，在管理层报告应披露所有严重不合格的情况。[2]

2010 年通过的《多德—弗兰克法案》，针对金融危机的发生，推动了企业合规制度的进一步发展。根据美国学者的分析，该项法案“更加重视公司内部的举报和合规程序”，督促企业不断改进合规计划，以便有效预防企业内部的违法违规问题。

美国这些企业合规立法及其司法实践，相应地也影响和促进了欧洲的企

---

〔1〕 参见周德邦：《美国诉微软公司——新经济时代的美国反托拉斯法与知识产权》，载《电子知识产权》2003 年第 4 期。

〔2〕 参见陈瑞华：《论企业合规的性质》，载《浙江工商大学学报》2021 年第 1 期。

业合规立法出台，其中主要有欧盟2018年5月的《通用数据保护条例》（GDPR），其中明确规定了欧盟内个人数据（包括消费者和员工等）的处理和保护的要求；2018年的《反洗钱指令》（AML），要求企业采取措施预防和打击洗钱和恐怖主义融资活动；《欧洲共同体竞争法》（EU competition rules），规定要保护和促进欧洲市场竞争，对垄断、价格协议、市场分割等行为进行约束。欧盟的反垄断委员会有权对不合适的竞争行为进行调查，并可以对实施垄断的公司进行罚款，包括曾经作出的对美国微软公司涉嫌垄断的处罚。欧盟采用的企业合规指令和条例进一步涵盖了许多不同领域，如公司税收、环境保护、财务报告、公司治理要求等。

如今，美国和欧洲制定的有关企业合规的法律法规已经涵盖了企业经营活动的各种领域和各个方面。特别是在20世纪中期以后，由于经济全球化和信息技术的进步，企业合规变得更加复杂和关键。越来越多的公司开始推行全球化战略，这就需要遵守不同国家和地区的法律法规和道德规范，保护消费者和社会公众的权益，促进公平竞争和可持续发展。同时，随着社交媒体和互联网的普及，公司面临着更大的公众监督和舆论压力，需要更为谨慎和慎重地管理企业合规。

就企业公司的长远发展而言，企业合规在西方国家已经成为一个普遍的商业实践，在环境、劳工、安全、人权、反腐败等方面，企业公司除必须确保其业务活动符合法律法规、市场规制和行业标准之外，还需要为企业建立符合市场竞争规则、行业标准和商业惯例所要求的企业文化，维护企业的声誉，增强员工和客户的信任感，以确保企业行为符合社会期望与企业自身价值观的双重要求。它的目标是以公正、透明与诚信的方式推动业务发展，通过遵守法律法规和商业道德规范，塑造一个可信赖的企业形象和品牌价值。

第二节　我国企业合规制度的嬗变

一、国有企业的现代企业制度建设与企业合规发展

我国企业合规制度从无到有及其发展，是和我国自1978年以来实行改革开放中的国有企业改革紧密联系在一起的。

改革开放以来，我国国有企业的改革历程可以分为以下几个阶段。

其一，20 世纪 80 年代初的国有企业试点改革。20 世纪 80 年代初，在党的十一届三中全会确立了实行改革开放的政策之后，我国政府开始进行国有企业的试点改革。当时试点改革的主要方式是在国有企业内部引入奖励和承包责任制度，通过物质奖励优秀企业和工人、实行现金分红等方式，激励国有企业及其负责人改善生产和经营管理。有的国有企业还进行了企业整体的"经营责任承包"式的试点改革，以期改变过去国有企业"吃大锅饭"的计划经济经营模式，落实国有企业的内部经营责任制。

其二，20 世纪 80 年代中期的系统性国有企业体制机制改革，其中的重点是股份制改革。20 世纪 80 年代中期，我国政府开始实行国有企业股份制改革试点的全面推进，让国有企业实行市场化运作，实现经营自主和自负盈亏。

其三，20 世纪 90 年代的再次改革。20 世纪 90 年代初，我国政府提出了多项重要的国有企业改革方案，其中最为重要的就是将各级政府及其所属部门对国有企业的所有权分离出来，合并划归到国资委，由各级国资委代表政府统一行使对国有企业的财产所有权。国有企业自身要通过内部重组整合，以优胜劣汰的方式加速向市场化、公司化、专业化的方向发展。

其四，21 世纪初的国有企业管理模式再调整。21 世纪初，国有企业在改革开放中积累的主要负责人腐败、滥用权力等问题频发，甚至构成职务犯罪。我国政府针对国有企业这些痛点，提出了加强公司治理、推进国有资产监管、改革人力资源管理、强化企业对内的岗位责任管理和对外的国际化发展，夯实国有企业在国内、国际市场的竞争力。

上述国有企业改革历程表明，要想与市场经济的全面推进和竞争环境相适应，国有企业必须与时俱进地改变自己的经营管理模式，真正成为合法合规、善于经营的市场经济的主体。

近些年来，在经济全球化和国际商务快速发展背景下，我国企业合规和商业道德的重要性日益凸显。我国政府也相应提高了企业合规和企业在社会责任方面的要求，尤其是加大了对国有大型企业和国有控股上市公司的监管力度。

首先，在建立健全企业合规的法律制度方面，我国政府制定了一系列法律法规和实施标准，包括《中华人民共和国公司法》（以下简称《公司法》）、《中华人民共和国全民所有制工业企业法》（以下简称《全民所有制工业企业法》）、《中华人民共和国城镇集体所有制企业条例》（以下简称《城镇集体所有制企业条例》）、《中华人民共和国证券法》（以下简称《证券法》）、《中华人民共和国反垄断法》（以下简称《反垄断法》）、《中华人民共和国反不正当竞争法》（以下简称《反不正当竞争法》）、《中华人民共和国监察法》（以下简称《监察法》）、《中国共产党廉洁自律准则》等。国有企业、民营企业以及相关企业负责人被要求严格遵守这些法律法规和标准。

其次，企业加强了自主管理。无论哪一种所有制类型的企业，都已经越来越意识到依法合规经营的重要性。大多数有规模的企业建立了专门的合规部门或聘请合规专业人员。企业不断优化合规管理体系，制定专门的合规制度和程序。譬如华为公司制定了自己企业内部的《华为基本法》，吉利集团制定了其集团的合规准则。

再次，企业越来越重视风险管理，包括对各种可能涉及金融和财务风险的问题的预防和控制，以及对合规和商业道德方面的风险管理。企业一般通过组织内部审计、建立“防火墙”、风险评估等方式，防范和发现企业可能存在的合规问题和风险，并采取相应措施加以应对。

最后，企业已经在现代市场经济的竞争中意识到自己所要承担的社会责任，并将企业的生存发展与环境、生态、社会公益等密切结合，不断加强环境保护、安全生产以及职工权益保护等方面的责任和管理，积极参加和开展社会公益活动，推动企业的可持续发展。

应当看到，我国企业合规的发展和国有企业股份制改制、现代企业制度建设和国有企业法人治理是紧密联系在一起的，这也是我国以公有制为主体的经济国情的反映。一方面，企业合规对国有企业的治理起到了促进和推动的作用。企业合规是企业风险管理的重要环节，对保障企业经营管理合规、有效预防和控制出现的违规风险起到了关键性作用，促进了企业治理的规范化和标准化，降低了经营管理风险，提高了企业依法合规经营的水平，增强了企业公信力，提升了企业的竞争力。另一方面，国有企业治理对企业合规的实现起到了保障和支持的作用。国有企业作为具有国家背景的企业，被认为拥有对国家法律法规的强烈敏感度和极大的合规能力，在国家相关部门及时披露信息，企业内部完善合规制度和流程、落实全员合规培训、定期开展合规自查等方面具有先天优势。此外，国有企业承担着社会责任，扮演着中国经济发展历程中具有重要作用的一种经济组织形态，对社会以及经济发展的稳定具有不可替代的重要作用。

二、集体企业走向企业合规的回顾与展望

我国集体企业的改革发展首先是随着广大农村的改革开放而逐步推广的，是农村集体所有制改革的重要组成部分，其改革的主要内容和发展历程如下。

首先是农村集体企业的兴起。20 世纪 80 年代初，农村集体经济逐渐壮大，集体企业开始在原有的小规模加工企业基础上迅速发展。这些企业以农机维修站、村办企业、合作社、农村电力企业等形式存在，产权较为模糊，一般统称为乡镇集体企业。

其次是农村集体企业和集体经济及其所有制模式的改革。农村集体企业改革的主要内容包括转让土地使用权、股份制改革、企业制度改革、引进外资和上市融资等。股份制改革是集体企业和集体经济改革的重点，通过股份制改革，明晰了企业产权乃至集体成员个人的产权，“交够国家的，留足集体的，剩下都是个人的”[1]，让集体企业、农民家庭和个人更好地适应了市场竞争和市场经济发展。

再次是扩大集体企业的经营范围。为了进一步发展集体企业，20 世纪 90 年代早期，我国政府开始扩大农村集体企业的经营范围，先后制定了《中华人民共和国农业法》和《城镇集体所有制企业条例》，为城乡集体企业的发展提供了法律法规支持。

又次是允许集体企业引进外资和上市融资。21 世纪初，我国政府在加入 WTO 之际，进一步放宽了对外资的限制，允许外资投资农村集体企业。同时，在政府相关政策支持下的集体企业也开始寻求 IPO 融资，即通过资本市场发行股票，吸收资金，促进企业的发展。当时的典型企业代表就是江苏江阴的“华西村”，作为集体企业的上市公司，华西村一直是集体经济的标杆，通过股份制实现了由单一的农村集体所有制产权经济向混合所有制的产权经

〔1〕 贺雪峰：《组织起来》，山东人民出版社 2012 年版，“序言”。

济的转变。

最后是集体企业多元化发展。随着改革的深入，农村集体企业进一步拓展了经营范围，发展了旅游、服务、物流、金融等多元化业务，实现了经济利益的最大化。集体企业的改革，使农村集体经济得到了有效的发展和巩固，农民生活水平和农村、乡镇经济水平得到了进一步提升。

和农村集体企业改革相类似，我国的城镇集体企业的改革也是我国经济改革的一个重要组成部分，其产权结构以及所带来的企业合规与治理也经历了一个漫长而复杂的改革与发展之路。

20 世纪 80 年代初，随着经济体制改革和城市化进程的逐渐加快，大批城镇集体企业应运而生，成为城镇经济中不可或缺的一部分。这些企业以社区、居民点、街道为单位，涉及制造业、建筑业、服务业、加工业等各个领域，尤其是其中的服务业，对推进城市生活的社会化服务功不可没。

随着国有企业改革的推进，城镇集体企业也成为改革的重点对象之一，其中的核心问题就是企业的产权确认或者股权归属。换言之，城镇集体企业只有在明确了产权（股权）之后，才有可能轻装上阵，发展成为全新的市场主体，成为依法合规的经营者。围绕城镇集体企业产权归属，当时的企业合规主要内容包括以下几个方面。

首先，城镇集体企业的产权确认安排和持有方式的设计，包括股份制改革后的股权安排，其中有土地等资源产权的归属、资产评估、股份确认、股份转让等。1991 年 9 月，国务院颁布了《城镇集体所有制企业条例》，对城镇集体企业的设立、存续、经营管理作了全面规范，2011 年又在此基础上进行了全面修订，将各种类型的城镇集体企业都纳入规范管理中，这是城镇集体企业走向合规经营的制度建设基础。

其次，引入战略投资者。任何企业发展都离不开资金和技术，尤其是在企业以较小成本和规模向中大型企业发展的过程中，更需要引入战略投资者。集体企业可以利用自身规模小、产权构造简单的特点，通过股份合作制，吸收外部资本和技术，改善企业经营模式，提高效益水平。

再次，完善企业合规的制度建设框架。过去的城镇集体企业都是在地方政府的基层组织，譬如在街道办事处的领导和管理下，被动地根据上级指令安排生产经营活动，没有自主、自治的意识和制度。经济改革使城镇集体企业初步建立了企业合规的法制框架，包括建立基本的企业管理体制，建立并完善了企业章程、法人治理结构、内部监督等制度机制。

又次，实现企业的科学管理。城镇集体企业发展良好的关键在于实行科学管理，其中除了要引入科学管理的理念和方法，还要完善用工制度和全过程的激励机制，这是企业内部运营管理合规的基础。

最后，在加强企业资本运营的同时，需要诚实守信规范资本运作。改革开放以后，城镇集体企业由于其自身独立性相对较强，管理层级有限，规模不大，地处城镇，交通方便，转型灵活，又属于公有制，天然地与我国初建的资本市场联系紧密，可以广泛地通过利用各种各样的资本运营和管理，包括利用外资入股、职工集资入股、项目股权投资、合股经营、股权激励等来增加企业升值空间，进一步促进企业的发展和壮大。

无论农村集体企业还是城镇集体企业，其作为市场主体，都应该在依法合规的经营管理之路上有所建树和发展。但是，囿于集体经济的体制机制在应对市场竞争和改革政策方面的局限性，集体企业的发展规模总体不大，存活周期也很有限，所以较大规模地产生和形成集体企业合规的标准化模式几无可能。我们对未来集体企业合规的展望，应该是以《城镇集体所有制企业条例》为基础，在股份公司特别是上市公司里面的集体企业中筛选出混合所有制和混合经济体的代表，让规范的混合所有制企业的合规经营成为未来集体企业的标杆。

三、从私法自治到企业合规——企业管理的升级与完善

在早期的自由资本主义时代，企业依法合规经营的提法尚未出现，与企业在自由市场竞争中的生存发展相适应的，是民商法中的“私法自治”概念以及企业法人自我负责、自我调整的体制机制。

私法自治是指具有一定行为能力的自然人或者法人团体依法自主行使内部事务管理权力，通过自己制定的规则、制度、程序等，处理内部的纠纷和冲突，以达成自愿协议和自主自治的一种制度安排。私法自治一般体现在企业、社团、组织等私人主体之间的内部权力与事务的安排和处理中，例如，通过公司章程、岗位责任制、社团章程、协会章程等制度规范协调处理自身的内部事务。对于企业和社团等私人组织而言，私法自治可以在内部解决大

部分争议和纠纷，这不仅减轻了司法机关的负担，也反映了企业与其他私人主体的自主性和协商解决纠纷的自治和契约意识。在西方早期自由经济时代，私法自治就是企业家或资本家的“护身符”，他们希望可以藉此对抗政府机构和社会公益组织对企业发出的承担社会责任的要求。

因此，私法自治在维护企业自主权的同时，也有其局限性。一方面，私法自治只具有解决企业内部问题的权力，而不能涉及企业对外的权利和主张，例如不能用自家利益影响或妨碍国家法律的适用和社会公共利益的维护。另一方面，企业的私法自治仍需在某些方面加以监管，以保护弱势群体的利益不受损害，譬如，政府机构需要监督企业保护消费者的利益以及保护劳动者的合法权益。

今天，虽然我国作为市场经济建立发展仅有几十年的新兴市场经济国家，但我国企业按照公司法依法登记设立后，拥有一定的自主意识和行为能力，具备自主决策、规划和运营等基本权利、义务和责任，私法自治依然得到一定的延续，这表现在以下几个方面。

首先，在企业内部，企业法人可以依照《公司法》等法律法规制定企业章程，规定公司的管理制度、人事制度、财务制度等内部制度事宜，也可以自主规定企业经营、生产管理制度和岗位责任制等日常事务和内控程序，从而实现企业内部的自主治理。

其次，在企业内部纠纷处理方面，企业法人可以按照企业章程、内部管控制度等内部规定，自主处理企业内部纠纷。例如企业章程可以规定在企业内部首先通过自主协商和调解处理纠纷，而非通过外部的仲裁、诉讼等途径解决纠纷。这既有利于企业的内部和谐，也有利于降低企业的成本和风险。

最后，企业法人还可以按照法律规定和合同约定等自主处理企业的商业合同纠纷、劳动合同纠纷等外部争议。这需要企业具备足够的内部治理能力和纠纷解决机制，可以依靠专门设立的内部纠纷解决机构等多种途径进行协商解决。

可以看出，迄今为止，企业法人作为在民商事领域中或者市场经济中的法律主体，私法自治在制定内部制度、确立纠纷解决机制、激发创造创新等方面依然发挥着强大的作用。

当然，私法自治的局限性在经济全球化的今天也日趋明显，企业既要依法自治也要合规经营，不能借口私法自治规避合规监管，更不能因企业以营利为目的而推卸社会责任。这就是企业合规近年来在我国得以广泛传播并推广的原因所在。

企业合规是企业在现行市场竞争和社会环境中如何更好生存和发展的问题，是整个社会、政府、企业等众多力量共同推进企业治理的产物。具体来看：一方面，我国政府在全面依法治国的大背景下，提出了推进企业合规的重要意义和主张，将企业合规作为企业经营发展的重要支点予以推进，这也是加强国家治理能力的需要。另一方面，在市场经济日益高速发展和经济全球化的背景下，各级政府和监管部门对企业合规的要求也越来越高，企业已经不仅是人民群众创富增收、提高生活质量和保护劳工等重要工作的力量之一，还是国家维护国家安全、稳定和发展的重要支持基础，因此需要对企业合规进行有效监管，促进企业依法合规自律经营。

由此来看，企业合规是在私法自治基础上的企业法人制度的更新与发展，也可以说是私法自治的 2.0 版，是更高意义上的企业自治管理，是企业营利目的与企业社会责任担当的有机结合，是企业法人人格的更加完美的体现。

第三节　企业合规与相关法律制度的关系

一、企业合规与企业法人制度的关系

企业合规与民法的企业法人制度发生紧密联系，这种紧密联系的意义在于，企业的合规管理必须以企业法人制度为基础进行，即建立在民法以及公司法、企业法、劳动法等相关法律法规基础之上的企业法人制度，是企业合规得以推广进行的前提，只有在企业法人制度的基础上，在依据公司法严格治理公司的前提下，企业才能更好地开展合规管理。它们之间的关系可以展开在以下几个方面。

首先，企业法人制度和公司法赋予企业法人独立的法律地位、权利和义务，企业借此获得特定的法律权利和经济利益，并承担相应的法律责任。企业法人制度为企业提供了法律地位、权利和义务的规范，企业必须依照公司法的法定程序注册登记，并且在企业运营过程中按照《民法典》和《公司

法》的相关规定，制定公司章程，确立股东大会、董事会、监事会、管理层等机构的运作模式，这些均是企业合规的重要内容。

其次，企业合规管理需要依据企业法人制度和公司内控管理制度，建立合规内控机制。企业法人制度和公司治理制度为企业依法合规运行提供了必要的法律基础和监管机制，使得企业可以在法律框架下开展合规管理。企业法人制度、企业法人治理结构、公司章程等，要求企业建立内部管理机制和制度，确保企业经营活动的合法合规，从而保护企业的合法权益。

再次，根据企业法人制度的基本要求，《公司法》规定了企业的权利和义务，明确了企业承担的法律责任。根据《公司法》的规定，企业必须履行税收、劳动、环保等相关法律规定和社会责任。《公司法》还规定了企业应承担的其他法律责任，如企业应及时履行信息公开义务、保护中小投资者利益等。《公司法》还与《证券法》一起，规范了企业的融资行为，根据《公司法》，企业融资行为必须遵守法律法规的要求，如发布招股说明书、发布债券融资说明和公司上市说明等，防范和避免企业融资违规行为带来的风险。

最后，企业法人制度和公司治理规则要求企业建立和健全企业法务机构与合规管理机构，以便企业能够及时、准确地知晓法律法规的要求，建立完善企业自己的规章制度，并采取相应的措施加以监督实施，并使之成为企业的文化和信仰。企业法务机构与合规管理机构的建立，不仅有利于企业遵守法律法规，同时有利于企业加强内部管理和推进企业合规管理。

二、企业合规与企业法人财产权、企业股权的关系

（一）企业合规与企业法人财产权的关系

企业法人财产权指的是企业法人作为独立的法律主体所拥有的财产权益，包括企业所拥有的资产、知识产权、商誉、商业秘密等。这些权益与企业的法人地位密切相关，是企业独立自主经营的基础。企业法人财产权的产生和实现主要依据《公司法》《全民所有制工业企业法》《城镇集体所有制企业条例》等国家法律法规的规定，受到国家法律制度的保障和一定的限制。

企业法人的财产权具有独立性、不可侵犯性、权利性、义务性、兼容性、可分性和可转让性等特征，即企业可以像作为民事活动主体的个人一样，完全自主地依法合规运营和处置属于自己的财产。但是，任何其他个人，即使

是企业的大股东或实际控制人，也不能绕开《公司法》等法律法规所规定的企业运营与监管流程，随意支配或处置企业财产。企业法人可以通过公开招标、竞价转让、资产重组、股权收购等多种方式实现财产权的流通和转移，使企业管理更加灵活，促进经济活动的发展。同时，企业法人在行使财产权时必须遵守国家法律和法规，不得侵犯他人的合法权益。可见，企业法人财产权是企业作为市场独立法律主体的最重要的法律权益，它是企业自主经营和规范管理的基础，也是保护和促进企业自由竞争与发展的重要保障。

企业合规与企业法人财产权之间有着密切的关系。企业合规是指企业在其经营活动中遵守国家法律、法规、规章、标准以及行业自律规范等的要求，保证企业合法、合规、稳健地进行经营。企业合规的实现可以保障企业法人财产权的稳定和合理性。具体而言，企业合规作为企业经营活动中的重要内容，在保证企业法人财产权的基础上，推动企业规范经营、稳步发展。企业合规的具体要求包括但不限于遵守税收法律、增值税法、商法、劳动法等相关法律法规和行业规范，对企业的合规经营提供了法律保障。同样，企业合规的实现也需要企业法人的积极配合和其财产权的充分保障。如果没有企业法人财产权做基础，企业合规就是无本之木，就是空中楼阁，合规就失去了意义。反之，企业合规可以规范企业管理制度和控制流程，提高企业的治理水平和风险控制能力，有利于企业进一步扩大市场份额、提高效益，节约交易成本，从而保障企业的合法性和财产权及其收益的实现。因此，企业合规和企业法人财产权是相辅相成、不可或缺的两个方面，在企业发展中必须得到充分的重视和依法保障。

（二）企业合规与企业股权的关系

企业股权和企业财产权是两个不同的制度概念。企业财产权是指企业法人作为独立法律主体所拥有的财产权益，这些权益主要来自企业所拥有的、可以自主支配和管理的财产，其在合法经营的前提下可以自由流通和转移。企业股权则是企业所有股东对企业所有权的权益体现。股份制企业股权通常是以股票作为权益凭证。企业股权的所有者，即股东，对企业经营管理和业绩表现具有决策和控制权，可以通过股权获得企业利润分配和资本收益，而且股权也可以交易和转让。由此可以看出，企业财产权和企业股权虽然有一定的关系，但属于不同的制度概念。企业财产权主要关注企业作为法人所拥有的财产权益，强调的是企业财产权益的自主性和合法性，而企业股权则主要关注企业的所有权和治理权，强调所有者或股东对企业的控制和分配权。

企业合规落实到企业的具体安排上，拥有独立的财产权益便是合规的基础，规范企业股东的股权行使，则是企业合规的股权制度保障。企业合规和企业股权有以下相互关系。

1. 合规经营可以增加企业股东的信心

企业的合规经营可以促进高品质的企业治理，使得企业股东们对企业的发展和运营更具信心。这样的信心可以有效地维护中小股东的股权利益，包括通过看好企业长远发展而维护上市公司股价或投资价值，保障企业的稳定发展。

2. 合规经营可以增加企业的价值

通过规范化的经营方式，企业可以降低各种风险，增强企业的安全性和稳定性。以此为基础，企业可以平稳地维护和提高其经营能力，推动进一步的业绩增长，从而提高企业的价值。

3. 合规经营可以保护企业的股东权益

通过合规经营，企业可以遵守国家法律法规，确保企业的经营行为是合法的，不会因违法违规经营招致处罚、声誉受损，也会使可能发生的股权争议和纠纷得以避免或快速解决，从而保障公司的股东权益。

4. 合规经营可以为企业股东带来更多的机会

企业的合规经营，有助于企业既不违反国家法律法规，又得以满足各方的利益，尤其是依法合规限制了大股东或实际控制人凭借资本优势为所欲为的权力。企业的合规经营可以使得企业中小股东们获得更多的商业机会，为其带来更多的财务回报、增加股息，进一步提高企业股东的利益。

三、企业合规与社会责任的关系

企业合规的终极目标应该是让企业的发展在市场经济的竞争和发展中与社会发展同步，既能创利，为股东带来更多的投资回报，又能成为社会经济共同体中负责任的一员，在盈利的同时不忘承担社会责任。社会责任是企业作为社会经济组织和企业法人必须承担的服务于社会的道义责任，或者说企业合规的社会责任意味着企业必须承担起自己在社会中的道德义务，始终以合法合规的方式开展自己的经营活动，维护自身声誉，同时对社会和环境承担应尽的义务，它是企业可持续发展和社会稳定的重要基础。

企业合规的社会责任应当包括以下方面。

（一）遵守法律法规

企业合规的首要责任是遵守法律法规。企业必须确保在经营过程中不违反国家和地方的法律法规，特别是安全生产、环境保护、消费者权益保护等方面的法律法规。同时，企业还需要制定相关的政策标准和程序，强化自身内部的法律合规体系，加强对员工法律意识的培养和法律教育的培训，保证控制经营风险并提高合规管理的有效性。

（二）确保企业内部治理和透明度

企业合规不仅在于遵守法律法规，也包括对相关内部管理的规范和改善。企业必须制定内部岗位责任和标准，明确内部管理规范和流程，制定内部控制机制，确保企业良好的内部治理和透明度，包括公开各类信息，积极回应相关社会关切等。

（三）保障员工的劳动权益，为员工提供合理的劳动环境

企业应当严格落实相关的劳动法规和规章制度，保护员工的合法权益，为员工提供安全、健康、幸福的工作环境，关注员工的职业发展。

（四）保障消费者的权益，提供优质的产品和服务

企业应当关注消费者的需求和购买体验，提供安全、可靠、优质的产品和服务，遵循消费者权益保护的原则，不断提升消费者的购买体验和满意度。

（五）保护社会环境

保护社会环境是企业必须承担的保护环境和维护、促进生态文明的社会责任。企业在生产经营过程中应该注重环境保护、资源利用和节能减排，维护和促进生态文明。

（六）关注社会公益事业，推动社会和谐发展

企业应该积极参与并支持社会公益事业，包括社会慈善事业，履行关注和帮助弱势群体的社会责任，将部分收益回馈社会，推动社会和谐发展。[1]

---

〔1〕参见谭世贵、陆怡坤：《优化营商环境视角下的企业合规问题研究》，载《华南师范大学学报（社会科学版）》2022年第4期。

总之，企业应该承担的社会责任涵盖很多方面，企业合规的社会责任不仅需要企业遵守法律法规，也需要企业聆听和关注人们的生活质量、环境保护、消费者权益保护和社会公益事业等。只有这样，企业才能够在客户、股东、员工、合作伙伴和社会大众中获得信任和品牌口碑，实现稳定、可持续的发展。

四、企业合规与经济法的相互关系

企业合规和经济法是息息相关的两个概念，企业合规是指企业遵守相关法律法规和行业标准的行为，经济法则是以政府规范和监管市场经济活动的法律法规为主的法律部门，具有较强的行政法和行政监管特点。企业所有的重要活动，无一不是经济活动，无一不和市场发生关系，也无一不是在政府相关部门的监管之下，有些学者也因此将企业合规概括为“行政合规”。[1]所以，了解经济法与企业合规的相互关系，可以加深对企业合规性质的认识。

（一）经济法的基本内容

我国经济法大致包括以下几个方面。

1. 宏观经济法

主要研究国家宏观经济管理的法律制度和政策，包括国民经济计划、税法、货币法、预算法等。它们规定了国家对宏观经济进行调控的原则、方法和程序，以维持经济稳定和可持续发展。

2. 微观经济法

主要研究市场经济体制下的各类市场主体的活动如何接受政府相关部门指导和监管，包括企业法、公司法、劳动法等。它们规定了市场主体的经营行为、合作行为、竞争行为的规则，以保障市场主体依法合规经营，维护正当的市场秩序。

3. 金融法

主要研究金融市场和金融机构的法律规范，包括银行法、证券法、信托法、票据法、保险法等。它们规定了金融机构的组织形式、经营行为、监管要求，以维护金融市场的安全稳定和投资者的利益保护。

---

〔1〕 参见赵万一：《合规制度的公司法设计及其实现路径》，载《中国法学》2020 年第 2 期。

4. 市场规制法

市场规制法主要包括以下方面。（1）市场监管部门的市场执法监管；（2）市场准入与行业管理；（3）产品质量与安全监管；（4）反垄断与反不正当竞争，即防止市场参与者滥用市场支配地位、扰乱市场秩序、限制竞争等；（5）消费者保护，即维护公平交易，监督和处理虚假宣传、欺诈行为、合同违约、不合理条款等，保障消费者权益；（6）维护信息披露合规与交易公开透明，即市场规制部门会要求企业按要求披露财务信息、产品信息、广告宣传等，以提供给市场其他参与者和消费者必要的信息。

以上是市场规制法所涉及的国内市场监管的主要内容，此外，还有国际经济法规范国际经济活动。不同国家和地区的市场规制法可能会在具体的实践中有所差异，但总体目标是维护市场秩序、促进公平竞争和保护参与者利益。

5. 知识产权法

主要研究知识创造和知识产权保护的相关法律规范，包括专利法、商标法、著作权法等。它们规定了知识产权的保护范围、取得和维权程序，以鼓励创新和保护知识产权人的权益。

（二）企业合规与经济法的关系

由经济法的基本内容可以看出，经济法涵盖了市场经济体制下各个领域和环节的法律规范，旨在维护公平竞争、保障市场秩序、促进经济发展和维护各方利益。企业合规就是全方位地遵守经济法的各项规定以及由此派生的企业所在的行业规则和行业标准。

所以企业合规就是指符合经济法的全部法律法规，其与经济法，即被称为监管市场经济的法律有着直接的联系。

首先，经济法对企业进入市场后的行为进行规范。经济法在监管经济过程中，通过制定和实施前述一系列法律法规，对市场主体的经济行为进行规范，包括市场主体的经营行为、竞争行为、合作行为等方面的规则，以确保市场公平竞争、防范市场垄断、保障消费者权益等。

其次，经济法维护市场经济秩序。经济法的另一个重要目标是维护市场经济秩序，保持市场的稳定和有序运行。经济法通过规范市场行为、打击非法经营、维护市场公平竞争等手段，防止经济领域出现乱象和不正当行为，维持市场秩序的正常运转，从一定程度上防控经济危机的发生。

再次，经济法保障公共利益。经济法在监管经济的同时，也为实现社会公共利益提供了法律保障。它通过规定企业的社会责任、环境保护标准、产品质量要求等方面的内容，保护环境、保障公众健康、维护消费者权益等公共利益。

最后，经济法对市场主体进行监督和制裁。经济法作为监管经济的法律，对市场主体的违法行为进行监督和制裁。它规定了违法行为的界定、处罚和诉讼程序，保证了对违法者的惩罚和维权渠道的畅通，有效维护了市场的公正和诚信。

经济法的这些监管职能使之区别于传统的行政法。传统的行政法主要是研究和规范行政机关的组织、职权、程序等方面的法律规范，它是调整和限制行政机关行为的法律体系，例如行政诉讼法、行政许可法、行政处罚法等。行政法主要通过行政机关的组织、职权和行政程序等来确保行政机关正当行使职权，保护公民和法人的合法权益。经济法和行政法在实践中也有一定的交叉，例如在监管经济活动时，行政机关或者具有一定行政职能的政府授权的监管机构，往往需要运用经济法的规范、原则乃至程序。所以说，经济法就是现代意义上的具有一定行政职能的经济监管法。

企业合规与经济法的相互关系可以概括为以下几种。

其一，企业合规是经济法实施的基础。企业合规是建立在经济法律法规的基础上的，企业在进行商业活动时，需要全面遵守经济法的相关规定。只有企业能够遵守经济法律法规，才可以合法经营，并获得相应的收益和利润，同样，企业的正当经营权利也会受到法律法规的保护。

其二，经济法对企业合规的规范和引导作用。经济法规定了企业需要遵守的规则和标准，这些规则和标准对企业的合规行为进行了规范和引导。企业在遵守经济法的同时，也可以避免受到法律法规的制裁和损失，确保企业的正当经营和持续发展。

其三，企业合规对经济法的完善和创新作用。企业遵守经济法律法规、维护自身正当经营活动和利益的同时，还可以通过各种各样的经营和交易行为为经济法的完善和创新作出贡献。作为市场主体，企业的出发点和归宿，就是营利并为股东投资人创造更多的投资回报，这就要求企业想方设法在经营活动中不断保证产品和服务质量的同时，推陈出新，敢于竞争。这就会使挑战既有经济法律法规条条框框的限制或者在合规界限不明确之处进行探索。企业在实践中遇到的合规不明晰的问题和难点，可以为相关经济法提供案例和参考，促进经济法的不断改革和创新。

总之，企业必须遵守经济法的规定，才能实现合规经营，保证企业的发展和利益。同时，经济法也需要根据实践经验进行不断的创新和完善，以适应不断变化的市场环境和商业需求。

第四节　企业合规与公司法务的关系再造

一、从企业本质看公司法务与企业合规各自的定位

1937 年，美国经济学家科斯（R. H. Coase）发表了《企业的本质》一文，在该文中，科斯第一次全面地从企业或公司存在的价值角度，阐述了企业对于市场经济的意义，科斯对企业本质的探讨，被认为是研究企业或公司作用的开端，也是从法律层面看待企业存在和运营的理论基础。从所有生产经营活动都需要进行资源配置的角度出发，科斯认为，在完全的计划配置资源之外，存在着通过市场配置资源和通过企业配置资源两种配置资源的方式。这两种方式的不同在于：前者是依靠价格机制达成交易，存在交易费用，即交易的成本；后者是依靠行政命令配置资源，存在组织费用，即管理的成本。企业的存在有计划经济的影响，但又不能完全等同于计划经济，因为企业存在的本身，通过有组织的、规模化的生产经营活动，也可以降低配置资源的成本。

现代企业的运营情况告诉我们，通过企业的内部管理或命令，不仅理顺和简化了生产经营活动的流程，而且发现和发展了企业的生产经营规模，所以，投资者或所有人建立企业的最大原因就是通过企业组织生产经营活动营利。良好有序的企业内部管理减少了许多市场上的交易或者达成契约的环节，通过企业家的调配与指挥，促进资源配置最简单有效地实现，从一定意义上取代了或者消除了市场交易的成本。[1] 至于企业与公司两个概念的使用问

〔1〕参见科斯：《企业的本质》，陈郁译，载豆丁网，https：//www. docin. com/p－926494807. html。

题，需要说明的是，公司是企业中最为常见和最为规范的企业模式，也是凝聚现代企业制度精华的企业组织范式，在公司之外，企业还有其他经营组织形式，如以个体工商户为主的小微企业，企业集团的分支机构企业，农村非法人的合作社企业等。为了辨识方便，我们通常将企业和公司放在一起表达，以之涵盖包括公司在内的所有企业组织形式。

将科斯的企业本质理论放在企业经营活动法律规制的实践中观察，我们可以假设有两种极端的情况。一是每项生产经营活动都由一个单独的个人或家庭来完成，如一个人制造一辆汽车或者其他机械产品，他需要和很多的中间产品供应商、制造商以及产品的需求者进行交易，若所有的交易都通过市场在很多主体之间进行，无疑交易琐碎复杂，导致交易成本巨大。二是与制造汽车相关的所有生产经营活动都在一个庞大的企业内部进行，所有的汽车零部件都在该企业内生产，一部完整的汽车在这个企业内部就被制造和组装完毕，不需要通过市场进行任何中间产品或零部件的交易。于是，这个企业的规模将庞大到常人难以想象，且其经营管理将严重依赖内部行政管理手段，此时，难免出现管理层级架床叠屋、人浮于事、效率低下、官僚主义等“吃大锅饭”情形，契约关系、产权界定和岗位责任更无从谈起。

我国改革开放前的国有企业，特别是大型国有企业运营，采用“大而全”“小而全”的经营管理模式，其经济效率就比较低。譬如，长春第一汽车制造厂、大庆油田、克拉玛依油田等大型国有企业不同程度地采用政府计划指令模式管理企业内部各个环节，还承担了许多应该由政府管理部门承担的职责，运营成本居高不下，更谈不上产品的国际竞争力，这也是我国改革开放之所以必须进行的目的之一。

通过上述两种情况可以看出，完全放任的自由市场经济和离开市场经济的企业组织都不符合经济规律，真正付诸实施后便会错漏百出，贻害无穷。事实上，同一笔交易，既可以通过市场的价格调整形式来完成，也可以通过企业的组织形式来实现，但最为符合经济规律的情形，则是市场与企业两种模式的紧密结合，既有商品价格的选择，也有企业组织管理模式的选择，让投资者、生产者、交易者自己作出决定。他们知道，企业和市场之所以同时并存，是因为有的交易在企业内部进行成本更低，而有的交易在市场进行成本更低。

科斯的这些观点，实际上为企业从个人独资企业、私人合伙企业、国有企业到有限责任公司，再到股份有限公司的组织模式和企业法人治理模式提供了广泛且深邃的视角。如果单纯从民商事法律上的企业或公司的“人合”、“资合”以及法人人格的角度看企业的组织形式，难免忽略投资者、股东或企业主投资创办企业的“初心”，即企业组织形式始终会围绕市场变化所决定的盈利最大化与成本最小化的主旨进行调整，进而也就难以对企业的设立、投融资活动、常规生产经营活动、研发活动、发行证券与上市、并购重组、终止清算或破产的真实原因及其意思表示的法律意义作出全面、准确的辨识。

从企业法律实务的主要工作方向和内容来看，企业投资人所采取的企业法人法律主体形式及其产权（股权）构成，是企业股东或者所有人为争取最大投资收益、降低交易成本、更好地保证产品或服务的质量而存在的。选择什么样的组织机构，完全是企业所有者视企业经营活动和市场需要而采取相应对策的结果，其目的就是使企业利润最大化。因此，企业法务活动的根本目的，就是明确企业产权的来源和构成，梳理企业法人治理的组织结构，使经营管理权力的行使和企业的具体管理在最大限度上维护并满足所有者或股东的利益。

为了保证这一根本目的的实现，企业法律实务工作需要面对并协调处理以下几层主要关系：首先，公司实际控制人或大股东与董监高管理层的相互关系以及他们与公司外部股东或社会公众股东的关系；其次，公司董监高管理层与政府监管部门的监管与被监管关系；再次，公司运营过程中与所有外部投资者、消费者、产业链上下游客户的关系维护以及争议或纠纷的协调处理，包括仲裁、诉讼等；最后，公司就纳税、生态维护、环境保护、劳动者权益保护等所承担的义务和相关权利的关系。显而易见，上述关系主要发生在企业对外的资本运作和投资、生产经营中，是公司对外关系与相关事务的起点和最终归结点。

从企业合规的角度来看，所有的企业，不论其生产和经营范围有多大，所产出的产品品种或服务内容有多么高端和复杂，都需要在市场上购买生产经营设施、原材料或者中间产品，也都需要将自己的服务或成品提供给市场里的需求方或消费者。所有上述这些过程，都需要安排和确定企业内部的各个部门、车间、工作岗位及其职责流程或程序等来完成，这就要求企业必须制定全面和细致的内部管理规范和制度，包括经营理念、基层组织架构、财务核算、收支管理办法、质量控制、业绩审计、人力资源管理与劳动用工安排、福利待遇、奖惩规则、风险防控等，从而减少内耗，节约资源，使企业创造的收益最大化。

因此，企业合规，实质主要是企业对内建立内部管理、控制和防范各种风险的规则及其监管流程和发生争议时的协调解决机制。换言之，企业合规，就是建立并实施企业内部管控的体制机制，让企业的内部管理不再是实际控制人、大股东、老板个人或者主要负责人的随意决定，而是建立在现代企业制度之上的“科学管理”。

由此，企业合规也可以梳理出这么几层关系：其一，全体员工将企业作为命运共同体的经营理念与身份确认的企业文化认同关系；其二，企业内部组织与管理的架构和层级的责任分配、合作、信息共享、岗位监督关系；其三，企业的人力资源管理和劳动用工关系，包括岗位升降、薪酬安排、员工福利和劳动契约解除等；其四，企业内部生产经营活动过程的基本控制制度和经济责任关系，包括生产销售指标分配奖惩安排、安全生产责任等；其五，企业员工道德风险与法律风险的控制与防范关系，其中的重点是对管理层的权力控制。将上述关系概括，就构成了企业合规的总体架构。

二、企业合规背景下公司法务功能的适度转换

我国从 20 世纪 80 年代中期就开始着手建立以企业法律顾问为代表的企业法务制度，距今已有近 40 年的历史。但是，那时的企业法律顾问大多是由专职律师或兼职律师兼任，企业自身很少有常设的法律事务部门、机构和专门的法务人员。

我国严格意义上的公司法务制度应该是从 1997 年原国家经济贸易委员会发布《企业法律顾问管理办法》起初创，该办法首次将公司法务制度作为一项公司管理制度予以确定。2002 年，原国家经济贸易委员会联合多部委发布了《关于在国家重点企业开展企业总法律顾问制度试点工作的指导意见》，由此标志着我国正式确立了公司法务制度。2004 年，国务院国资委发布《国有企业法律顾问管理办法》，进一步明确了公司法务制度的概念和职责。

随着我国《公司法》的制定、修改和不断完善，以公司产权（股权）为

核心的公司治理和公司法务的重要性日渐体现，公司法务机构的设置及其日常活动，已经成为现代企业“产权清晰、权责明确、政企分开、管理科学”的基本配置之一，也是企业“依法经营、照章纳税”回归市场经济活动含义的全面延伸和拓展。从初始的法律顾问制度开始，公司法务的主要工作职责随着公司制度的不断完善和不同企业的性质与规模而有所调整，但其主要内容仍然可以归纳为以下几个方面：第一，对企业管理层的法人治理结构和职责以及重大经营决策提出法律意见，即类似于提出企业法务尽职调查报告；第二，围绕公司章程确定的企业基本宗旨和不同管理层的治理架构与权力，起草、审核企业内部重要的规章制度和主要权力行使安排；第三，管理企业合同，参加重大合同的谈判和起草工作；第四，参与企业的股份制改制、投融资、募股上市、资产重组与并购、破产重整等资本市场运营活动；第五，办理企业资料登记，进行知识产权、技术、商誉和商业秘密保护等有关法律事务；第六，开展与企业生产经营活动有关的法律咨询并对企业员工进行法制宣传教育。[1]

近年来，信息时代的到来给企业经营管理带来了革命性变化，企业法务的上述职责和定位也随之发生了重大变化，尤其是为规范公司经营活动合规守纪以及由此促进企业内部规章制度走向全面完善，许多大型国有企业、民营企业开始建立公司合规机构，制定相应的合规审查流程，使公司法务工作职责的范围开始收缩并重新定位，公司治理工作逐渐向企业合规方面倾斜。早在2013年，就有观点指出，现代公司法务的核心商业价值应当是：风险控制、竞争超越（正当竞争控制）和增值经营，公司法务需要全方位参与企业的资本运作，包括各种经营活动等，即全面改造公司法务内涵，“让公司法务管理服务于公司的商业经营，因此公司法务的所有工作都应该围绕如何为公司经营保驾护航，为公司经营保值增值，为公司竞争超越做出贡献来设计和策划”[2]。这种观点在企业合规形成相对完善的理论和实践规模之前形成，可以看作对公司法务职责与定位进行的理论改造，并从中划分出当今的企业合规职责范围。但是，公司法务既有的传统观念及其与民商法的紧密联系，

---

〔1〕 参见《国有企业法律顾问管理办法》（国务院国资委令〔2004〕第6号）。
〔2〕 郭建军：《现代公司法务的核心商业价值构建》，载《法人》2013年第2期。

使得其与企业合规所要覆盖的企业经营管理所涉及的规章制度建设和监管流程，形成不可避免的矛盾。

如果从投资者或所有人设立企业作为营利性法人或者作为其他非法人的市场主体的本意来看，公司法务责无旁贷地负有最大限度地从合法合规的角度维护企业所有者利益的全面责任，这也是公司法务专员或者公司律师在涉及公司生产经营、投融资、并购、破产、重整、撤销等重大事项或者决策中扮演不可或缺重要角色的根本原因。维护企业利益，包括各种股东（所有人）的利益，决定了公司法务的立足点主要是以公司为依托，向外处理好各种各样的关系，并努力解决其中发生的争议和纠纷，其直接依据是《公司法》、《证券法》以及其他相关企业法和据此产生的公司章程。从这一视角出发，过去在企业经营范围相对狭窄、规模有限、股东或所有人单一或较少的背景之下，企业内部监控管理也相对简单，尤其是国有企业，沿用传统的行政管理模式可足以应对企业的生产经营需要，而公司法务亦可将企业内部规章制度的建立及其监管落实收揽于其工作职责范围内。

现代企业所面临的内外部环境的变化，远远超出了公司法务最初以企业法律顾问工作模式为主的背景，这种变化包括但不限于以下几个方面。

第一，诸多大型企业实施“扁平化”的企业管理和公司治理模式，涉及跨国业务或跨行业业务的大型企业集团，更是通过设立许多经济独立或相对独立的事业部、子公司、分公司等分支机构进行业务扩张，这就使得集团内部具有行业或专业特色的统一的规章制度的制定、实施和监管更为重要，而普通的法律顾问或传统的公司法务殊难完成这一使命。

第二，信息时代带来的大数据统计、个性化服务、产品质量跟踪、消费者售后服务等，要求企业必须细化部门、岗位和员工责任制，经营目标责任制等，这些具体细致的规章制度，是企业基本制度的分解落实，需要企业合规部门予以协调、支持、配合。

第三，企业所属各个部门或分支机构及其派出人员的经营管理活动的复杂性、多变性、跨区域性（国际性），已经远远超出了传统民法的“代理”范畴，企业内部也存在经营权和管理权的“收”与“放”的问题，这些问题需要通过制度化协调和解决。

第四，现代企业供应链和产业链延长，线上线下各种经营窗口增多，经营权利分散，更容易产生公司董监高管理层、部门和分支机构负责人、派出人员的道德风险以及由此引发的公司法律风险。这些变化促使传统的公司法务功能定位需要部分地向以内部管控为主的现代企业合规管理模式转变。由此引发对企业合规职责范围认识的深化。

为了适应企业所面临的这些市场和社会环境的变化，配合企业合规建设，企业法律顾问的工作职责也需要作出相应的调整。

首先，企业法律顾问可以为企业经营活动包括企业合规建设，提供最新的法律咨询和支持，协助企业遵守法律规定和商业道德标准，制定合规策略和程序，并提供必要的指导和建议，监测企业合规状况并及时提供相应的解决方案。

其次，企业法律顾问还需要协助企业合规团队与监管机构进行沟通，确保企业能获得有关法律和行业标准的最新消息和重要信息。企业法律顾问需要监督企业合规建设中产生的监督程序和文件，压实企业所要承担的社会责任，确保企业遵守相关法规、标准和良好的商业道德，并预防和管理企业潜在的经营风险。

综上所述，企业合规和企业法律顾问之间存在密切的相互关系。企业合规需要依靠企业法律顾问的支持，制定和实施合规策略和程序，确保企业在法律和监管上的合规性和遵从性。企业法律顾问则可以协助企业实现这一目标，并提供全方位的法律咨询和支持服务。

三、对企业合规部门职责和合规功能的再认识

按照通常的解释，企业合规是指企业为了实现依法依规经营，防控合规风险所建立的一种治理机制。它所要防控的包含企业的经营风险、财务风险等。从客观、公允的角度和法律规制之间的联系来看，兼有商法和经济法特征的《公司法》《全民所有制工业企业法》《城镇集体所有制企业条例》《证券法》《反垄断法》《反不正当竞争法》等法律法规，国务院、国务院国资委等制定的有关各类企业依法合规经营管理的行政规章，已经将企业合规的内容和范围，做了全面而详尽的规定。将这些法律法规、规章与企业的设立、经营、资本运作等活动过程中所涉及的内外部关系做一个详尽的梳理，不难看出，企业合规法律领域的出现及其规章制度的制定与相关部门或机构的设

置，其实和公司法务经常涉及处置的以公司民商事活动为主的业务范围构成了一外一内的公司依法合规经营管理的两个方面：企业对外以确立明晰且确定的产权（股权）关系为核心，以此衍生出公司的法人治理结构和董监高管理层各自的权限范围，凸出了公司章程作为公司，尤其是上市公司的根本规则的作用，将所有涉及公司产权变动、资本运营、资产重组、企业并购等重大行为都概括其中，还连带将公司与政府相关部门的监管、纳税关系，与社会公众投资者的投资监督关系，与消费者的消费监督关系等置于公司利益的一并考虑之中。这一视角比较合理地给予公司法务全新又切实的功能定位。

企业的对内监管和风险防范主要是针对不同的部门、分支机构和员工个人，即将公司章程的一般性规定和权利分配再分解到基层，使企业全员为实现股东或所有人利益最大化而承担职责和提供服务。国务院国资委曾于2018年11月印发《中央企业合规管理指引（试行)》，其中就央企的合规管理内容和董监高管理层的合规职责作了比较明确的规定。[1] 因为央企都是国家所有或者控股的企业，产权来源相对单一，该合规管理指引相当于国资委作为所有人代表，对全体央企在企业内部控制方面提出的要求，目的是让央企确保国有资产的保值增值，央企必须照办。其他企业公司可以在确定企业合规管理的职责方面参照这个指引，但是产权不同，决定了其他企业也可以根据自己的实际情况，灵活设置自己企业的合规职责，譬如，华为公司就制定了自己公司特有的《华为基本法》。

从通常的情况看，无论哪一种所有制类型的企业，其合规职责都会大致体现在以下几个方面。

首先，建立全面、准确而实用的企业内部规章制度。企业的内部规章制度必须符合国家有关企业的法律法规，并且符合公司章程，在这个前提下，企业根据自身的经营特点和规模制定自己需要的规章。华为公司在这方面的做法是：首先制定华为公司的《华为基本法》，确立华为公司的理念与宗旨、基本经营政策、基本组织政策、基本人力资源政策、基本控制政策和接班人政策；依据这些基本政策蓝本，各事业部或分支机构再制定本部门单位的二级政策，并向集团合规部报备。

---

〔1〕 参见《中央企业合规管理指引（试行)》(国资发〔2018〕106号)，第5-11条。

其次，突出管理和控制企业可能发生的各种风险。企业无论制定什么样的规章制度，实施什么样的监管流程，都应当将风险管控放在首要位置。风险管理一般包括目标确立、风险评估、风险处理和审核评价四个步骤，监控审查和沟通咨询则贯穿于全过程。其中，风险评估是风险管理中最重要的一环，尤其是跨国公司或者有海外业务的企业集团，更是要做好海外项目的风险评估。

最后，再好的规章制度都要认真贯彻执行才会彰显作用，恰如好的立法必须有刚正不阿的执法和公正的司法审判辅佐实施一样。好的企业合规制度也需要辅之以监管流程才能全面落实到位，企业合规部门应该担当起日常合规巡查和督导处罚职责。

将企业内外部两种关系切分开来审视其相互联系，以外部为先，内部次之，因为股东投资是企业存在的前提，处理好与大股东或所有人（或为实际控制人）的关系，是企业董监高管理层的首要任务。企业的内部治理纵有千头万绪，制定合法且合理的维护公司利益的规章制度则是基础。然而，外部与内部两种关系之间显然存在本质的不同：外部主要是以民商事关系为主，行政监管为次；内部则是以劳动关系中的经济责任制为主，企业合规监管为次。两者之间的吻合则是企业或其负责人、经办人、代理人等的行为触犯相关法律法规，不仅给相对人造成民事损害，而且违反了行政法规规章，可能受到行政处罚，更有甚者，由于行为具有社会危害性，还触犯了刑法，可能被追究刑事责任。

企业合规的效用是所有企业的实际控制人以及董监高管理层等企业家都非常关心的话题。如果把企业合规管理比作个人的健康管理，就像我们希望身体健康一样，合规管理的目的是保障企业组织始终处于和谐有序的状态，各种问题都有发现和解决的路径与办法，从而使企业得以长久持续、稳定健康地发展。

企业合规制度能够为企业的持续有效经营起到以下几点作用。

第一，合规促进企业合法权益的保障。由于企业合规是企业管理方法的一种，企业经营实现合规运行能够促使企业在合法、稳定的市场中达到经营目标，进而实现企业的稳健发展。同时，在外部层面，企业合规体系的建设还能够避免外界的不良因素影响企业发展。

第二，合规是推动企业多元化发展的重要条件。企业仅仅通过自身的累积是不能实现优质发展的，国企、央企、外资企业等大型企业已经在企业合规的构建上相对完善，中小企业要想从市场中获得一席之位，必须具备自身合规经营的治理体系基础才能吸引大型企业与之形成合作。

第三，合规制度可以促进企业形成良好的企业文化形象。以诚信为本的企业是吸引合作者的重要基础，正直良善的企业文化也能够给企业在行业当中带来为人称颂的口碑。

综上，良好的企业合规状况是企业在未来发展过程中的重要考察因素，犹如一个人有各项良好的体检健康指标一样，优化公司合规治理体系是所有企业需要重点关注的方向。

总之，企业合规已经成为现代企业经营管理的常态化制度建设的实践，它包括刑事犯罪预防，帮助企业了解刑法规定，控制风险，预防犯罪；也包括行政（经济）合规，让企业行为符合政府相关部门，包括金融、证券、市场、电力、能源、国土资源、税务、信息、网管等各个监管机构的监管要求；还包括更加广泛的公司法人治理和民商事活动中的自治管理等。每个具有一定规模的企业，无论是哪种所有制形式，都需要全面了解其经营管理所涉及的行政（经济法）、民商事以及跨国经营的多个领域活动的相关法律规范，制定和建设适合自己企业健康持久发展的制度、监管机构和流程以及相应的企业文化。

第二章　企业合规的基本理论

第一节　企业合规的目的

2018 年 11 月 1 日，习近平总书记在民营企业座谈会上的讲话指出："我国民营经济已经成为推动我国发展不可或缺的力量，成为创业就业的主要领域、技术创新的重要主体、国家税收的重要来源，为我国社会主义市场经济发展、政府职能转变、农村富余劳动力转移、国际市场开拓等发挥了重要作用。"改革开放 40 年来，民营经济贡献了 50% 以上的税收，60% 以上的国内生产总值，70% 以上的技术创新成果，80% 以上的城镇劳动就业，90% 以上的企业数量，[1] 与公有制经济一同为中国经济的高速增长做出重要贡献。当今世界正在经历百年未有之大变局，世界经济低迷，经济全球化遭遇逆流，保护主义、单边主义上升，无论是中央企业还是民营企业，都面临着日趋复杂严峻的国内外环境和风险挑战，在全球经济业务竞争中稍有不慎，便会遭受惨重损失，随着各国对企业监管的日渐加强，合规逐渐成为审视企业是否健康发展的评价指标和竞争能力的体现。中共中央印发的《法治中国建设规划（2020—2025 年）》《法治社会建设实施纲要（2020—2025 年）》等政策文件对企业依法合规经营也提出了明确要求。我国企业合规正在经历从行政监管到企业合规管理体系建设的转变，形成一种全新的企业治理模式，其目的在于通过企业合规管理体系的搭建，使企业及其员工的经营管理行为符合国家法律法规、规章制度，行业准则，国际条约，商业惯例，监管规定，道德规范，以及企业依法制定的章程、规章制度等，引导企业遵纪守法，健康、

---

〔1〕 参见彭国川、康庄：《壮大民营经济 实现高质量发展》，载中华人民共和国中央人民政府网，https：//www. gov. cn/xinwen/2019 －01/14/content_ 5357602. htm。

高效、有序地开展生产经营活动。企业合规的具体目的有以下几方面。

一、建立企业最基本的制度竞争力

随着经济全球化的发展，世界各国长期的经济贸易往来构建的全球产业链已形成基本的体系和结构，经济生产要素的全球化流通不可逆转，各国企业的生产经营活动无一不依赖或受益于全球产业链这一客观事实。但受地缘政治、离岸生产等因素的影响，资金投入加速向全球或区域性低成本中心转移，发达国家先进的高新技术更多被限制向外转移或对外许可使用，重要的生产工厂回流发达国家本土，极大地增加了国际贸易壁垒，企业的生产经营活动无法有效受益于全球产业链，经济生产要素的流通受到限制。企业通过市场进行资源配置的活动受到一定程度的限制，生产经营面临着严格的合规审查，国家对企业遵纪守法经营经济活动、加强企业管理制度建设、完善法人治理结构等方面提出了更高的要求。企业合规要求企业经营管理行为和员工履职行为遵循国家法律、监管法规、行业准则及标准、公司章程制度等，以推动企业建立合规管理体系为目标，采取外部激励的相关措施，使企业建立最基本的治理制度，从而形成最基本的制度竞争力，确保企业在市场经济活动中遵循守法经营的原则。

企业合规所建立起的最基本制度的竞争力体现在以下方面。

第一，增强企业在市场经济中谋取交易机会的可信度。企业是以营利为目的的市场经营主体，企业的盈利以获取交易机会为前提。市场经济难免充斥着各种以谋取交易机会为目的的竞争，通常表现为欺诈、虚假宣传、垄断、混淆、仿冒等不正当竞争行为和垄断行为，严重扰乱市场竞争秩序，割裂了市场主体之间的信任，严重损害企业诚信，不利于营造良好的营商环境，使企业普遍不被认可和信任，无疑导致市场交易过程烦琐。如 A 公司在与 B 公司签订合同时，委托律师事务所开展尽职调查，其或到市场监督管理机关查询对方公司的违法记录，或查询对方公司的银行征信等，直接增加交易成本。若企业已经建立了合规管理制度，便意味着企业已经处于合规经营的守法状态，交易相对方无须再花费额外的时间和成本去验证企业的可信度，间接为企业赢得商业竞争优势，从而增强了企业在市场经济中谋取交易机会的可信度，市场交易主体也更愿意信任有合规管理制度的规范化企业。在一些建筑工程项目招标过程中，招标公告会明确要求竞标企业具备合规机构或部门、环境合规管理措施、施工安全管理合规体系等。

第二，创造企业因行政违法行为遭受处罚的和解机会。企业在市场中的生产经营活动经常会有违法行为，同一违法行为会产生民事、行政法律责任的竞合。民事法律责任是基于企业跟消费者或经营者之间的法律关系而产生的违约或侵权责任；行政责任是企业因违法行为与市场监督管理部门之间的法律关系而产生的法律责任。违法行为严重程度的判断具有一定的主观性，因而产生和解问题。2015 年 2 月 17 日，中国证券监督管理委员会（以下简称证监会）公布《行政和解试点实施办法》（已失效），对于涉嫌违反证券期货法律、行政法规和相关监管规定的行为，证监会在调查执法过程中可依行政相对人的申请，就改正涉嫌违法行为、消除涉嫌违法行为的不良后果、交纳行政和解金补偿投资者损失等与行政相对人进行协商，在达成行政和解协议后，证监会终止调查执法程序。企业主动合规是企业及时纠正涉嫌违法行为，消除不良后果，完善经营中存在问题等的意愿表达，可以创造企业因行政违法行为遭受处罚的和解机会，避免企业因高额的罚金而倒闭。

综上，企业合规为企业建立起了最基本的制度竞争力，企业合规管理体系在商业竞争或行政处罚时，对企业具有增强竞争力、减少处罚的作用，相比未建立合规管理体系的企业更具有优势，能够在激烈的市场竞争中谋取更多的交易机会，保障企业最基本的生存利益。

二、增强企业生产经营防范风险的能力

经济的全球化使得企业生产要素的全球流通，企业参与市场经济的活动时刻存在各种风险，这是近代社会生产工业化的特征。德国社会学家乌尔里希·贝克提出了风险社会理论。企业若无风险意识，则会在市场竞争中被其他企业替代或淘汰。风险防范已成为企业的共识。然而风险又是多变的、难以预测的，并随着社会经济的发展衍生出新的形态。以往企业生产经营活动防范的主要是财务风险和法律风险，防范措施主要是财务、审计和法务部门或人员对生产经营过程中的各种活动进行审查。这种方式具有专业性，但缺乏系统性。相较而言，企业合规管理体系是一套整体的制度设计，涵盖了财务、审计、法律的内容，能够更加全面地增强企业生产经营防范风险的能力。

主要有以下几方面：

第一，企业生产经营防范刑事风险。面对复杂多变的经营环境，企业在重大生存利益面前，可能会出现以单位实施犯罪的行为。常见的犯罪行为有不正当竞争、垄断、虚开发票、生产销售假冒伪劣产品、环境污染、违法招投标等。《刑法》第 30 条、第 31 条对单位犯罪的情形及处罚作了规定，公司、企业实施危害社会的行为，法律规定为单位犯罪的，应当负刑事责任；单位犯罪的对单位判处罚金，并对其直接负责的主管人员和其他直接责任人员判处刑罚。单位犯罪一般以“集体决策”作为责任判定的原则，即犯罪行为是否以企业名义为集体谋利，且行为由单位负责人或集体决定作出。企业生产经营行为一旦涉嫌犯罪，启动刑事司法程序，企业可能会被停产停业、冻结资产、查封场所等，直接导致商业信誉下降，基本上失去了继续发展和生存的能力。企业建立合规管理体系，有利于增强企业生产经营防范刑事风险的能力。

第二，企业生产经营防范行政风险。企业资料登记、经营范围、财务管理、税收缴纳、招标投标、排污排废、物资采购、人力管理等都是企业生产经营活动的内容，牵涉市场监督管理、财务会计、税收征管、商业秘密、生态环境、劳动用工等方面的各类行政法规。相较于刑事犯罪，行政处罚是企业常有的生产经营风险，也是轻微的违法行为。通常引起警告、罚款、吊销许可证件、限制生产经营活动等行政责任，会影响到企业正常的生产经营活动，高额的罚金会给企业带来经济负担，使企业无法支付劳动者的薪资，逾期支付供应商货款，不能继续扩大生产，最终导致企业无法开展生产经营。企业建立合规管理制度，有利于对日常生产经营过程中的违法行为予以预防，降低行政责任风险。合规管理制度会增加企业内部管理成本，但相较于行政处罚的风险，合规管理制度的成本又是必要且有益的，能够加强企业内部行为的管控和监督，提高企业的经济效益。

第三，企业生产经营民事风险防范。企业是市场经济的重要主体，无论是私企还有国企，民事法律关系是企业与其他商事主体建立业务往来的法律保障，但实践中企业的商事往来并不能完全遵守法律及相关程序，比如为了便于达成商业交易，采用口头约定的方式，未签订书面合同，对商业交易事项缺乏明确、详细的文本记录，存在法律风险，一旦双方在交易过程中产生分歧，很容易引起民事纠纷，而因缺乏足够的证据，就商业交易的方式、内容等问题在双方之间不断推诿，影响到企业的正常经营活动。此外，企业为了在市场竞争中谋取交易机会，可能存在一些以“接待费”“培训费”“咨询费”等为名义的费用往来，这些看似是正常商务往来的行为，实则存在商业贿赂的风险。建立企业合规管理体系，能够规范企业商业交易的行为，使其在法律的框架下开展各项生产经营互动，避免企业行为不规范引起的民事法律风险。

三、优化企业内部治理的体系结构

2021 年 10 月 17 日，国务院国资委公布了《关于进一步深化法治央企建设的意见》，对中央企业改革发展提出“到 2025 年中央企业基本建立全面覆盖、有效运行的合规管理体系”的要求，着力健全合规管理体系，持续完善合规管理工作机制，健全企业主要负责人领导、总法律顾问牵头、法务管理机构归口、相关部门协同联动的合规管理体系。这无疑是一种新型企业治理方式，以往企业的风险防控主要是通过法务部来预防和处置生产经营中存在的风险，法务部是企业治理的部门之一，与其他机构或部门共同构成企业内部治理体系。而企业合规管理体系建立后，企业内部各机构或部门都需要纳入合规管理，从而优化原先以法务部预防和处置企业风险的内部治理体系结构。具体表现在以下几方面。

第一，优化企业内部治理结构。企业合规管理在尚未被广泛关注之前，部分大中型企业早已通过法务部或者其他内部监督管理机构建立起了内部治理体系，对于这些企业而言，企业合规管理的作用是进一步优化企业的内部治理，调整原先法务部门或其他内部监督管理部门的职能设置，更好地防控企业内部风险。就此，《关于进一步深化法治央企建设的意见》指出，发挥法务管理机构统筹协调、组织推动、督促落实作用，加强合规制度建设，开展合规审查与考核，保障体系有效运行。强化业务部门、经营单位和项目一线主体责任，通过设置兼职合规管理员、将合规要求嵌入岗位职责和业务流程、抓好重点领域合规管理等措施，有效防范、及时处置合规风险。探索构建法律、合规、内控、风险管理协同运作机制，加强统筹协调，提高管理效能。推动合规要求向各级子企业延伸，加大基层单位特别是涉外机构合规管理力度。

第二，建立企业管理体系。2021 年 4 月 13 日，国际标准化组织发布实施《合规管理体系　要求及使用指南》（ISO 37301：2021），其中规定了组织建立、运行、维护和改进合规管理体系的相关要求，这些要求可适用于全球任何类型、规模、性质和行业的组织，为各类企业建立合规管理体系提供了具体可操作的指引。我国的合规管理国家标准、《中央企业合规管理办法》、《企业境外经营合规管理指引》等法规也参考了该文本。对于缺少内部监督管理体系的企业而言，该要求及使用指南有助于企业建立完整的企业管理体系。习近平总书记强调，守法经营是任何企业都必须遵守的一个大原则，企业只有依法合规经营才能行稳致远。党的十九大后，党中央明确提出习近平法治思想，把全面依法治国提升到前所未有的新高度。《法治中国建设规划（2020—2025 年）》《法治社会建设实施纲要（2020—2025 年）》等文件对企业依法合规经营提出了明确要求。企业应依法合规经营管理，建立企业合规管理体系已经成为趋势。

第三，推动企业治理的标准化。企业合规管理是企业内部治理制度的系统性设计，由合规管理部门、合规管理人员、合规管理工作流程这些基本要素构成。合规管理不可避免地会增加企业管理的成本，相对于中大型企业来说，企业内部治理必须有一套管理体系，合规管理体系可能会优于原先的企业监督管理体系，规范集体决策的合法性，能够较为系统地优化企业内部治理。而对于中小微型企业来说，考虑到企业生产规模小、经营业务简单、利润空间小、职员人数少等客观因素，企业内部治理不一定需要设置合规管理部门、配备专业的合规管理人，甚至系统地设计一套生产经营的合规管理流程，企业生产经营也仅由合伙人或法人决策，很难去规范企业的生产经营行为。因此，推动企业建立合规管理体系，有助于推动各种类型的企业建立一套标准化的内部治理体系，形成普遍守法经营的良好营商氛围。

第二节　企业合规的原则

企业合规正逐渐发展成为标准化的企业治理模式，通过企业自我选择或者法律强制要求建立合规管理体系，能够产生一定的法律效果。企业合规管理的国际标准、国家标准、团体标准、法规政策等，可以作为认证机构认证企业管理质量、政府监管验收、行政处罚的重要依据。综合这些依据，可以归纳出企业合规有以下原则。

一、全面合规原则

合规管理是企业体系性的内部治理结构优化，覆盖企业日常管理的全过程，因而在《中央企业合规管理办法》第5条第2项中提出合规要坚持全面覆盖的原则，将合规要求嵌入经营管理各领域各环节，贯穿决策、执行、监督全过程，落实到各部门、各单位和全体员工，实现多方联动、上下贯通，建立起全面的合规管理体系，包括合规组织，合规制度，合规风险管理，合规审查，合规评审，合规考核评价，合规培训，违规举报、调查和问责，合规报告，合规管理信息系统，企业合规文化，重点合规领域等要素。具体而言，中央企业合规管理部门牵头负责的合规管理工作主要有：组织起草合规管理基本制度、具体制度、年度计划和工作报告等；负责规章制度、经济合同、重大决策合规审查；组织开展合规风险识别、预警和应对处置，根据董事会授权开展合规管理体系有效性评价；受理职责范围内的违规举报，提出分类处置意见，组织或者参与对违规行为的调查；组织或者协助业务及职能部门开展合规培训，受理合规咨询，推进合规管理信息化建设；配备与经营规模、业务范围、风险水平相适应的专职合规管理人员，加强业务培训，提升专业化水平。虽然说合规管理应全面覆盖企业生产经营的各个环节，但并不意味着合规管理能干预或者限制企业正常的运转。企业合规部门履行职责，具有一定的独立性，其应客观评价和处理企业生产经营过程中存在的问题，既不受其他部门和人员的干涉，也不能干预其他部门和人员的具体工作，这是企业内部与审计、监察职能类似的相对独立的防控风险的制度设计。例如《企业境外经营合规管理指引》第5条第1项中规定，企业合规管理应从制度设计、机构设置岗位安排以及汇报路径等方面保证独立性。合规管理机构及人员承担的其他职责不应与合规职责产生利益冲突。

二、合规责任原则

合规责任原则是确保企业合规管理体系运转的必要保障，要求明确企业管理人员和员工的合规责任，建立企业全员合规责任制。《中央企业合规管理办法》第七章设置了监督问责条款。其中，第37条规定，因合规管理不到位引发违规行为的，国资委可以约谈相关企业并责成整改；造成损失或者不良影响的，国资委根据相关规定开展责任追究。第38条规定，中央企业应当对在履职过程中因故意或者重大过失应当发现而未发现违规问题，或者发现违规问题存在失职渎职行为，给企业造成损失或者不良影响的单位和人员开展责任追究。这些责任条款有助于企业合规管理各项工作能够落实到位，权责清晰，明确业务及职能部门、合规管理部门和监督部门职责，严格落实员工合规责任，明确合规的依据，对违规行为严肃问责。企业合规权责清晰的前提是合规管理与监察、审计、其他风险管理等工作相协调，能够有效地分配相互的职责，既要遵循企业治理结构、机构设置及权责分配、业务流程等方面相互制约、相互监督的普遍性制度安排，厘清各部门的职责和权限范围，又要注意企业管理的整体效率，确保企业各部门工作能够在有效的合规管理体系中运行。此外，中央企业纪检监察机构和审计、巡视巡察、监督追责等部门应依据有关规定，在职权范围内对合规要求落实情况进行监督，对违规行为进行调查，按照规定开展责任追究。《企业境外经营合规管理指引》第21条也对合规问责作了规定，要求企业建立起全面有效的合规问责制度，明晰合规责任范围，细化违规惩处标准，严格认定和追究违规行为责任。

第三节　企业合规的类型

企业合规作为一个新事物，综合了法学、管理、审计、财税、监察、道德等方面的理论与实践，需企业及其员工的经营管理行为符合国家法律法规、国际条约、国际标准、监管规定、国家标准、行业准则、商业惯例、道德规范和企业依法制定的章程及规章制度等要求，是以风险防控为主的复合学科。普遍认为企业合规主要是一个管理学和法学的交叉问题，但以法学为主导，因为是外部法律制度的发展催生了企业的法律新风险，企业为应对这些新的合规要求，而对内部管理制度进行调整。根据合规计划所针对法律风险的数量，可以分为综合合规和专项合规；根据合规计划所针对法律风险的领域，主要为行政合规与相关的刑事责任预防；根据企业的性质，可以分为国有企业合规与民营企业合规。相应地，不同类型企业合规的要求也有所不同。

一、综合合规与专项合规

综合合规是指应对不特定风险管控而开展的合规管理计划，而专项合规是指针对特定风险管控而开展的合规管理计划。例如《中央企业合规管理办法》、《企业境外经营合规管理指引》以及各类合规管理指南等都属于综合合规。这些合规并未明确说明将防范具体的某种风险作为合规的对象，而是要求企业围绕合规建立良好的管理体系，其本质是对企业内部管理的优化，侧重加强企业的管理。专项合规则具体指明了合规的对象，比如反舞弊合规、反垄断合规、反商业贿赂合规、反洗钱合规、数据保护合规等，又如知识产权合规、人力资源合规、数据安全合规等，指明了具体的合规目标，有针对性地提出一系列合规管理的要求。《经营者反垄断合规指南》中列出的“合规风险重点”就有禁止达成垄断协议、禁止滥用市场支配地位、依法实施经营者集中等具体的合规目标。那么，围绕这些具体目标而建立的合规制度、合规风险管理、合规管理保障等措施都属于专项合规。

企业合规经历了由“综合合规”到“专项合规”的发展过程。早期的企业合规主要是建立完整的企业合规管理体系，以提升企业整体应对生产经营风险的能力，优化企业内部治理结构，企业所有的事务都要参与到合规管理的过程，形成企业各类风险一体化防范的合规管理制度体系。虽然说这种一体化防范风险的合规管理能够全面覆盖企业风险，但也存在管理成本增加、合规流于形式、合规缺乏内部监管等一系列问题。合法发展到“专项合规”阶段，合规管理在企业治理过程中被更加灵活地应用，企业可以不系统性地重构合规管理体系，而是可以在已有管理体系的基础上，根据风险防控的实际需要，开展专项合规。评估企业生产经营过程中风险较为集中的领域，优化管理资源配置，建立反垄断合规、反不正当竞争合规、反洗钱合规等专门的合规管理制度。“综合合规”与“专项合规”是企业实现合规管理的方式，二者之间的适用并不排斥，企业可以根据实际需要酌情选择。

二、行政合规与刑事责任预防

企业生产经营风险的评价一方面基于企业违法犯罪的行为，另一方面基于评价这些行为的依据。行政合规是指以行政法律为评价依据对企业进行合规管理，主要涉及行政机关对企业的监管问题。企业行政合规防范的风险是企业被行政处罚或者行政制裁的风险。企业行政合规与刑事责任预防存在关联。理论上，企业生产经营行为违反行政法规则需承担行政责任，违反刑法则应承担刑罚责任。在部门法分类上，行政责任和刑事责任是两类不同概念范畴的法律责任。然而实践中，企业生产经营行为有可能同时违反行政法和刑法，产生法律责任竞合的现象，比如企业生产经营排放废弃物而产生环境污染，既有可能违反环境法规，也有可能构成污染环境犯罪，便产生了企业行政责任与刑事责任相衔接的问题。这源于法律责任竞合，即同一法律事实引起行政责任与刑事责任冲突，引发“以刑代罚”或“以罚代刑”问题。如何平衡这两者之间的关系，保护企业的生存发展利益，惩戒企业违法行为，督促企业合规整改，实现法律、社会、政治效果相统一，在目前理论和实践中都存在诸多争议。

三、国有企业合规与民营企业合规

党的二十届三中全会指出，高水平社会主义市场经济体制是中国式现代化的重要保障。必须更好发挥市场机制作用，创造更加公平、更有活力的市场环境，实现资源配置效率最优化和效益最大化，既“放得活”又“管得住”，更好维护市场秩序、弥补市场失灵，畅通国民经济循环，激发全社会内生动力和创新活力。特别是要毫不动摇巩固和发展公有制经济，毫不动摇鼓励、支持、引导非公有制经济发展，保证各种所有制经济依法平等使用生产要素、公平参与市场竞争、同等受到法律保护，促进各种所有制经济优势互补、共同发展。国有企业和民营企业是我国市场经济中重要的两类市场主体，分别代表公有制经济和非公有制经济，同等受法律保护，二者之间的关系影响着国家经济的发展。2024 年国务院国资委发布的《央企名录》中，中粮集团有限公司、中国石油天然气集团有限公司、国家电网有限公司等国有企业占据着国家安全和国民经济命脉的重要行业，承担着保障国家经济安全的重要使命，在市场竞争中存在先天的优势，具有特殊性。《中共中央关于进一步全面深化改革、推进中国式现代化的决定》在优化国有经济布局和结构调整的过程中提出制定民营经济促进法；加强产权执法司法保护，防止和纠正利用行政、刑事手段干预经济纠纷；加强公平竞争审查刚性约束，清理和废除妨碍全国统一市场和公平竞争的各种规定和做法等。

由于国有企业的特殊性，国务院国资委自2018年开始制定了《中央企业合规管理指引（试行）》，至2022年，该指引经过修订完善，形成《中央企业合规管理办法（公开征求意见稿）》，而后正式发布《中央企业合规管理办法》，全部适用于国务院国资委根据国务院授权履行出资人职责的中央企业。由国务院国资委负责指导、监督中央企业合规管理工作，对合规管理体系建设情况及其有效性进行考核评价，并依据相关规定对违规行为开展责任追究。《中央企业合规管理办法》第5条规定首先要将坚持党的领导作为开展中央企业合规管理工作的首要原则，充分发挥企业党委（党组）领导作用，落实全面依法治国战略部署有关要求，把党的领导贯穿合规管理全过程。具体有以下几方面的内容：第一，在合规方向指引方面，设立公司党委（党组）的国有企业应当明确让党委（党组）发挥领导作用，把方向、管大局、保落实，依照规定讨论和决定企业重大事项。第二，在领导体制方面，中央企业要明确坚持和完善“双向进入、交叉任职”的领导体制及有关要求。第三，在合规职能方面，设立公司党支部（党总支）的国有企业应当明确公司党支部（党总支）应围绕生产经营开展工作，发挥战斗堡垒作用。第四，在人员和职责分配方面，具有人财物重大事项决策权的企业党支部（党总支），应明确由企业党员负责人担任书记和委员，由党支部（党总支）对企业重大事项进行集体研究把关。除中央企业外，其他国有企业党委（党组）也要在企业中发挥领导作用，把方向、管大局、保落实，依照规定讨论和决定企业重大事项。例如《中国共产党国有企业基层组织工作条例（试行）》规定，国有企业应当将党建工作要求写入公司章程，写明党组织的职责权限、机构设置、运行机制、基础保障等重要事项，明确党组织研究讨论是董事会、经理层决策重大问题的前置程序，落实党组织在公司治理结构中的法定地位。并且就国有企业重大经营管理事项，如贯彻党中央决策部署和落实国家发展战略的重大举措，企业发展战略、中长期发展规划、重要改革方案，企业资产重组、产权转让、资本运作和大额投资中的原则性方向性问题，以及涉及企业安全生产、维护稳定、职工权益、社会责任等方面的重大事项，必须经国有企业党委（党组）研究讨论后，再由董事会或者经理层作出决定。

相较而言，民营企业的合规管理并不具有这样的法律强制性，而是由企业自主选择是否建立合规管理体系。目前可供民营企业参考的合规管理规范性文件有《合规管理体系　要求及使用指南》（ISO 37301: 2021）（国际标准）、《合规管理体系　要求及使用指南》（GB/T 35770—2022）（国家标准），以及《企业合规管理体系有效性评价指引》（T/CEEAS 003—2022）（团体标准）。

第三章　企业合规自治与市场规制的相互关系

第一节　市场规制与企业合规各自的边界

一、市场规制概述

（一）“规制”和“市场规制”的界定

1.“规制”的内涵

规制（regulation）源自日本学者的翻译，在我国又常被译为“管制”或“监管”，其内涵是按照规则进行管理、制约。《牛津高阶英语词典》界定的规制包含两重含义：一是由政府或其他机关制定的正式规则；二是通过规则进行的控制。法律层面的界定也与此类似，如《布莱克法律词典》将规制界定为：（1）规则或约束控制的行为或过程；（2）内部章程或规章；（3）拥有法律约束力的规则或命令，通常由行政机关发布。可以得出，无论是哪种界定，规制均包含了双重含义：规则本身（尤其是行政机关发布的有约束力的规则或命令）与规则之治。

从学理上来说，日本学者金泽良雄在其《经济法概论》一书第一编第四章所谈及的问题就是“经济法中的规制”，他将规制解释为，在以市场机制为基础的经济体制条件下，以矫正和改善市场机制内在的问题（广义的“市场失灵”）为目的，政府干预和干涉经济主体（特别是对企业）活动的行为。[1] 我国经济法学者认为，规制通常是指法律规制，即从微观上直接对经济主体及其行为施加影响，有“规整”、“规范”、“制约”和“约束”之义，

〔1〕 参见董学智：《规制理论的经济法解析及其启示》，载《经济法研究》2012年第11期。

所以不等于国家干预。[1] 现有理论对规制的理解，侧重于“规制主体”对“规制受体（市场主体）”的外在规制，而忽视“规制受体（市场主体）”内在的自我规制。

我们认为，规制主要存在两层含义：规制的第一层含义在是法治环境下，政府管理市场行为的规范化，即政府管理市场的规章制度及其实施机构和活动的组合。政府的核心资源是强制力，政府规制依托其强制力，通过推行一定的规则或者直接行为干预市场自发机制，间接或直接改变市场主体和社会公众的供需决策的活动。规制的第二层含义是企业在法律法规和政府规制的基础上，设计并安排企业自己内部的管理与控制制度及其相关执行机构和监管流程。企业内部的规制与政府层面的规制有所不同，政府层面的规制完全依靠法律授权和行政权力实现对市场的规制，包括监管与处罚；企业内部的规制或者合规除要依据法律法规和行政规制外，还要符合企业（公司）自己的章程或投资人（股东）的意愿。

2. “市场规制”的内涵

市场机制在充分发扬其优越性的同时，各种失灵现象也不可避免地相伴而生。市场的复杂性、多变性、易受操纵性需要更多实用有效的法律规制。垄断、信息不对称和负外部性等市场失灵理论构成市场规制的经济学基础。市场规制是指以法律形式规定的、由专门机构实施的、对市场主体及其行为进行规范和制约等活动的总称，是国家干预经济的基本形式。[2] 广义的市场规制，包括立法规制、行政规制及司法规制。狭义的市场规制仅指行政规制，也就是前述“规制”的第一层面的内涵，即行政规制，是市场监管机关根据法律规定，以许可、强制、检查监督和行政处罚等约束市场主体的具体行政行为。根据所治理市场问题的内在差异，市场规制可以大致区分如下。

第一，经济性规制。它主要针对自然垄断和存在严重信息不对称的领域，旨在扭转资源配置低效和不公平利用的现象，对市场主体的进入和退出、价格、服务的数量和质量等有关行为加以规制。它往往表现为纵向的行业规制，典型的如电力规制，电信规制，银行、证券、保险等方面的金融监管。第二，

〔1〕 参见薛克鹏主编：《经济法学》，中国政法大学出版社 2018 年版，第 135 页。
〔2〕 参见薛克鹏主编：《经济法学》，中国政法大学出版社 2018 年版，第 135 页。

社会性规制。它主要针对外部性和信息不对称等市场缺陷，以保障劳动者和消费者的安全、健康、卫生以及保护环境、防止灾害为目的，对物品和服务的质量以及随着提供它们而产生的各种活动制定一定的标准，或禁止、限制特定行为的规制。典型的如消费者权益保护、医药管制、生产安全监管、环境保护、资源监管等。第三，反垄断规制，它主要针对竞争性行业内的垄断和限制竞争行为等，并加以防范和规制。〔1〕

（二）市场规制法的概念与特征

“市场规制法”在我国有不同的称谓，主要存在市场管理法、市场调控法、市场运行法、市场秩序规制法、市场调整法、市场障碍排除法等不同称谓。市场规制法是对市场主体及其行为进行规范和制约的法律的总称。简言之，市场规制法是规制市场行为之法。市场规制法是我国经济法体系的一个重要组成部分，是经济法的核心部分，属于部门经济法。它有以下几方面特征。

第一，规制对象是经营者及其行为。市场规制法主要规制如垄断正当竞争、产品质量、侵犯消费者权益以及破坏环境资源等扰乱市场秩序及损害公共利益的行为。

第二，具有强制性。市场规制法是以规制方法规范市场主体行为的，其内容都是由禁止性、限制性或命令性等强制性规范构成。

第三，其是市场监管机构实施规制的依据。市场规制是因为立法机关制定了限制、禁止市场主体的法律，才有行政机关所谓的市场规制行为。市场规制法就是监管机构进行监管的法律依据。

第四，其是维护市场秩序和社会公共利益的基本法。市场规制法之所以对垄断、不正当竞争、虚假广告、制售伪劣产品和破坏自然资源权益等行为进行规制，是因为这些行为扰乱了市场秩序，损害了众多市场主体的利益。市场规制法通过规制，以促进和维护公平竞争，保护消费者与经营者的合法权益，维护市场经济秩序和社会公共利益，保障国民经济的健康发展。〔2〕

---

〔1〕 参见盛学军、陈开琦：《论市场规制权》，载《现代法学》2007 年第 4 期。

〔2〕 参见薛克鹏主编：《经济法学》，中国政法大学出版社 2018 年版，第 139－140 页。

（三）市场规制法的体系

我国有很多关于市场管理的法律法规，而且有很多政府调控市场的手段和做法，这和“大政府，小市场”的历史法律文化传统有密切关系，政府也经常用“看得见的手”调控市场。市场监管的法律、法规主要涉及《反不正当竞争法》、《中华人民共和国消费者权益保护法》（以下简称《消费者权益保护法》）、《中华人民共和国产品质量法》（以下简称《产品质量法》）、《反垄断法》、《中华人民共和国广告法》（以下简称《广告法》）、《中华人民共和国房地产管理法》（以下简称《房地产管理法》）等法律，以及很多政府部门规章和地方性法规、规章等。可以说，目前我国并没有市场规制领域的基本法，市场规制法的体系主要由数量众多且相互联系的单行法构成。目前，学理上较有影响的分类是将市场规制法体系分为如下两部分。

1. 一般市场规制法

一般市场规制法是适用于所有市场领域的法。第一，竞争法。例如《反不正当竞争法》《反垄断法》《中华人民共和国价格法》；第二，消费者保护法。例如《消费者权益保护法》《产品质量法》《中华人民共和国食品安全法》《中华人民共和国药品管理法》；第三，自然资源立法。例如《中华人民共和国土地管理法》《中华人民共和国矿产资源法》《中华人民共和国水法》等。

2. 特定市场规制法

特定市场规制法是对某一特殊市场领域或行业的经营者进行规制的法律，也可称行业规制法或部门经济法。第一，金融法。例如《中华人民共和国商业银行法》《中华人民共和国银行业监督管理法》《中华人民共和国保险法》《证券法》《中华人民共和国证券投资基金法》《中华人民共和国信托法》《中华人民共和国反洗钱法》《期货交易管理条例》等。第二，房地产市场法。例如《城市房地产管理法》、《中华人民共和国城乡规划法》、《中华人民共和国建筑法》和《中华人民共和国招标投标法》（以下简称《招标投标法》）等。第三，旅游市场法。例如《中华人民共和国旅游法》《旅行社条例》等。第四，运输市场法。例如《中华人民共和国铁路法》《中华人民共和国民用航空法》《中华人民共和国道路运输条例》等。第五，涉外经济法。例如《中华人民共和国外商投资法》《中华人民共和国外资企业法》《中华人民共和国对外贸易法》《中华人民共和国海关法》《中华人民共和国反倾销条例》等。此外，还涉及电信市场法（例如《中华人民共和国电信条例》）和电子商务法（例如《网络交易监督管理办法》）等领域立法。

二、企业合规的性质界定

（一）企业合规的内涵及本质

企业合规究其源流，并非我国本土性概念，而是他山之石。企业合规的内涵可以从内外两个层面予以理解，第一，内部层面，即从企业自身的立场出发。一是从积极的层面来看，是指企业在经营过程中要遵守法律和遵循规则，并督促员工、第三方以及其他商业合作伙伴依法依规进行经营活动。所遵守的法律和规则，可以分为国家法律法规、商业惯例和伦理规范、国际组织条约以及企业自行颁布的规章制度（例如公司章程、商业行为准则、员工行为守则）等。二是从消极的层面来看，企业合规是指企业为避免或减轻因违法违规经营而可能受到的行政责任、刑事责任，避免受到更大的经济或其他损失，而采取的一种企业治理方式。[1] 换言之，是企业为有效防范、识别、应对可能发生的合规风险所建立的一整套公司治理体系。第二，外部层面，即合规作为一个制度，对于外部监督者（主要是立法者、执法者）而言，是“组织采用的，防止违反法律和确保对外部权威的服从，由此采取步骤来发现违规的政策和控制系统”[2]。

从本质上看，企业合规就是一种自我监管（Self－policing）机制，是一种公司内部治理方式，应当归属于企业自治的范畴。公司治理可理解为关于指导和控制公司行为的制度，而风险管理（内控）是其中的核心内容。企业合规可概括为一套使组织行为符合相关规范的内部程序，其宗旨在于应对、化解合规风险。故合规管理与风险管理存在一定重叠，合规管理就是风险内控，是风险管理的核心部分。二者区别可能仅停留在对法律的遵守程度上，而非性质本身。[3] 另外，无论是合规管理还是公司治理，均落脚于公司行

---

〔1〕 参见陈瑞华：《企业合规的基本问题》，载《中国法律评论》2020 年第 1 期。
〔2〕 邓峰：《公司合规的源流及中国的制度局限》，载《比较法研究》2020 年第 1 期。
〔3〕 参见薛前强：《论企业合规管理主体规制理路的转向——从合规监管到合规治理》，载《河北法学》2023 年第 9 期。

为，并依赖于公司内部机构的设置、职权配置及职权运行程序而展开。[1] 尽管我国企业合规的演变过程，呈现出以外围管制和监管为推手，将合规管理生硬地内嵌进公司内部治理结构之样态，但无法改变企业合规其本质是企业自治的一种内部管理自我变革的方式。

（二）企业合规的“内力”

一方面，从法经济学视角来看，企业未能建立有效的合规管理体系，可能会产生诸如停止不合规经营活动遭受的经济损失、放弃存在合规风险的业务损失、违法处罚的罚款损失等成本；企业建立有效的合规管理体系，则能获得诸如可持续的经济效益、强劲的企业竞争力等以保障生存和发展等效益。[2] 企业作为理性的经济人，营利是其具有的本质特征。基于成本－效益考虑，企业自身具有寻求行为规范的内生需求，而非必然以国家强制力为依托。诚然，从整体主义视角来看，市场机制对企业来讲是竞争压力，但从企业个体视角来讲，竞争中取胜获利也恰恰是企业内在动力之源。从法经济学视角可以看出，为降低交易成本、获取竞争优势，企业具有合规的内在动力。另一方面，从团体法视角来看，企业是人的集合，在企业成长发展过程中，企业内部成员不免会产生利益冲突，例如管理层与股东、控股股东与中小股东等。这就决定企业本身应有一套组织性规范，包括公司决议规程、董事会议事规程、公司章程、管理制度等，以调和企业团体内部利益。企业组织和组织成员的主体复合性、利益主体的多面性和复数性，使得企业内生合规治理的组织性规则。[3]

（三）企业合规的“外力”

关于企业合规的“外力”，有研究认为企业合规外部压力体系以刑事责任为典型表现形式，以损害赔偿式的“金钱罚”为基本的压力单元，以相当

---

〔1〕 参见曹兴权：《合规管理：形成中的公司治理习惯?》，载《上海大学学报（社会科学版）》2022年第6期。

〔2〕 参见贺江华、徐亚：《企业合规制度的成本效益分析》，载《当代经济》2022年第8期。

〔3〕 参见山茂峰：《企业合规制度的建构逻辑：内力、外力与引力》，载《兰州学刊》2024年第2期。

的信用减等风险（声誉机制）为压力激励基础。[1] 我们认为，关于企业合规的“外力”因素探讨，还应当对其产生和发展的历程加以分析。作为企业合规发源地的美国，自19世纪末，美国政府几十年来一直致力于通过加强国家监管的方式促使企业有序参与市场竞争，使其行为合乎法律规范。企业不得不开始探索建立合规制度以应对国家的监管。另外，市场竞争的驱动也是外部因素之一。从我国来看，企业合规的产生并非公司治理自然演变的结果，而是参与海外经营投资等业务的中国企业为满足国际组织及所在国的合规要求，主动推行企业合规管理建设；以及改革开放以来，众多来华企业带入合规管理体系。可以说，合规已经成为一种世界趋势，是企业走向世界的通行证。

法律及国家监管机构层面的压力，亦是驱动企业自主合规建设的重要外因。例如《证券法》第140条规定，证券公司的合规管理不符合规定的，国务院证券监督管理机构应当责令其限期改正，对于逾期未改正的，应当根据实际情况采取其他限制措施。以及企业合规理念引入国内后，我国市场规制部门陆续出台了多个规范性文件，以推动企业合规建设。例如《证券公司和证券投资基金管理公司合规管理办法》《证券公司合规管理实施指引》《企业境外经营合规管理指引》《中央企业合规管理指引（试行）》等。

三、企业合规的市场规制逻辑

市场规制主要是对市场经营者及其行为进行规范和制约的法律法规及其实施体制机制。实践中主要通过政府市场监管部门以禁止性、限制性或命令性等行政规制方式，来确保企业履行市场规制法律、法规所规定的义务，对企业来说，属于外在规制的范畴。而企业合规是企业在内部建立的为履行法律法规等依据规定的义务以及防范其他风险而建立的一套公司治理体系，属于自主治理行为，属于“自我规制”的范畴。在金融市场、产品安全、食品安全、环境保护等领域，政府囿于人力、物力、专业知识、技术能力、风险认知等方面不足，让企业把重心放在产品安全、环境安全的管理和控制层面，

---

[1] 参见薛前强：《论企业合规管理主体规制理路的转向——从合规监管到合规治理》，载《河北法学》2023年第9期。

显然比政府规制更为容易。相较于法定规制或者直接规制、政府规制，企业自我规制的优势在于比较接近市场，因而可以有效地调动相应的知识与专家，较为柔和且具可调适性，对于企业而言规制负担较轻，对于政府而言规制成本较低。[1] 从此意义上来说，企业合规建设对市场规制无疑是个理性的规制方式。

市场经济是法治经济，有效市场的形成离不开法治的保障，例如产权法律制度、促进合同订立及履行的法律制度等。企业的经济行为及企业合规建设要遵守国家法律法规、商业惯例和伦理规范、国际组织条约等规范性依据；政府的市场监管及合规管理必须符合市场经济法治所建立的理念、制度、规则。政府在推进合规管理过程中，要处理好监管权和企业自治权的关系，避免以公权形式对私权空间的侵占。我们认为，基于企业合规的本质属性和公权主导下的政府强制合规具有的缺陷，市场规制视域下的企业合规治理应当以控制政府合规监管的限度和激励企业自主合规建设，作为当前合规治理的完善进路。

第二节　政府部门监管企业合规的适度谦抑

一、政府部门监管企业合规的缘由

2017 年在中央全面深化改革领导小组第三十五次会议上，习近平主席明确指出，加强企业海外经营行为合规制度建设，逐步形成权责明确、放管结合、规范有序、风险控制有力的监管体制机制，更好服务对外开放大局。[2] 企业合规管理属于依靠企业自律构建的内部治理方式，应属于企业自治的领域。政府作为公权力行使的代表，基于何种正当性理由把企业合规管理作为自身职责，其缘由主要如下。

第一，企业违规后果具有个体损害和社会损害双重性。企业违规个体损害主要指向企业自身的损害，例如商誉受损、现值缩水、生产经营受挫、行

---

〔1〕 参见高秦伟：《社会自我规制与行政法的任务》，载《中国法学》2015 年第 5 期。

〔2〕 参见《习近平主持召开中央全面深化改革领导小组第三十五次会议》，载中华人民共和国中央人民政府网，https：//www. gov. cn/xinwen/2017 – 05/23/content_ 5196189. htm。

政处罚乃至刑事制裁等。企业作为社会生产的元细胞，具有经济属性和社会属性，因此，企业违规还会导致国家利益、社会利益以及市场秩序的损害。例如企业违法排污造成生态环境损害、企业低价倾销扰乱市场公平竞争秩序、企业生产销售假冒伪劣产品等。政府为预防市场风险须在一定程度上干预企业治理，通过合规管理对企业自我规制进行再规制。

第二，基于内外因素影响，企业自主合规动力不高。企业内部合规体系的建立健全、有效运转，依赖于企业经营能力、风险面向、市场压力、制度环境等一系列内外因素综合影响。从法经济学视角来看，合规管理普遍存在费用高昂、覆盖面广、专业化和职业化程度高等特点。企业具有营利的天然属性，基于成本—效益考虑，企业可能会放松合规管理，使得合规建设流于形式。在企业自我监管难以运行的情况下，需要政府介入以外在力量驱动企业建立自我控制机制。

二、当下政府部门监管企业合规的样态及其缺陷

我国企业合规管理具有政府强力推进的特点，其核心问题是设定合规职责以及切实保障履职，政府推进的着力点也围绕这两个方面展开，具体表现为：由政府监管部门直接规定企业合规管理职责并通过各种监管措施促使履职。具体而言，政府合规监管的介入主要存在以下三种模式。

第一，以行政监管主体身份介入的刚性模式。例如2016年原中国保险监督管理委员会出台的《保险公司合规管理办法》，将保险公司的法定合规管理义务细化成公司内部有关部门的具体职责，并确立对之监管的相关措施，以国家强制力来督促落实；《证券法》第140条规定，证券公司的合规管理不符合规定的，国务院证券监督管理机构应当责令其限期改正，对于逾期未改正的，应当根据实际情况采取其他限制措施；等等。

第二，以政府出资人身份介入的刚性模式。这种模式是国务院国资委实施的方法。2018年出台的《中央企业合规管理指引（试行）》设定了央企的合规管理职责，要求企业“遵照执行”，并确定由国务院国资委“负责指导监督中央企业合规管理工作”，以科层行政管理机制直接要求企业“加强合规考核评价”“建立合规报告制度”。

第三，以行政指导为手段介入的柔性模式。这种模式是原国家发展和改

革委员会（以下简称发改委）等7部门运用的方式。发改委等7部门于2018年共同印发《企业境外经营合规管理指引》，通过柔性的行政方式，指导、调动企业自主开展合规管理，但无强制性的履职要求。[1]

实践中，在市场规制领域我国企业合规管理呈现出政府强力推进的特点，且主要以行政处罚的方式推动企业合规建设。正如有人指出，反垄断合规监管通常将行政处罚作为前置条件，将行政指导等柔性手段作为监管辅助方式，缺乏运用协商思维、签署具有契约属性的和解协议。[2] 从经济法产生及发展的历程看，此种推进机制存在固有缺陷，仅在合规管理治理初期会产生一定效果，但从长远来看，无法将外在规制转化为内在动力。

三、政府监管企业合规的界限

行政权力介入企业合规建设，从权力行使目的看，旨在企业能够守法合规经营发展，避免承受合规风险。不可否认，行政机关介入企业合规整改也必然会影响到企业自治。行政权过度介入企业生产经营活动，极有可能造成对企业自主经营权的不当干涉。要控制政府对企业合规监管权的尺度与边界，在遵循法定原则、不妨碍企业自主经营权行使原则、法律设定合规义务的有限性原则基础上，从以下方面进行完善。

其一，正确区分合规义务与一般企业守法义务。市场法治要求企业在生产经营及提供服务过程中，遵守法律法规规定的法定义务。企业合规行为就是其履行义务的表现，若市场监管部门通过检查发现企业违法，则认为是违反一般守法义务，需要给予相应制裁。而企业合规义务除了要求企业生产经营或提供服务过程中，符合现有法律规定，还要求企业为履行一般法定义务及防范其他风险而在内部建立相应的体系。若市场监管部门发现企业没有建立相应的内部合规管理体系，企业并不会因此而受到制裁（法律中明确规定企业合规为法定义务的除外）。

其二，以企业经营行为符合政府监管的“软”规制为主，以符合刚性规

---

〔1〕 参见郑雅方：《论政府介入企业合规管理的风险及其防范》，载《法商研究》2021年第3期。

〔2〕 参见陈强：《反垄断合规监管制度之审视》，载《太原学院学报（社会科学版）》2021年第4期。

定或“硬”规制为补充。诸如相关行政处罚等“硬”性规制方式，极易出现威慑过度、偏离预期目标（企业合规形式化）、侵占企业自治空间等问题。“软”规制相较于“硬”规制而言，具有柔性、灵活、非强制性的特点，在不影响企业自主管理的同时，也能实现预期的规制目标。其类别主要包括行政指导、行政检查、行政和解、行政契约、行政服务等。

其三，企业合规依据的法律化。政府行政干预与市场主体的自由权利冲突在市场经济中始终存在，单纯地运用行政手段干预市场是一种无节制、危险的干预活动，必须把这种手段上升为法律手段。只有以立法方式使政府的行政干预合法化、程序化、责任化，才能杜绝行政手段的随意性和无制约性。[1] 因此，应当在《反不正当竞争法》《消费者权益保护法》《产品质量法》《反垄断法》《广告法》《城市房地产管理法》等市场规制各单行法中，差异化地引入企业合规建设的相关内容。基于对企业合规本质的考量，企业合规入法的基本方向，其重心应当秉持引导型、激励型的“软法”模式，而不是强制型、制裁型的“硬法”模式，[2] 具言之，企业合规不宜规定为法定义务，而应以法律的形式规定企业合规的激励措施。

其四，发挥社会公众在企业合规治理中的监督作用。公众的监督作为一种社会监督，和其他监督形式相比具有主体广泛性、行为有效性及渠道多样性等特征。为此，需要增强市场规制领域合规监管的公开性与透明度。对于政府合规监管部门而言，其须公开的信息包括监管职责、合规监管具体措施、进展情况等。

第三节 企业自主合规的培育和激励

一、企业自身要建立有效的合规管理机制

企业合规本质上是公司自治的一种方式，合规建设的逻辑起点应是企业

---

〔1〕参见陈婉玲：《经济法调整：从“权力干预”到“法律治理”》，载《政法论坛》2014 年第 1 期。

〔2〕参见李勇：《我国企业合规法律化的方向与路径》，载《贵州大学学报（社会科学版）》2023 年第 3 期。

自我监管，并且企业存在自主合规的内在需求。企业需要主动承担社会责任，在法律法规和政府规制的基础上，建立并运行自己的合规管理体系。合规的生命在于有效，一个有效的合规计划一般包含合规宪章、合规的组织体系、合规政策、合规的程序四项基本要素。[1] 基于此，有效的合规制度至少包括五个层面。

第一，制定合规宪章。把合规目标、合规结构、合规政策、合规风险等写入公司章程中或企业内部效力最高的规范文件中。

第二，建立适合自身情况的合规管理机构。可以设立独立的合规部门（负责人）统筹、组织和推进合规工作，确保其独立性、专业性、权威性、资源充分性等。

第三，建立适当的合规风险识别评估及处置机制。以竞争合规为例，涉及垄断协议、滥用市场支配地位、经营者集中、滥用行政权力排除、市场混淆以及商业贿赂等行为的合规风险识别。在合规风险识别和评估的基础上，经营者应当对各类市场合规风险采取恰当的控制和应对措施。

第四，建立合理可行的合规管理运行和保障机制。主要涉及合规审查、合规咨询、合规汇报、合规培训、合规承诺及保障、合规奖惩、合规监督机制等内容。

第五，构建合规文化。通过合规文化建设，提高全体员工的合规意识，保障合规管理体系有效运转。

二、企业自主合规激励机制的建设

企业合规在我国起步较晚，企业开展合规建设经验缺乏且须耗费较大成本，基于成本效益考量，企业自主建设积极性较为低迷。目前企业合规建设主要在央企、国企及部分大型民企（华为、中兴、吉利等）中展开，并没有在广大社会层面引起关注，尤其是占企业数量主体的民企几乎“毫不知情”。[2] 因此，十分有必要建立完善的合规激励机制，以激发企业自主合规

[1] 参见陈瑞华：《企业合规的基本问题》，载《中国法律评论》2020 年第 1 期。

[2] 参见刘用军、张文静：《企业合规的国家和社会治理向度》，载《中州大学学报》2023 年第 5 期。

的热情，具体如下。

第一，构建风险告知型激励机制。实施有针对性的违规风险宣传教育，充分警示本行业的重点违规风险，说明合规管理对这些违规风险的预防功能；建立常态化的违规风险预警服务，方便企业及时识别违规风险。预警内容包括新的监管规范及要求带来的合规义务变化。

第二，经济利益型激励机制。主要涵盖三个层面：一是提供专业指导帮助企业合理配置合规管理资源。主要是指导企业如何结合自身情况在内设机构、人员配备、程序制定、资金投入等方面作出适当安排。二是配套制定经济激励政策。例如对自愿开展合规管理的企业给予财政、金融、税收优惠等。三是完善行政处罚裁量规则。将企业开展合规建设的情况纳入对企业违法处罚的裁量因素中，对有效开展合规建设的企业可以从轻或减轻处罚。[1]

第三，其他激励方式。例如在推进合规入法过程中，在立法程序上，注重企业合规管理利益主体的立法参与。降低营商成本，例如严格执行涉企收费清单、严格限制和规范税费征收、精简贷款手续、加强中小企业获得融资的便利度、降低融资成本、减少金融服务收费等。

三、发挥行业协会的自治功能

经济法相较于其他传统法最大的优势是，经济法将社会经济主体分为管理主体、活动主体和中间层主体（行业协会），这三个主体间多元协同及利益协调保障经济活动稳定运行与发展。[2] 行业协会是由单一行业的竞争者所组成的非营利性组织，目的是对一种特殊普遍利益进行保护。行业协会是一种具有公私混合性质的法律主体，其所享有的自治权相对于政府的公权力来说，是一种监督权；而对于其成员来说，是一种对其成员进行管理的准权力。[3] 行业协会所享有的市场规制权，属于自治权的范畴，符合企业合规的

---

〔1〕参见孙富博、李长健、张天雅：《企业合规中国道路：治理转向与经济法调整思路》，载《社科纵横》2024年第1期。

〔2〕参见郑雅方：《论政府介入企业合规管理的风险及其防范》，载《法商研究》2021年第3期。

〔3〕参见单锋：《行业协会法律主体地位与市场规制权探析》，载《南京大学学报（哲学·人文科学·社会科学版）》2006年第1期。

本质。2022 年修正后的《反垄断法》第 14 条就明确规定："行业协会应当加强行业自律，引导本行业的经营者依法竞争，合规经营，维护市场竞争秩序。"引导行业协会会员企业与行业内其他经营者进行合规建设，已成为行业协会的重要职责。因此，企业合规自主管理需要发挥行业协会的主动性、能动性，针对本行业、本领域科学精准地履行企业合规管理治理规则制定、合规监管、非法律惩罚、争端化解等职能。

第四章　企业合规管理体系

企业合规管理体系是企业通过建立具备合规组织、合规管理机构、合规管理运行机制、合规管理保障措施、合规文化等要素的管理体系，要求企业在生产经营过程中遵守各部门合规管理要求，以预防和控制企业各类风险，保障企业持续经营。企业合规管理具备企业管理科学的基本要素，是企业管理学的组成部分或分支，构成以企业合规管理为研究对象的一门科学。目前企业合规管理的规范性文件有《合规管理体系　要求及使用指南》（ISO 37301：2021）（国际标准）、《合规管理体系　要求及使用指南》（GB/T 35770—2022）（国家标准），以及《企业合规管理体系有效性评价指引》（T/CEEAS 003—2022）（团体标准）。

第一节　国际企业合规管理体系

国际企业合规管理体系主要是《合规管理体系　要求及使用指南》（ISO 37301：2021）（国际标准）。企业通过组织实施该标准，建立并运行合规管理体系，可以将其作为自我声明合规、管理质量认证机构合规认证、政府合规监管、司法机关裁量的依据。该国际标准规定了组织建立、运行、维护和改进合规管理体系的要求，并提供了使用指南，适用于全球任何类型、规模、性质和行业的组织，无论是公共的、私营的还是非营利性的。该标准对于各类组织的合规管理能力建设、政府监管活动、国际贸易交流、沟通合作改善等具有重要的意义。该国际标准下的合规管理体系通用要素如图 4 - 1 所示，具体情况如下。

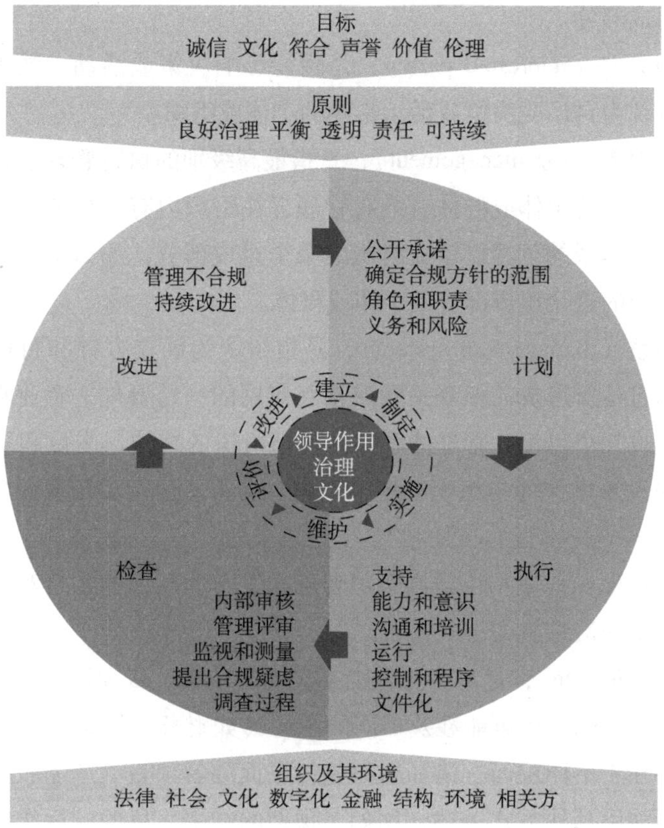

图 4-1 合规管理体系通用要素

一、合规管理体系术语

企业合规管理体系的术语包括组织、利益相关方、最高管理者、管理体系、方针、目标、风险、治理机构、合规职能、合规风险、合规义务等，具体含义如下。

组织（organization），是指为了实现合规目标，由职责、权限和相互关系构成自身功能的个体或群体，包括但不限于个体经营者，公司、公司集团、商行，企事业单位，合伙企业，权力机构，慈善机构或研究机构，或者上述组织的部分或组合，无论其是否为法人组织，是公有的还是私有的。如果组织是大型实体的一个组成部分，那么术语“组织”仅指在合规管理体系范围内的这个组成部分。

利益相关方（interested party），是指能影响决策或活动、受决策或活动所影响或者认为自己受决策或活动影响的个体或组织。

最高管理者（top management），是指最高级别的执行管理层，在最高层指挥和控制组织的个体或群体。最高管理者在组织内有授权和提供资源的权力。如果管理体系的范围仅覆盖组织的某个组成部分，那么最高管理者是指挥和控制组织的这个组成部分的个体或群体。

管理体系（management system），是指组织为确立方针和目标以及实现这些目标的过程所形成的相互关联或相互作用的一组要件。企业管理体系可能针对一个或几个目标。管理体系要件包括组织的结构、岗位和职责（与领导作用相关）及运作（与组织环境、策划、支持、运行、绩效评价、改进相关）。

方针（policy），是指由最高管理者正式发布的组织的宗旨和方向。方针也可能由组织的治理机构正式发布。

目标（objective），是指企业合规要实现的结果。目标可能是战略的、战术的或运作层面的，也可能涉及不同的主题（如财务、健康与安全或环境）。它们可能存在于不同层面，诸如组织整体层面或者项目、产品、服务或过程层面。目标能用其他方式表述，比如，预期的结果、目的、运作准则，合规目标或使用其他有类似含义的词（如终点或指标）。在合规管理体系中，组织制定的合规目标与合规方针保持一致，以实现特定的结果。

风险（risk），是指不确定性对目标的影响。影响是指对预期的偏离，可以是正面的或负面的。不确定性是指对某个事件、事件的后果或可能性缺乏甚至部分缺乏相关信息、理解或知识的状态。通常，风险以潜在“事件”（GB/T 23694—2013 中的定义）和“后果”（GB/T 23694—2013 中的定义），或二者的组合来描述其特性。通常，风险是以某个“事件”的后果包括情况的变化及其发生的“可能性”（GB/T 23694—2013 中的定义）的组合来表述。

治理机构（governing body），是指对组织的活动、治理、方针负有最终责任和权力的一个人或一组人，最高管理者向其报告并对其负责。并不是所有的组织，尤其是小型组织，都会有一个独立于最高管理者的治理机构。治理机构可能包括但不限于董事会、董事会委员会、监事会或受托人。

合规职能（compliance function），是指对合规管理体系运行负有责任、享有权力的一个人或一组人。合规最好是指定一人负责合规管理体系的监督。

合规风险（compliance risk），是指因不符合组织的合规义务而发生不合规的可能性及其后果。

合规义务（compliance obligations），是指组织强制性地遵守的要求，以及组织自愿选择遵守的要求。企业未履行合规义务被视为不合规。

二、合规管理的组织环境

合规管理的组织环境是指组织应确定与其宗旨相关的，并影响其实现合规管理体系预期结果的内部和外部因素，也就是建立企业合规管理体系所面临的环境。为此，组织应综合诸多因素去考虑和分析其面临的环境，这些因素包括但不限于以下因素：一是商业模式，包括组织活动和运行的战略、性质、规模、复杂性和可持续性；二是企业与第三方业务关系的性质和范围；三是法律和监管环境；四是经济状况；五是社会、文化、环境背景；六是企业内部结构、方针、过程、程序和资源，包括技术；七是企业自身的合规文化。

组织应理解利益相关方的需要和期望，确定合规管理体系的利益相关方，以及这些利益相关方的有关需求和哪些需求将通过合规管理体系予以解决。在此基础上确定合规管理体系的范围，通过界定合规管理体系的边界和适用性，以确立其范围。合规管理体系的范围旨在阐明组织面临的主要合规风险以及合规管理体系将适用的地理或组织边界，或两者兼而有之，尤其当组织是较大实体的一部分时，组织应结合内部因素和外部因素综合确定合规管理体系的范围。合规管理体系要求，组织应建立、实施、维护和持续改进合规管理体系，包括所需的过程以及过程之间的相互作用。合规管理体系应反映组织的价值观、目标、战略和合规风险，并且应结合组织环境。

合规管理的义务要求组织应系统识别其活动、产品和服务所产生的合规义务，并评估其对组织运行所产生的影响；应建立过程以识别新增及变更的合规义务，以保证持续合规，评估已识别的变更的义务所产生的影响，并对合规义务管理进行必要的调整；应保持其合规义务的文件化信息。在合规风险评估方面，组织应基于合规风险评估，识别、分析和评价其合规风险；应将其合规义务与其活动、产品、服务以及运行的相关方面联系起来，以识别合规风险；应评估与外包的第三方的过程相关的合规风险；应定期评估合规风险，并在情形或组织所处的环境发生重大变化时进行再评价；应保持有关合规风险评估和应对合规风险措施的文件化信息。

三、合规管理的领导作用

合规管理的领导作用包含承诺、合规文化、合规治理、合规方针、岗位、职责和权限、合规职能、管理者、人员方面的要求。治理机构和最高管理者应从以下方面来证明其对合规管理体系的领导作用：一是确保确立合规方针和合规目标，并与组织的战略方向保持一致；二是确保合规管理体系要求融入组织的业务过程；三是确保配置了合规管理体系所需的资源；四是就有效的合规管理的重要性和符合合规管理体系要求的重要性进行沟通，确保合规管理体系实现其预期结果；五是指导和支持人员提升合规管理体系的有效性；六是推进持续改进；七是支持其他相关岗位在其职责范围内发挥领导作用。

此外，治理机构和最高管理者应当确立和坚持组织的价值观，确保制定并实施了方针、过程和程序，以实现合规目标；确保能够及时获知合规事件，包括不合规情况，并确保采取适当措施；确保遵守合规承诺，并妥善处理不合规事项和违规行为；确保合规责任在工作职责中得到适当体现，可任命或提名合规职能，确保建立了提出和解决疑虑的机制。

在合规文化方面，组织应在其内部各个层级建立、维护并推广合规文化。对于整个组织所要求的共同行为准则，治理机构、最高管理者和管理者应作出积极的、明示的、一致且持续的承诺。最高管理者应鼓励倡导和支持合规的行为，阻止且不容忍损害合规的行为。

合规治理治理机构和最高管理者应确保合规职能可直接接触治理机构、合规职能的独立性、合规职能具有适当的权限和能力这些原则得到实施。其中，直接接触包括向治理机构的直接汇报、定期提交报告以及参加其会议。独立性是指合规职能的运行不受任何不当干扰和/或压力。

治理机构和最高管理者应确立合规方针适合于组织的宗旨，为设定合规目标提供框架，包括满足适用需求的承诺及持续改进合规管理体系的承诺。

合规方针应与组织的价值观、目标和战略保持一致，要求遵守组织的合规义务，支持合规治理原则，引用并阐述合规职能，概述不遵守组织的合规义务、方针、过程和程序的后果，鼓励提出疑虑，并且禁止任何形式的报复，以及用通俗易懂的语言书写，易于所有人员理解其原则和意图，并被适当地实施和执行，且其作为文件化信息可被获取、在组织内传达，适宜时，便于利益相关方获取。

治理机构和最高管理者应确保在组织内分配和传达相关岗位的职责和权限，以确保合规管理体系符合要求，以便获得合规管理体系绩效的报告。治理机构应确保最高管理者的管理绩效可以根据合规目标的实现程度进行测量，并对最高管理者运行合规管理体系的情况进行监督。最高管理者应为建立、制定、实施、评价、维护和改进合规管理体系配置足够且适宜的资源，确保建立及时有效的合规绩效报告制度，确保战略和运行目标与合规义务相协同，建立和维护问责机制，包括纪律处分和结果，确保合规绩效与人员绩效考核挂钩。

首先，合规职能应负责合规管理体系的运行，包括促进识别合规义务，记录对合规风险的评估，使合规管理体系与合规目标保持一致，监视和测量合规绩效，分析和评估合规管理体系的绩效，以决定是否需要采取纠正措施，以及建立合规报告和记录制度，确保按计划的时间间隔对合规管理体系进行评审，建立提出疑虑以及确保疑虑得到解决的机制。其次，合规职能应监督履行已识别的合规义务的职责在整个组织内得到有效分配，将合规义务纳入方针、过程和程序，所有相关人员按要求接受培训，建立合规绩效指标。再次，合规职能应向相关人员提供与合规方针、过程和程序有关的资源，就合规相关事宜向组织提供建议。合规职能的具体职责并不会因此免除其他人员的合规责任。最后，组织应确保合规职能能够接触高级决策者，并在决策过程早期有提出建议的机会；接触组织的所有层级；接触所有需要的人员、文件化信息和数据；就相关法律、法规、规范和组织标准收集专家意见。

所有人员应遵守组织的合规义务、方针、过程和程序，报告合规疑虑、问题和漏洞，根据要求参加培训。管理者应通过以下方式对其职责范围内的合规工作负责，具体包括配合和支持合规职能，并鼓励员工共同参与，确保其管理范围内的所有人员都遵守组织的合规义务、方针、过程和程序；识别其运行中的合规风险并进行沟通，在其职责范围内将合规义务融入现有的商业惯例和程序；参加并协助合规培训活动，培养人员的合规意识，指导他们满足培训和能力要求；鼓励并支持人员提出合规疑虑，并防止任何形式的报复；根据要求积极参与合规相关事件和问题的管理、解决，确保一经确定需要采取纠正措施时，适当的纠正措施能够得到推荐并实施。

四、合规管理的策划

组织进行合规管理体系策划时，应结合合规管理的因素和需求，并确定需要应对的风险和机会，从而确保合规管理体系能实现预期结果，预防或减少非预期的影响，实现持续改进。在策划合规管理体系时，组织应结合其合规目标、经识别的合规义务以及合规风险评估结果。组织应策划应对风险和机会的措施，与如何将这些措施纳入合规管理体系过程并实施以及评价这些措施的有效性的活动。

在合规目标和达到目标的策划方面，组织应在相关职能和层级上建立合规目标。合规目标应当符合下列要求，包括与合规方针一致，可测量（如果可行），反映适用的需求，可以监视，可以传达，视情况予以更新，作为文件化信息可获取。组织策划如何实现合规目标时，应确定做什么、需要什么资源、谁负责、何时完成、结果如何评价等方面。

当确定需要修改合规管理体系时，组织应有计划地实施修改。组织应统筹修改的目的及其可能的后果，合规管理体系设计和运行的有效性，足够的资源的可获取性，以及责任和权力的分配或再分配。

五、合规管理的支持

为建立、实施、维护和持续改进合规管理体系，组织应确定并提供所需要的资源。因此，需要确定在其管理下工作的人员所需的能够影响合规绩效的必备能力，确保这些人员在接受适当的教育、培训或经验的基础上能胜任工作，采取措施获得必要的能力，并评价所采取措施的有效性。此外，需要适当的文件化信息，且其应作为能力证据并且可以让组织获取。适当的措施包括向现有人员提供培训、指导或重新分配工作，或者雇用或聘用能胜任的人员。

在人员的雇佣过程方面，组织应针对其所有人员制定、建立、实施和保持以下过程：将遵守组织的合规义务、方针、过程和程序作为人员的雇佣条件，确保在入职后的适当期间内，新入职人员能获得合规方针的副本或者有渠道获得合规方针，并获得合规方针培训；对于违反组织合规义务、方针、过程和程序的人员，应采取适当的纪律处分；作为雇佣过程的一部分，组织应结合岗位和人员可能引发的合规风险，在任何雇佣、调动和晋升之前按要求进行尽职调查；对绩效目标、绩效奖金和其他激励措施进行定期评审，以验证是否有适当的措施来防止导致不合规。

在人员培训方面，组织应定期对有关人员进行培训，可以在雇佣开始时和组织预先规划好的时间点实施。培训应与人员的职责和人员面临的合规风险相适应，并进行有效性评估及定期评审。基于已识别的合规风险，组织应依照程序对代表其开展业务并可能给其带来合规风险的第三方进行培训，提高其合规意识。培训记录应作为文件化信息予以保留。

在沟通方面，组织应确定与合规管理体系有关的内部和外部沟通，包括沟通什么、何时沟通、和谁沟通以及如何沟通。组织应针对沟通需求，综合考虑沟通的多样性和潜在障碍，在建立沟通过程中，确保考虑利益相关方的意见。在建立沟通过程时，应将其合规文化、合规目标和义务纳入沟通内容，确保所沟通的合规信息与来源于合规管理体系的信息一致且可信；对与合规管理体系相关的沟通内容进行回应，保留适宜的文件化信息作为其沟通的证据；在组织的各个层级和职能内部沟通与合规管理体系有关的信息，包括在适当时的合规管理体系的变更；确保人员能在沟通过程中为合规管理体系的持续改进作出贡献；确保人员能在沟通过程中提出疑虑，并通过其建立的沟通过程，对外沟通包括其合规文化、合规目标和义务在内的与合规管理体系相关的信息。

在文化信息方面，组织的合规管理体系应包括要求的文件化信息和组织确定的，对于合规管理体系有效性来说必要的文件化信息。不同组织的合规管理体系文件化信息的范围可能不同，取决于组织的规模及其活动、过程、产品和服务的类型，过程的复杂程度及其相互作用以及人员能力。组织创建和更新文件化信息时，应确保予以适当标示和说明（如标题、日期、作者或参考编号等），使用适当的形式（如语言、软件版本、图形等）和载体（如纸质的、电子的)，对适用性和充分性进行适当的评审和审批。组织应控制合规管理体系和本文件所要求的文件化信息，以确保文件化信息无论何时何处需要时都易于和适于取用，以及得到充分保护（如避免泄露机密、不当使用或失去完整性)。为了控制文件化信息，组织应进行分发、访问、检索和使用，存储和保存，包括保持易读性，以及对变更的控制（如版本控制)、保留和处置。适宜时，应识别和控制由组织确定的，对合规管理体系的策划和运行来说必要的，来自外部的文件化信息。访问指只允许查看文件化信息，或者允许并授权查看和更改文件化信息。

六、合规管理的运行

合规管理的运行包括运行的策划和控制、建立控制和程序、报告疑虑、调查过程几部分。

在运行的策划和控制方面，组织应策划、实施和控制满足要求以及实施合规管理所需的过程，具体通过对过程确立准则和按照准则对过程实施控制的方式实现。对于必要的文件化信息应可获取，以便确认过程已按照策划实施。组织应控制策划的变更，审查意外变更的影响，必要时采取措施减少不利影响。组织应确保对外部提供的与合规管理体系相关的产品、过程或服务实施控制。对组织的运行外包不会免除组织的法律责任或合规义务，组织应确保第三方过程得到控制和监视。

在建立控制和程序方面，组织应实施控制以管理其合规义务和相关合规风险。应对这些控制措施进行维护、定期评审和测试，以确保其持续有效。测试控制是指实施经过设计的活动以检验控制措施是否按照既定目的运行、不能被规避，是否切实有效地降低了风险的后果或可能性。对于在控制过程中存在疑虑的报告，组织应建立、实施并保持一个鼓励并有助于对试图、涉嫌或实际存在的，违反合规方针或合规义务的行为（基于合理理由相信信息真实性的情况下）进行举报的过程。该过程需要在整个组织内可知可用，并对举报保密，接受匿名举报，保护举报者免于遭受打击报复，便于人员获得建议。组织应确保所有人员了解举报程序、了解其自身的权利和保障机制，并能够运用相关程序。

在调查过程方面，组织应制定、建立、实施并保持过程，以评估、评价、调查有关涉嫌或实际的不合规情形的报告，并作出结论。这些过程应确保能公平、公正地作出决定。调查过程应由具备相应能力的人员独立进行，且避免利益冲突。适当时，组织应利用调查结果改进合规管理体系；定期向治理机构或最高管理者报告调查的次数和结果；保留有关调查的文件化信息。

七、合规管理的绩效评价

组织应对合规管理体系进行监视，以确保合规目标的实现。为达成此目的，组织应确定需要被监视和测量的对象，适用的监视、测量、分析和评价方法，以确保有效的结果，以及何时应实施监视和测量，何时应对监视和测量的结果进行分析和评价。文件化信息应作为结果证据可获取。组织应评价合规绩效及合规管理体系的有效性。

就合规绩效的反馈来源而言，组织应建立、实施、评价和保持能够使其从多种渠道寻求并获取合规绩效反馈的过程。组织应对绩效反馈信息进行分析和严格评估，以确定不合规的根本原因，确保采取适当的措施，并在定期风险评估中反映上述信息。组织应制定、实施和保持一套合适的指标，以帮助组织评估其合规目标的实现程度和合规绩效。

组织应建立、实施和保持合规报告的过程，以确保确定适当的报告准则、制定定期报告的时间表、建立非常规报告机制以便于临时报告、实施保证信息准确性和完整性的机制和过程，以及向组织中合适的职能或板块提供准确和完整的信息，以便及时采取预防、纠正和补救措施。合规职能向治理机构或最高管理者提交的任何报告内容均应受到充分保护，以防止被修改。组织应保留合规活动准确且实时的记录，以监视和评审合规过程，并表明其符合合规管理体系要求。

组织应在策划的时间间隔内实施内部审核，以便对合规管理体系进行以下判断提供信息。是否符合组织自身对合规管理体系的要求，或者是否得到有效实施和维护。就具体的内部审核方案而言，组织应策划、制定、实施和维护一个或多个审核方案，包括频次、方法、职责、策划要求和报告。在制订内部审核方案时，组织应结合相关过程的重要性和以往审核的结果，界定每次审核的目标、准则和范围，选择审核员并实施审核，以确保审核过程客观公正，以及确保将审核结果报告给相关管理者和管理层。相关管理层可能包括合规职能、最高管理者和治理机构。文件化信息应作为实施审核方案和审核结果的证据可获取。治理机构和最高管理者应在策划的时间间隔内组织合规管理体系的评审，以确保合规管理体系持续的适用性、充分性和有效性。

八、合规管理的改进

组织应持续改进合规管理体系的适宜性、充分性和有效性。当组织认为有必要对合规管理体系进行变更时，应有计划地实施并结合变更的目的及其潜在后果、合规管理体系设计和运行的有效性、充足资源的可用性、职责和权限的分配或再分配。如果发生不符合或不合规时，首先，组织应采取措施，对不符合或不合规作出反应，并视情况采取控制和纠正措施，或者直接给予处理后果。其次，通过评审不符合和/或不合规，确定造成不符合和/或不合规的原因，以及确定是否存在或可能发生类似的不符合和/或不合规的活动，评估采取避免其再次发生或在其他地方发生的措施的需求，以消除造成不符合和/或不合规的原因。最后，可以实施任何必要的措施或者评审所采取的任何纠正措施的有效性，如必要，修改合规管理体系时，应使纠正措施与不符合和/或不合规的影响相适应。

第二节　国内企业合规管理体系

国内企业合规管理体系主要是《合规管理体系　要求及使用指南》（GB/T 35770—2022）（国家标准）。该标准在制定时等同采用《合规管理体系　要求及使用指南》（ISO 37301: 2021）（国际标准），技术内容与国际标准一致。考虑到在我国的适用性，该国家标准增加了资料性附录，对合规义务、合规文化、数字化与合规管理及管理体系一体化融合做了补充、提示或进一步的细化与解释。该国家标准统一了各相关方对于合规管理的认识，为各类组织声明符合合规管理体系要求提供依据，为行政机关采信企业的合规整改计划、合规管理体系实践，构建以合规管理为基础的合规监管模式提供了解决方案，特别是对《中央企业合规管理办法》的制定提供了重要参考。在此，国内企业合规管理体系不再赘述《合规管理体系　要求及使用指南》国家标准的内容，可参见第一节的内容。本节主要阐述《中央企业合规管理办法》的合规管理体系，主要是指企业将有效防控合规风险作为目的，将企业经营管理行为和员工履职行为作为合规对象，以提升依法合规经营管理水平为导向而开展的有组织、有计划的合规管理活动，具体包括建立合规制度、完善运行机制、培育合规文化、强化监督问责。

一、企业合规的组织和职责

中央企业合规由企业党委、董事会、经理、业务及职能部门、纪检监察机构等组成企业合规管理组织，分工明确。其中，中央企业党委（党组）负责领导职能，发挥把方向、管大局、促落实作用，推动合规要求严格遵循和落实，并持续不断地依法提升合规经营管理水平。为保证中央企业能够严格遵守党内法规制度，在党委（党组）领导下，具体推动党内法规制度有效贯彻落实的职责由企业党建工作机构负责。中央企业董事会审议批准合规管理基本制度、体系建设方案和年度报告，研究决定合规管理重大事项，推动完善合规管理体系并对其有效性进行评价，决定合规管理部门设置及职责，主要发挥定战略、作决策、防风险的作用。中央企业经理层具体履行拟订合规管理体系建设方案，拟订合规管理基本制度，批准年度计划等，组织制定合规管理具体制度，组织应对重大合规风险事件，以及指导监督各部门和所属单位合规管理工作的职责，发挥谋经营、抓落实、强管理的作用。

中央企业还要求将主要负责人作为推进法治建设的第一责任人，其应当切实履行其依法合规经营管理重要组织者、推动者和实践者的职责，积极推进合规管理各项工作。并要求中央企业设立合规委员会，与法治建设领导机构等合署办公，统筹协调合规管理工作，定期召开会议，研究解决重点难点问题，结合实际设立首席合规官，但不新增领导岗位和职数的情形，由总法律顾问兼任，对企业主要负责人负责，领导合规管理部门组织开展相关工作，指导所属单位加强合规管理。

中央企业业务及职能部门承担合规管理主体责任，主要履行以下职责：一是建立健全本部门业务合规管理制度和流程，开展合规风险识别评估，编制风险清单和应对预案。二是定期梳理重点岗位合规风险，将合规要求纳入岗位职责。三是负责本部门经营管理行为的合规审查。四是及时报告合规风险，组织或者配合开展应对处置。五是组织或者配合开展违规问题调查和整改。并在业务及职能部门设置合规管理员，由业务骨干担任，接受合规管理部门的业务指导和培训。

中央企业合规管理部门牵头负责本企业合规管理工作，主要履行以下职责：一是组织起草合规管理基本制度、具体制度、年度计划和工作报告等。二是负责规章制度、经济合同、重大决策合规审查。三是组织开展合规风险识别、预警和应对处置，根据董事会授权开展合规管理体系有效性评价。四是受理职责范围内的违规举报，提出分类处置意见，组织或者参与对违规行为的调查。五是组织或者协助业务及职能部门开展合规培训，受理合规咨询，推进合规管理信息化建设。此外还要配备与经营规模、业务范围、风险水平相适应的专职合规管理人员，加强业务培训，提升专业化水平。

另外，中央企业的纪检监察机构和审计、巡视巡察、监督追责等部门依据有关规定，在职权范围内对合规要求落实情况进行监督，对违规行为进行调查，并按照规定开展责任追究。

二、企业合规的制度建设

中央企业需要建立健全合规管理制度，根据适用范围、效力层级等，构建分级分类的合规管理制度体系。制定合规管理基本制度需要明确总体目标、机构职责、运行机制、考核评价、监督问责等内容。具体针对反垄断、反商业贿赂、生态环保、安全生产、劳动用工、税务管理、数据保护等重点领域，以及合规风险较高的业务，中央企业需要制定合规管理具体制度或者专项指南。而对于涉外业务重要领域，中央企业需要根据所在国家（地区）法律法规等，结合实际制定专项合规管理制度。当制定企业合规管理制度所依据的法律法规、监管政策等有变化情况，中央企业应当及时对规章制度进行修订完善，对执行落实情况进行检查。

三、企业合规的运行机制

中央企业合规的运行机制由合规风险识别评估预警、合规审查、合规报告、违规问题整改、合规举报等环节构成。中央企业建立合规风险识别评估预警机制，需要全面梳理经营管理活动中的合规风险，建立并定期更新合规风险数据库，对风险发生的可能性、影响程度、潜在后果等进行分析，对典型性、普遍性或者可能产生严重后果的风险及时预警。中央企业将合规审查作为必经程序嵌入经营管理流程，重大决策事项的合规审查意见需要经由首席合规官签字，对决策事项的合规性提出明确意见。业务及职能部门、合规管理部门依据职责权限，完善审查标准、流程、重点等，定期对审查情况开展后评估。

对于发生的合规风险，中央企业的相关业务及职能部门应当及时采取应对措施，并按照规定向合规管理部门报告。因中央企业违规行为引发重大法律纠纷案件、重大行政处罚、刑事案件，或者被国际组织制裁等重大合规风险事件，造成或者可能造成企业重大资产损失或者严重不良影响的，应由首席合规官牵头，合规管理部门统筹协调，相关部门协同配合，及时采取措施妥善应对。如果中央企业发生重大合规风险事件，应当按照相关规定及时向国资委报告。

在违规问题整改机制建设方面，中央企业通过健全规章制度、优化业务流程等，堵塞管理漏洞，提升依法合规经营管理水平。并且设立违规举报平台，公布举报电话、邮箱或者信箱，相关部门按照职责权限受理违规举报，并就举报问题进行调查和处理，对造成资产损失或者严重不良后果的，移交责任追究部门，对涉嫌违纪违法的，按照规定移交纪检监察等相关部门或者机构。对举报人的身份和举报事项严格保密，对举报属实的举报人可以给予适当奖励，并明确任何单位和个人不得以任何形式对举报人进行打击报复。

在违规行为追责问责机制方面，中央企业需明确责任范围，细化问责标准，针对问题和线索及时开展调查，按照有关规定严肃追究违规人员责任。此外，中央企业还需建立所属单位经营管理和员工履职违规行为记录制度，将违规行为性质、发生次数、危害程度等作为考核评价、职级评定等工作的重要依据。

在部门协作方面，中央企业根据实际情况，建立健全合规管理与法务管理、内部控制、风险管理等协同运作机制，加强统筹协调，避免交叉重复，提高管理效能。并定期开展合规管理体系有效性评价，针对重点业务合规管理情况适时开展专项评价，强化评价结果运用，将合规管理作为法治建设的重要内容，纳入对所属单位的考核评价。

四、企业合规的文化

企业合规文化是企业合规管理体系的重要部分，中央企业的合规文化建设通过将合规管理纳入党委（党组）法治专题学习，推动企业领导人员强化合规意识，带头依法依规开展经营管理活动的方式实现。中央企业建立了常态化合规培训机制，制订年度培训计划，将合规管理作为管理人员、重点岗位人员和新入职人员的培训必修内容，并加强合规宣传教育，及时发布合规手册，组织签订合规承诺，强化全员守法诚信、合规经营意识，引导全体员工自觉践行合规理念，遵守合规要求，接受合规培训，对自身行为合规性负责，培育具有企业特色的合规文化。

五、企业合规的信息化建设

企业合规管理信息化建设将合规制度、典型案例、合规培训、违规行为记录等纳入信息系统。中央企业定期梳理业务流程，查找合规风险点，运用信息化手段将合规要求和防控措施嵌入流程，针对关键节点加强合规审查，强化过程管控，加强合规管理信息系统与财务、投资、采购等其他信息系统的互联互通，实现数据共用共享，利用大数据等技术，加强对重点领域、关键节点的实时动态监测，实现合规风险的即时预警、快速处置。

六、企业合规的监督问责

合规的监督问责方面，中央企业违反合规的相关规定，因合规管理不到位引发违规行为的，国务院国资委可以约谈相关企业并责成整改，如果造成损失或者不良影响的，国务院国资委根据相关规定开展责任追究。中央企业对在履职过程中因故意或者重大过失应当发现而未发现违规问题，或者发现违规问题存在失职渎职行为，给企业造成损失或者不良影响的单位和人员开展责任追究。

第三节 企业合规管理体系的有效性评价

目前评价企业合规管理体系有效性的依据，主要是中国企业评价协会于

2022 年 10 月发布的《企业合规管理体系有效性评价指引》（T/CEEAS 003—2022）（团体标准）。该标准为企业合规管理和第三方机构提供了评价指引，从企业合规环境评估、领导作用和资源投入、合规制度与运行机制、合规文化、绩效评估改进五个维度以及党建在企业合规管理中的作用，设计出一套指标体系，明确企业合规管理体系有效性评价的工作规则、流程以及报告评级等实施程序，适用于企业合规管理全面性评价。实践中，企业合规管理体系有效性评价可由企业自行组织开展，也可委托行业协会等机构开展。合规管理体系有效性（effectiveness of compliance management system）是指组织所建立的合规管理体系的运行过程和结果实现预期目标的程度，包括合规管理体系有关的规范性文件与《合规管理体系　要求及使用指南》（ISO 37301:2021）（国际标准）要求的符合性、实施过程与规范性文件的符合性、实施结果实现企业合规目标的程度和持续改进的成果。主要有以下几方面的内容。

一、有效性评价的原则

企业合规管理体系有效性评价的原则有符合性与有效性相结合原则、全面性原则、企业自评与专业评价相结合原则以及独立客观原则。具体如下。

符合性与有效性相结合原则要求评价内容和评价指标体系既要考虑合规管理过程中各项制度、文件、措施等的符合性，又要考虑合规管理实施所产生的结果，例如合规管理目标的实现情况等。一般分别通过合规管理体系的规范性文件是否符合《合规管理体系　要求及使用指南》（ISO 37301:2021）（国际标准）的要求、合规管理工作实施过程的证据性文件是否符合企业规范性文件的要求、其证据性文件的各项内容是否能够真实反映其合规管理工作的有效性以及合规管理工作是否得到了持续改进等方面来评价合规管理的符合性和有效性。

全面性原则要求合规管理体系有效性评价的范围应覆盖企业合规管理体系明确规定的经营管理活动的全员、全域和全过程的所有内容。具体包括以下内容：一是全员，应包括治理层、经营管理层、实施层的所有员工。二是全域，应包括组织的合规管理制度规定的范围内的所有专业领域（例如合规、法务、财务、内控、风控等）和管理领域（例如质量、环境、能源、健康安全、社会责任等）。三是全过程，应包括产品实现或服务提供的全部过程，例如，生产过程、人力资源管理过程、采购过程、销售过程、售后服务等企业生产经营活动中的全部业务流程和支持性过程。

企业自评与专业评价相结合原则要求企业应在全面梳理企业合规管理体系的规范性文件和证据性文件的基础上，通过日常监测、自我检查、内部审核、交叉检查、管理评审、年度工作总结等方式，开展自我评价。评价机构在企业完成自我评价的基础上，对企业所提供的规范性文件和证据性文件进行系统全面的专业评价，并经过现场审核（必要时）验证后进行综合打分，得出最终评价结果。

独立客观原则要求评价机构和人员应与被评价企业保持相对独立，与评价企业没有直接的利益关联，评价过程能够不受其他组织干扰。评价人员应基于企业的证据性文件提供的客观证据进行评价，不舍弃任何已经提供的证据，不在已经提供的证据的基础上进行任何延展性联想或推断。企业自评时，合规管理牵头部门独立履行职责，不受其他部门和人员的干涉。严格依照法律法规等规定对企业和员工行为进行客观评价和处理。

二、有效性评价的内容

企业合规管理体系的有效性评价包含评价维度、评价指标和评价证据三方面内容。具体如下。

第一，评价维度。合规管理评价标准以《合规管理体系　要求及使用指南》（ISO 37301:2021）为依据，以“全员、全域、全过程”全面合规为出发点从合规环境评估、领导作用和资源投入、合规制度与运行机制、合规文化、绩效评估改进五个维度以及党建在企业合规管理中的作用，对企业的合规管理工作进行评价。

第二，评价指标。企业合规管理体系有效性评价的主要内容包括合规环境评估重点关注内外部因素、利益相关方的需要和期望、合规管理体系的范围、合规义务四个指标。对领导作用和资源投入的评价重点关注最高管理层参与度、管理机构的职能和资源、管理者职责与绩效、合规管理信息化建设四个指标。对合规制度与运行机制的评价主要关注合规制度体系和合规管理机制运行两个指标。对合规文化的评价重点关注合规理念、合规文化推广、员工职责与绩效三个指标。对绩效评估改进的评价包括监视、测量、分析和评价，内部审核，管理评审，体系持续改进，不符合和纠正措施五个指标。

第三，评价证据。企业所提交的与合规管理体系有关的规范性文件，例如公司章程、管理手册、管理办法、部门规章制度、作业指导书、操作规程等，以及证据性文件，例如各种记录、工作日志等，将作为企业合规管理体系有效性评价的主要证据。

三、有效性评价的实施

企业合规管理体系有效性评价的实施具体包含以下方面。

第一，评价的基本条件。评价人员应具备熟悉《合规管理体系　要求及使用指南》（ISO 37301:2021），具有从事合规管理评价的基本技能，熟练使用合规管理评价工具，具备被评价企业所属行业的专业知识和经验，具有足够的评价工作经验，从事相关工作 3 年及以上，经过专业培训和考核，并经评价机构评聘，与评价企业不存在直接或间接的利益关联等条件。开展合规管理体系有效性评价的机构应具备相关的资源和能力，包括但不限于拥有开展合规管理体系有效性评价所需的评价工具和适宜数量的评价人员。评价机构应制定具体的评价实施规则，评价实施规则包括但不限于评价方案策划、评价组的建立、评价实施流程、评价内容分值、评价报告质量控制等方面的内容。评价机构对于被评价企业的相关材料和数据要做好保密工作，履行保密承诺。合规管理体系的有效性评价可以采用企业自我评价与专家评价相结合的方式开展。企业应在全面梳理企业合规管理体系的规范性文件和证据性文件基础上，通过日常监测、自我检查、内部审核、交叉检查、管理评审、年度工作总结等方式，开展自我评价。评价机构在企业完成自我评价的基础上，对企业所提供的规范性文件和证据性文件进行系统全面的专业评价。必要时，评价机构应对企业提供的资料进行现场核证，核实企业提供的资料的真实性。在现场核证过程中，可以根据评价内容和指标的具体情况，采用文件审阅、问卷调查、访谈调研、现场走访等评价方法。评价机构在评价过程中应获取与合规管理过程和结果有关的数据作为评价的依据，这些数据包括但不限于企业提供的合规管理工作相关的数据，评价机构通过资料收集、现场观察等方式从企业获取的相关数据，评价机构从国际、国家和地方政府部门和社会媒体处获得公布的相关数据。

第二，评价的指标体系。《企业合规管理体系有效性评价指引》（T/CEEAS 003—2022）就企业合规管理体系有效性的评价指标体系设置了评价维度、评价指标和评价条款三层指标体系；评价维度的分值为该维度下各项评价指标的分值之和，各项指标的分值总和为1000分，附加项50分；具体细则在《企业合规管理体系有效性评价指引》（T/CEEAS 003—2022）附录表A.1中给出了各项评价指标中的各项评价条款，各项评价指标的分值与该项指标中的评价条款的多少相匹配；由于部分非公有制企业未设立党组织，故将党建在合规管理中发挥的作用作为附加项，计50分，见《企业合规管理体系有效性评价指引》（T/CEEAS 003—2022）附录表A.2。

第三，评分规则。《企业合规管理体系有效性评价指引》（T/CEEAS 003—2022）第6.1.6条评分规则中规定，附录A给出每项评价指标中各项评价条款的细则要求和分值。表2给出了企业合规管理体系有效性评价的评分规则。每一项评价条款的得分＝其评分比例×条款分值。

第四，评价结果。评价机构应按照附录A给出的分值，根据各项指标中评价条款的要求给出具体评价得分。合规管理体系有效性评价满分为1000分，附加项为50分，评价得分采用求和法计算得出，等于各项评价指标的得分之和。计算公式如下：

$$X = \sum_{i=1}^{m}\left(\sum_{j=1}^{n} A_{ij}\right) + \beta \sum_{k=1}^{l} B_k$$

在该公式中：X代表企业的合规管理体系有效性得分；A_{ij}代表评价条款的得分；i、m代表评价指标的序号和数量；j、n代表某评价指标下设定的评价条款的序号和数量；B_k代表附加条款的得分；k、l代表附加项条款的序号和数量；β代表附加指标的系数，对于有党组织的企业，赋予1的系数，对于未设立党组织的企业赋予0的系数。

第五，评价结论。根据计算得到的企业合规管理体系有效性得分，判定企业合规管理体系有效性评价的等级。评价等级共分为五级，分别为AAAAA、AAAA、AAA、AA和A，对应的得分分值范围分别是901及以上、801～900、701～800、601～700、600及以下。其中被判定为A级的企业，需根据评价报告进行整改后，重新进行评价。企业如存在企业的合规管理体系有效得分在600及以下，或重要评价指标得分没有达到该项指标的

60%或者存在因合规管理体系不完善或实施过程不符合造成的重大不合规行为时，应判定为未达到评级要求。

第六，评价报告。评价报告宜对评价机构的基本情况、被评价企业基本信息、评价依据、评价过程、结论及改进建议等方面的内容进行描述，并从合规环境、领导作用和资源投入、合规制度与运行机制、合规文化以及绩效评估改进五个方面，对企业当前合规管理体系有效性进行分析。第三方评价机构提供的评价报告宜给出下列内容，具体包括：评价机构基本信息、被评价企业的基本信息、评价依据、评价过程描述、评价基准日和评价报告日、评价数据及其来源、合规管理体系有效性得分、评价结论及改进的建议。

第七，评级证书。评价机构对评级结论为 AA（含）以上四个级别的企业，可依据评价报告颁发评级证书。评级证书应包括参评企业名称、边界和范围、评价依据、评价结论（等级）等信息，并明示合规管理体系有效性评价等级设置。证书有效期不超过 3 年。

第八，评价流程。企业合规管理有效性评价流程如下：（1）企业向第三方评价机构提交评价申请书。被评价企业需具备在生产经营活动中恪守道德规范，遵守法律法规，无违法乱纪现象；没有出现过严重的产品质量事件和安全事故；诚信经营、公平交易，在商业活动中无欺诈行为、无违规行为等条件。（2）初审和受理。对于提交申请书的企业，第三方评价机构根据企业提交的申请材料、第三方数据和合规管理档案，确定是否受理。受理后签订工作合同，确定合作关系。（3）提供材料。企业需要按要求提交详细的评审材料。（4）尽职调查。对于受理的企业，第三方评价机构应组织不少于 2 位评审员深入企业实地考察走访核实，收集音频、视频、图片及文字材料。（5）评审委员会开展评审。包括两位实地查访的评审员在内，每个企业由不少于 5 位评审委员参与评审。在详细审核企业的所有评审文件后，投票给予评级级别，出具综合评级意见，并签名背书。（6）进行终审。对照《企业合规管理体系有效性评价指引》（T/CEEAS 003—2022），考察评审过程是否契合、规范、科学。（7）公示。如果符合，对评价结果应由不低于三家指定媒体对企业初步的评级结果进行公示，并接受社会监督。（8）出具评价报告和颁发评级证书。公示结束后，第三方评价机构向评级通过的企业出具评价报告，并颁发评级证书。评级时效不超过 3 年，评级满 1 年后企业可以申请延续评级或上调评级。(9)公告。第三方评价机构向企业提供评级公告，企业可以进行宣传，提升品牌价值。(10)服务和动态跟踪。对于评级通过的企业，第三方评价机构应做好客户服务，同时进行动态跟踪和合规缺失监督。以上流程，如果是企业自评，可根据评价实际需求对评价流程进行修改简化。

中编

分论

第五章　企业投融资合规

第一节　企业投融资合规管理概述

一、企业投资合规概述

（一）企业投资合规定义

企业投资是指企业在境内外从事的为了实现盈利或其他长期目标，将资金投入不同的项目或资产中的行为。

企业投资合规是指企业在进行投资活动时必须遵守法律法规和政策要求，确保投资行为合法、合规，并符合相关的管理制度和程序。具体指企业的投资行为和投资活动必须遵循国家的相关法规政策，符合公序良俗，遵守企业内部投资程序及相应管理制度。

（二）企业投资合规的法律规范指引

企业投资合规的核心是遵守相关的法律法规。这包括但不限于《公司法》《证券法》《反不正当竞争法》《反垄断法》等。其中，境内投资管理的专项规范有《中央企业投资监督管理办法》，以及地方政府颁布的专项规范，例如《山东省省属企业投资监督管理办法》等具有典型代表性的规范。此外，还有一些相关配套规范，例如《山东省国资委关于加强省属企业参股管理的指导意见》等。

境外投资监管的专项规范主要有《中央企业境外投资监督管理办法》，以及地方政府颁布的专项规范，例如《山东省省管企业境外投资监督管理办法》等。

（二）企业投资合规的管理制度

企业应当根据规范指引的要求，结合本企业实际，建立健全投资管理制度。企业投资管理制度应包括以下主要内容：（1）投资应遵循的基本原则。这是企业进行投资活动时必须遵循的准则，包括但不限于符合国家法律法规、产业政策、国有经济布局与结构调整的要求，以及企业自身的发展战略和规划要求。（2）投资管理流程、管理部门及其相关职责。明确投资活动的组织架构和责任分配，确保投资决策和执行过程的透明和高效。（3）投资决策程序、决策机构及其职责。包括投资决策的流程、决策机构的设置及其职责，确保决策的科学性和合理性。（4）投资项目负面清单审核和实施制度。设定禁止类和限制类投资项目，实行分类监管，避免高风险或不符合企业战略的投资。（5）投资信息化管理制度。通过建立和优化投资管理信息系统，提升投资管理的信息化水平，实现对投资活动的全面监控和管理。（6）投资风险管控制度。包括风险识别、评估、监控和应对措施，确保企业能够有效地管理和控制投资风险。（7）投资项目完成、中止、终止或退出制度。明确投资项目结束或调整的流程和条件，确保投资活动的有序进行。（8）投资项目后评价制度。对已完成投资项目的绩效进行评价，为未来的投资决策提供参考。（9）违规投资责任追究制度。明确违反投资管理制度的责任和处罚措施，确保制度的执行力度。（10）对所属企业投资活动的授权、监督与管理制度。包括对下属企业投资活动的授权、监督和指导，确保整个企业集团的投资活动符合总体战略和风险管理要求。

（四）企业投资合规的管理信息系统

企业建立投资管理信息系统，旨在对企业年度投资计划、季度及年度投资完成情况、重大投资项目实施情况等投资信息进行监测、分析和管理。通过信息系统可以对企业年度投资计划执行、投资项目实施等情况进行全面全程的动态监控和管理。

（五）企业投资合规的负面清单

企业投资项目负面清单可以设定禁止类和特别监管类投资项目，实行分类监管。列入负面清单禁止类的投资项目，企业一律不得投资；列入特别监管类的投资项目，要严格审核把关程序。

（六）企业投资合规的事前、事中、事后管理

企业事前管理，须依据企业自身的发展战略制订年度投资计划，并与企业年度财务预算相衔接，年度投资规模应与合理的资产负债水平相适应。

企业事中管理，须定期对实施、运营中的投资项目进行跟踪分析，针对外部环境和项目本身情况变化，及时进行再决策。如果出现影响投资目的实现的重大不利变化，则应当研究启动中止、终止或退出机制。

企业事后管理，应当编制年度投资完成情况报告和投资后评价。通过项目后评价，完善企业投资决策机制，提高项目成功率和投资收益，总结投资经验，为后续投资活动提供参考，提高投资管理水平。

（七）企业投资合规的风险管理体系

投资全过程的风险管理体系，包括强化投资前期风险评估和风控方案制订，做好项目实施过程中的风险监控、预警和处置，防范投资后项目运营、整合风险，安排好项目退出的时点与方式。同时，委托第三方咨询机构对企业投资风险管理体系进行评价，并及时将评价结果反馈给企业，企业应按照评价结果对存在的问题及时进行整改，健全完善企业投资风险管理体系，提高企业的抗风险能力。

二、企业融资合规概述

（一）企业融资合规定义

企业融资是企业为满足其生产经营和发展需求，通过各种渠道和方式筹集所需资金的财务活动。企业融资按来源可以分为内部融资和外部融资两大类；按融资方式可以分为债权融资、权益融资或新型融资等筹措资金形式。

企业融资合规是指企业的融资行为和融资活动必须遵循法律法规和政策的要求，确保投融资行为合法、合规，并符合相关的管理制度和程序。

（二）企业融资合规法律规范指引

企业融资合规法律规范除《公司法》《证券法》《中央企业合规管理办法》中的相关规定外，专项规范主要有《财政部关于规范金融企业对地方政府和国有企业投融资行为有关问题的通知》、《企业国有资产监督管理暂行条例》，以及地方政府颁布的专项规范，例如《温州市市属国有企业融资管理试行办法》《合肥市市属国有企业融资管理暂行办法》。

（三）融资管理制度

企业应当建立健全融资管理制度，主要制度包括：建立融资计划管理制度，按照企业发展规划、投资计划和生产经营计划，科学测算资金需求，合理确定融资计划和融资模式；建立融资事项可行性研究制度，对每个融资事项可行性进行充分的研究分析，科学制定融资方案；建立融资事项风险评估和风险防范审核制度，对每个融资事项进行法律政策、还款保证等方面的风险评估；建立企业融资决策管理失误和责任追究机制，明确责任主体和责任人，落实企业法定代表人的第一责任和分管领导的直接责任；建立融资事项台账制度，详细记录融资金额、利率、期限、担保及质押信息、对账情况、本金及利息支付情况和其他相关事项，定期进行监测分析报告；建立融资风险预警制度，适时监控融资资金的使用状况及偿债责任履行情况，发现问题及时启动预警机制，采取应对措施；建立融资事项定期报告制度，重点监管企业应将本企业及子企业的融资情况和融资风险管控情况以书面形式向国有资产监管机构报告。

综上，发行私募债券是解决中小企业融资难的一种方式。2012 年 5 月，上海和深圳证券交易所各自发布《中小企业私募债券业务试点办法》（已失效），经中国证监会批准，设置了私募债券业务。中小企业在发行私募债券的过程中需要严格遵守法律、行业规定。根据《企业债券管理条例》《公司债券发行与交易管理办法》《上海证券交易所公司债券发行上市审核规则适用指引第 3 号——审核重点关注事项》的规定，针对中小企业的债券发行合规计划可从以下几个方面展开，并就此提出其中部分具体操作：第一，风险识别。对公司债券的发行、上市交易或挂牌转让、登记结算、承销、尽职调查、信用评级、受托管理及增信等进行自律管理；重点关注与债券持有人享有的法定权利和债券募集说明书约定的权利相关的法律风险。第二，内部控制。发行人应充分披露资金归集及支取的具体安排、相关安排对其自由支配自有资金能力以及自身偿债能力的影响；提高相关审核工作透明度，防止发行人及其控股股东、实际控制人、董事、监事、高级管理人员怠于履行偿债义务或者通过财产转移、关联交易等方式逃废债务，蓄意损害债券持有人权益；建立健全内部问责机制。第三，及时报告。发生重大事项的，发行人、主承销商、证券服务机构应当及时向证券交易所报告。公开发行公司债券的，发行人和主承销商应当聘请律师事务所对发行过程、配售行为、参与认购的投资者的资质条件、资金划拨等事项进行见证，并出具专项法律意见书，主承销商应当将专项法律意见、承销总结报告等文件一并报证券交易场所。

第二节　企业投资合规制度

一、企业股权投资

股权投资（Equity Investment）指通过购买股份来参与或控制一家公司的经营活动的投资行为。企业（或者个人）购买其他企业（准备上市、未上市公司）的股票或以货币基金、无形资产和其他实物资产直接投资于其他单位，最终目的是获得较大的经济利益。企业常见的股权投资模式主要包括：直接收购目标公司全部或部分股权（包括增资）；新设子公司；以企业自身作为投资主体，与目标公司成立合资公司（包括参股及控股）；新设子公司作为投资主体，与目标公司成立合资公司；以有限合伙人身份认购股权投资基金份额等。

（一）企业股权投资的主要合规风险

1. 投资决策的合规风险

投资决策是股权投资的重要环节，其风险主要是：（1）未聚焦主业或非主业股权投资严重超过了本企业年度投资计划的总额；（2）对项目的定位把握不准；（3）投资决策程序遗漏（尽职调查及财务审计形式化、投资程序不完善）。

2. 尽职调查的合规风险

尽职调查之目的是价值发现、风险发现、投资可行性分析、证据保存，相应的合规风险主要有：（1）未能准确反映目标公司的价值；（2）会计信息失真；（3）未深度对报告揭示的问题加以分析、提前预设应对情况，或者先定投资对象、后补尽调，未发挥尽职调查的真正作用。

3. 公司治理的合规风险

相应的合规风险主要有：（1）对于投后实际控股、控制的企业，其风险在于对标的公司的整合与管理（要防止“控股不控权”“只投不管”，还要平衡好授权与放权的关系）；（2）没有预先规划、设计好股东会、董事会决策僵局下的处理机制；（3）在参股的投资模式下，没有通过投前协议、章程明确约定自己的管理与监督权限、退出保护等内容；（4）双方股东持股比例均等导致的可能出现的决策僵局。

4. 增资的合规风险

相应的合规风险主要有：（1）股东未尽出资义务、董事、高管违反勤勉义务；（2）未在增资协议中，对增资入股方式、股东权利、退出机制等涉及公司治理的问题作出明确约定。

5. 股权收购的合规风险

相应的合规风险主要有：（1）因违规收购股权被追究责任；（2）未对三方中介机构充分披露；（3）未充分了解目标公司的债权债务；（4）未辨别目标公司是否存在主体资格瑕疵、投资方股权转让程序瑕疵的风险，特别是后者。

6. 股权投资退出的合规风险

股权投资退出的路径包括上市、股权转让、清算、破产、定向减资等，相应的合规风险主要有：（1）股权转让未进场交易；（2）转让未履行或未完全履行出资义务的股权；（3）违反法定减资程序；（4）怠于履行清算义务。

7. 反垄断审查合规风险

股权投资容易触发“经营者集中”，导致审查无法获得通过，使投资无法继续进行。

（二）对股权投资的合规管理措施

首先，企业可设立投资决策委员会，作为董事会决策的内设机构，成员人数为奇数，投资决策委员会参会人员全部同意视为议案通过。根据项目需要，投资决策委员会可聘请专家参与表决。

投资决策委员会针对股权投资的主要职责为：审议股权投资计划、投资管理及投融资方案、股权投资可行性方案或变更方案、股权投资项目风控方案、股权投资预算、股权投资后评价报告及专项审计结果等事项。

其次，设定股权投资议事程序。股权投资方案、年度股权投资预算等重大事项，董事会等其他各层级的决策均需按照《公司法》、公司章程及议事规则等规定执行。重大股权投资可能涉及行政机关核准或备案，特殊行业如房地产、矿业、电信、银行、证券、保险等，可能涉及政府主管部门前置审批。

再次，对股权投资进行可行性研究与预算管理。企业各业务部门应深入进行技术、市场、财务、法律等方案的可行性研究与论证，对股权投资材料真实性、可行性进行审查。股权投资预算主要内容包括投资主要方向和目的、投资项目基本情况、项目规模及收益水平、投资结构分析、投资方式类别、资金来源等。

又次，对股权投资进行财务审计与价值评估。股权转让事项在完成决策批准程序后，由转让方委托会计师事务所对转让标的企业进行审计。涉及参股权转让不宜单独进行专项审计的，转让方应当取得转让标的企业最近一期年度审计报告。转让方应当委托具有相应资质的评估机构对转让标的进行资产评估，转让价格应以经核准或备案的评估结果为基础确定。

最后，对股权投资进行风险管理。投资就意味着风险。通过设置风险控制条款，包括对赌、反稀释、共同出售、优先权、风险补偿等条款，加强股权投资风险管理，可将投资风险最小化，争取收益最大化。

二、企业资金拆借

（一）企业资金拆借的定义

企业资金拆借是指在市场经济活动中，基于生产、经营需要，企业将自己暂时闲置的资金按照一定的价格让渡给其他企业在特定期限内使用，并在到期后要求归还的短期融资行为，或以支付对价的形式获得特定时期内其他企业的资金使用权并在到期后归还资金的短期融资行为。

企业资金拆借合规是指企业及其员工在资金拆借过程中的履职行为符合法律规定、监管规定、行业准则和企业章程等。

（二）企业资金拆借合规管理

1. 出借资金应当履行相关决策程序

国有企业对外出借资金力求审慎，应按内部有关流程履行决策程序。

2. 事前风险管控制度

重视风险管控，应当严格审查借款人各项信息，评估出借资金风险并制订风险预案。

3. 备案制度

企业对符合规定的出借资金，由企业审批，报企业集团备案；对不符合相关规定出借资金的，由集团内部对该事项进行评估、审批，并报国资监管机构后备案。

4. 资金拆借合同效力及合规审核

（1）根据《最高人民法院关于审理民间借贷案件适用法律若干问题的规定》第 13 条之规定，存在以下情形的资金拆借合同无效：第一，套取金融机构贷款转贷的；第二，以向其他营利法人借贷、向本单位职工集资，或者以向公众非法吸收存款等方式取得的资金转贷的；第三，未依法取得放贷资格的出借人，以营利为目的向社会不特定对象提供借款的；第四，出借人事先知道或者应当知道借款人借款用于违法犯罪活动仍然提供借款的；第五，违反法律、行政法规强制性规定的；第六，违背公序良俗的。

（2）确保民间借贷协议合同条款的完整性：需对借贷主体，借款金额、用途、期限，利率、计息结息方式、还款方式，违约责任，争议解决作出明确约定。其中不仅要避免无息借款，而且约定的利率也不得超过 LPR 4 倍。

（3）非金融企业间发生拆借资金，取得利息的一方应该按贷款服务交增值税，并向付息方开具发票（一般开具增值税普通发票）。

5. 日常管理

企业应当将资金出借计划纳入预算管理体系；应当建立内部控制制度，严格合同管理；建立台账制度；要求建立跟踪和监控制度，发现风险及时采取应对措施，最大限度减少损失。

以下通过 A 公司资金拆借不合规构成违法放贷一案对企业拆借资金中的合规问题予以说明。2017 年 1 月 13 日，原告 A 公司与被告 B 公司签订借款合同，约定 B 公司因资金流通向 A 公司借款 3000 万元，利率为月息 1%，借款期限为 1 个月，逾期还款的，按未还款金额的日千分之四向 A 公司支付违约金。被告 C 公司为 B 公司提供连带责任保证。同日，原告 A 公司向被告 B 公司转账 3000 万元。合同到期后，被告 B 公司未能按时偿还，后经原告催要，被告 B 公司拒不偿还，被告 C 公司也拒不履行担保义务。原告诉求：B 公司立即偿还借款本金 3000 万元及利息；被告 B 公司立即支付逾期还款违约金；被告 C 公司承担连带责任。

一审法院判决：被告 B 公司偿还 A 公司借款本金及利息、逾期违约金。二审法院认为：A 公司作为国有企业更应依法经营，但其在不具有放贷资质的情况下，同一时期多次反复从事有偿民间借贷行为，且数额较大，借款合同无效。关于B公司应承担的责任问题，虽然借款合同无效，但B公司仍负有向A公司偿还本息的义务。B公司对本金无异议，但利息应按银行同期贷款利率计算。二审法院判决：撤销一审民事判决；B公司偿还A公司借款本金及利息（按银行同期贷款利率计算）。

该案例中的合规要点分析如下：第一，是否有放贷的资质。出借人不具放贷资质，以营利为目的，向社会不特定对象提供借款的，民间借贷无效。企业在进行借贷业务时，要结合企业是否具有放贷资质，出借资金是否为自有资金，企业收入构成，近年来对外开展的债权业务等对企业是否可以进行拆借活动综合判断。第二，出借资金是否为自有资金。《全国法院民商事审判工作会议纪要》（以下简称《九民会议纪要》）第52条规定，出借人的资金必须是自有资金。司法实践中，关于审查出借人的资金来源问题，适用一般推定原则，即借款人能举证证明在签订借款合同时出借人尚欠银行贷款未还的，一般推定为套取金融机构贷款，而不仅限于套取金融机构贷款的专项款直接用于转贷。第三，对外借款是否具有经常性、营利性以及对象的不特定性。《九民会议纪要》第53条对职业放贷人进行了规定，《最高人民法院、最高人民检察院、公安部、司法部关于办理非法放贷刑事案件若干问题的意见》对非法发放贷款进行了明确规定。企业出借款时，需要审查近两年对外出借款项的主体特征、出借次数、利息约定、业务构成等，以综合判断是否属于案例中的情形。第四，决策及程序的合规性。企业间资金拆借在借款的理由、效益性、可操作性、信用风险评估（还款能力及监管保障）、法律风险评估、合规风险评估等方面，均需要进行尽职调查研究和详细论证。建议由专业第三方机构开展实质论证，出具独立的意见书或调查报告，保障决策的科学性和正确性。

第三节 企业融资合规制度

融资，英文为financing，指的是企业或个人通过各种途径和方式，筹集必要的资金以满足其生产经营、投资或消费等需求的经济活动。在融资的过程中，资金的借贷和偿还机制是其核心要素，同时涉及资金的使用权转移。

企业的融资方式主要有股权融资和债权融资两类。

一、股权融资（含 IPO 融资）

股权融资，英文为 equity financing，是指企业的股东愿意出让部分企业所有权，通过企业增资的方式引进新的股东，同时使股本增加的融资方式。股权融资所获得的资金，企业无须还本付息，但新股东将与老股东共同分享企业的盈利与增长。股权融资的特点决定了其用途的广泛性，既可以充实企业的营运资金，也可以用于企业的投资活动。

（一）境内上市

1. 股权融资定义和分类

股权融资按融资的渠道来划分，主要有两大类。

第一，公开市场发售。所谓公开市场发售就是通过股票市场向公众投资者发行企业的股票来募集资金，包括我们常说的企业的上市、上市企业的增发和配股都是利用公开市场进行股权融资的具体形式。

第二，私募发售。所谓私募发售，是指企业自行寻找特定的投资人，吸引其通过增资入股企业。

2. 股权融资阶段

企业进行股权融资的金主主要是三类：天使投资人（angel）、VC（venture capital，风险投资）和 PE（private equity，私募基金），如果将来有机会上市还会接触到投行（investment banking，IB，投资银行）。

一般来说，融资轮次的划分为种子轮、天使轮、A 轮、B 轮、C 轮、D 轮、E 轮等，但根据实际情况，有些项目也会进行 Pre－A 轮、A＋轮、C＋轮融资。

股权融资分阶段示意，见表 5－1。

表 5-1　股权融资分阶段示意表

主要融资阶段	主要特征	典型投资者	资金规模	公司要求和准备
种子轮	创业初期、概念验证和原型开发阶段	创始团队、亲朋好友	数十万元至百万元	强调创新概念、市场需求，有初步原型或计划
天使轮	产品原型验证、初步用户反馈和市场测试阶段（从0到1）	天使投资者、创业风投	数百万元或更多	证明市场潜力、扩大用户基础，准备后续融资
Pre-A 轮	市场测试成功、增长速度加快、盈利前夕阶段	天使投资者、风险投资公司	数百万元至千万元	强调市场表现、增加收入，为A轮融资做准备
A 轮	商业模型验证，扩大市场份额和盈利能力提升阶段（1到100）	风险投资公司、私募股权公司	千万元至数亿元	实现市场领先地位、建立可持续增长模型，扩张市场、管理能力
B 轮	规模扩张、市场占有率提高阶段	大型风险投资公司、私募股权公司、产业资本	数亿元或更多	扩大市场份额、进一步提高收入，为C轮融资做准备
C 轮	大规模市场占有、国际扩张和公司估值大幅增加阶段	大型风险投资公司、私募股权公司、产业资本	数十亿元或更多	实现全球市场占有、巩固市场地位，为IPO做准备
Pre-IPO 轮	准备上市前的最后融资，提高公司估值和知名度	大型风险投资公司 私募股权公司、产业资本	数亿元或更多	满足上市要求、整顿财务状况，为IPO做最后准备
IPO	公司股份公开上市，变为上市公司	公众投资者、机构投资者	数十亿元或更多	满足上市要求，包括财务透明度、公司治理和合规要求
上市后定增	公司已上市，但需要额外资金用于扩张、并购、战略转型等目的	公众投资者、机构投资者	视公司需求而定	证明公司增长潜力，吸引现有和新投资者

3. 上市合规审查要点

（1）公司章程：关注发行人公司章程的制定，以及近3年对章程的修改是否符合法律法规、中国证监会和证券交易所的规定。

（2）治理结构及运作：关注发行人的公司治理结构及运作是否符合法律法规、中国证监会、证券交易所以及公司章程的规定。

（3）董监高任职资格及核心人员的变化：按照法律法规、中国证监会和证券交易所的要求，关注发行人的董事、监事、高级管理人员和核心技术人员是否发生变化。

（4）重大协议：关注发行人与董事、监事、高级管理人员和核心技术人员签订的保密协议、竞业禁止协议以及对投资者作出价值判断或者投资决策有重大影响的协议，是否符合法律法规的规定，并关注上述协议的履行情况，以及发行人、董事、监事、高级管理人员和核心技术人员是否存在违反上述协议的情形。

（5）独立董事：关注发行人是否按照法律法规的要求设立独立董事，其任职资格是否符合法律法规、中国证监会、证券交易所以及公司章程的有关规定，以及独立董事是否依法履行职责。

（6）对外担保：关注是否按照相关法律法规的规定履行董事会或股东大会决策程序，董事会或股东大会审议时关联董事或股东是否按照相关法律规定回避表决，对外担保总额或单项担保的数额是否超过法律法规或者公司章程规定的限额，以及公司是否及时履行信息披露义务。

（7）违法犯罪等重大违法行为：关注最近3年内发行人及其控股股东、实际控制人是否存在贪污、贿赂、侵占财产、挪用财产或者破坏社会主义市场经济秩序等刑事犯罪，是否存在欺诈发行、重大信息披露违法或者其他涉及国家安全、公共安全、生态安全、生产安全、公众健康安全等领域的重大违法行为，以及是否存在因涉嫌前述违法犯罪行为而被立案调查或者被司法机关侦查，尚未结案的情形。

4. 新三板合规要点

（1）新三板挂牌的定义。

新三板，全称为全国中小企业股份转让系统（以下简称全国股份转让系统），中小企业的孵化器，是一个面向创新型、创业型、成长型中小微企业的全国性股权交易市场。

（2）新三板挂牌的特点与优势。

相对于主板和创业板，新三板对企业的财务指标、市值等要求较低，更适合初创期和成长期的中小企业。虽然新三板市场的流动性相对较弱，但它为中小企业提供了一个融资渠道，有助于企业扩大规模、提升品牌影响力。企业在新三板挂牌，需要按照相关法规进行信息披露、公司治理等方面的规范，有助于提升企业的规范运作水平。

（3）新三板挂牌的条件。

股份有限公司申请股票在全国股份转让系统挂牌，不受股东所有制性质的限制，也不限于高新技术企业，但是应当符合下列条件：①依法设立且存续满两年。有限责任公司按原账面净资产值折股整体变更为股份有限公司的，存续时间可以从有限责任公司成立之日起计算。②业务明确，具有持续经营能力。③公司治理机制健全，合法规范经营。④股权明晰，股票发行和转让行为合法合规。⑤主办券商推荐并持续督导。⑥全国股份转让系统要求的其他条件。

（4）挂牌和上市的区别。

新三板挂牌并非真的上市。上市即首次公开募股（Initial Public Offerings，IPO）指企业通过证券交易所首次公开向投资者增发股票，以期募集用于企业发展资金的过程。企业上市前必须向公众发行新股。

挂牌指非上市公司，通过股份代办转让系统即国家高新区“新三板”试点园区挂牌交易。代办股份转让系统的交易主要通过交易双方自主询价完成。不能在挂牌的同时发行新股，只能在挂牌后定向增发。

新三板是中国证监会主导的、统一监管下的全国性场外市场，利用证券交易所的交易系统，主要参与的中介机构是证券公司。产权交易所由地方政府主导，是指供产权交易双方进行产权交易的场所，如天津股权交易所中心，上海股权交易托管中心等。新三板与地方产权交易市场都是全国统一场外交易市场的组成部分。

（二）境外上市

1. 境外上市备案

境内企业境外直接或间接发行上市，应按照《境内企业境外发行证券和上市备案管理试行办法》进行备案。对境内企业境外发行上市予以备案，不表明中国证监会对该企业的投资价值或者投资者的收益作实质性判断或者保证，也不表明中国证监会对备案材料的真实性、准确性、完整性作出保证。

2. 境外上市财务指标

境内企业境外间接发行上市，其最近一个会计年度的营业收入、利润总额、总资产或净资产，占发行人同期经审计合并财务报表相关数据的比例超过50%。

3. 境外上市人员及业务指标

境内企业境外间接发行上市的，负责业务经营管理的高级管理人员多数为中国公民或经常居住地位于境内，业务经营活动的主要场所位于境内或主要在境内开展。

4. 境外上市的备案义务主体

境内企业境外直接发行上市的，由发行人履行备案程序，报告有关信息。境内企业境外间接发行上市的，发行人应当指定一家主要境内运营实体履行备案程序，报告有关信息。

5. 境外上市的重大事项报告程序

境内企业在境外上市的事中、事后均须遵守并履行重大事项报告制度。

境内企业境外发行上市的，应当严格遵守外商投资、网络安全、数据安全等国家安全法律法规和有关规定，切实履行国家安全保护义务。涉及安全审查的，应当依法履行相关安全审查程序。

（三）重大资产重组

1. 重大资产重组的概念

重大资产重组，是指公众公司及其控股或者控制的公司在日常经营活动之外购买、出售资产或者通过其他方式进行资产交易，导致公众公司的业务、资产发生重大变化的资产交易行为。

2. 重大资产重组的要求

公众公司实施重大资产重组，应当符合下列要求：（1）资产定价公允，不存在损害公众公司和股东合法权益的情形；（2）资产权属清晰，资产过户或者转移不存在法律障碍，相关债权债务处理合法；所购买的资产，应当为权属清晰的经营性资产；（3）有利于提高公众公司资产质量并增强持续经营能力，不存在可能导致公众公司重组后主要资产为现金或者无具体经营业务的情形；（4）有利于公众公司形成或者保持健全有效的法人治理结构。

3. 实施重大资产重组的法律意见书

公众公司实施重大资产重组，应当聘请律师事务所出具相关意见。公众公司进行重大资产重组，应当由董事会依法作出决议，并提交股东大会审议，会议应当披露法律意见书的内容。

二、债权融资

债权融资是指企业通过借钱的方式进行融资，债权融资所获得的资金，企业首先要承担资金的利息，另外在借款到期后要向债权人偿还资金的本金。债权融资的特点决定了其用途主要是解决企业营运资金短缺的问题，而不是用于资本项下的开支。

债权融资的具体操作方式很多，比较常见的有银行贷款、公司债券、信托贷款、民间借贷、金融租赁、银行保理、内部筹资等。

（一）银行贷款

1. 贷款

特指企业作为借款人向作为贷款人的商业银行（即贷款人）申请流动资金贷款或固定资产贷款的行为。流动资金贷款，是指贷款人向借款人发放的用于借款人日常生产经营周转的本外币贷款。固定资产贷款，是指贷款人向借款人发放的，用于借款人固定资产投资的本外币贷款。过桥贷款是一种短期贷款，风险性很高，是在企业急需资金、尚未完成长期融资安排之前的一种权宜之计。在杠杆收购和企业上市前往往需要一笔过桥贷款来实现交易的操作。

2. 流动资金贷款用途限制

流动资金贷款用于企业在商品生产、商品流通及正常经营活动过程中所需的外汇、人民币资金。流动资金贷款不得用于固定资产、股权等投资，不得用于国家禁止生产、经营的领域和用途。

3. 法律风险

（1）禁止性规定：不得违反法律法规的禁止性规定。目前的法律禁止性规定主要体现在《民法典》第 146 条、第 153 条、第 154 条及《最高人民法院关于审理民间借贷案件适用法律若干问题的规定》第13条。

(2)借贷时利息不得预先在本金中扣除，同时其利率需符合法定要求。

(3)违约风险：企业在债权融资时，要根据自身规定资产、经济收支情况进行判断和预测。借款到期后，如无法归还，沉重的债务压力和违约责任都会给企业带来不利的影响。

(4)担保风险：由于企业之间相互担保、连环担保等问题出现连锁反应，资金链上的企业都会出现生存危机，甚至是走向破产。

(5)刑事法律风险：企业在向银行贷款的时候提供虚假资料，不仅要承担民事责任，还有可能构成贷款诈骗罪；企业也要遵守金融监管，规范操作，避免非法集资或合同诈骗等刑事法律责任。

对上述内容，以“明股实债”的审查与认定案例进行分析。2017年11月，某资本管理公司与某控股公司签订投资合作协议，约定某资本管理公司与某控股公司指定的下级公司共同申请设立某目标公司，该公司拟注册资本1亿元，某资本管理公司、指定的下级公司各出资5000万元。投资合作协议约定，某控股公司或其指定方应按照某资本管理公司投资额的年化10%支付基础财务顾问费用、按年化1%支付额外财务顾问费用。自投资公司取得营业执照之日起至2019年9月16日期间，某资本管理公司有权要求某控股公司或其指定方受让某资本管理公司持有的目标公司的股权，受让金额为某资本管理公司的出资额，某控股公司须在收到某资本管理公司发出的受让通知之日起15个工作日内无条件开始（包括指令指定方）履行国有股权受让义务。若某控股公司违反上述义务，拖延、阻挠或者事实上拒绝履行受让义务的，属某控股公司违约，某控股公司应承担违约金1000万元。投资合作协议另约定，夏某对财务顾问费用支付及股权转让行为承担个人无限连带责任保证。2017年12月，某资本管理公司将5000万元出资额存入某目标公司银行账户。2019年7月16日，某资本管理公司、某控股公司、某目标公司、夏某签订补充协议，其中第3条约定，某控股公司将其持有的某文化公司100%的股权转让给第三人某深圳公司，某深圳公司欠付某控股公司股权转让价款未付，某控股公司将该应收款作为回购某资本管理公司5000万元股权的补充担保。2019年7月至9月期间，因投资款将届清偿期，某资本管理公司致函某控股公司，要求其依约及时返还投资款及财务顾问费用。夏某作为连带责任保证人应就某控股公司的上述义务承担连带担保责任。某控股公司已将其对某深圳公司的应收账款作为回购某资本管理公司出资款的补充担保，故某资本管理公司亦有权直接要求某深圳公司支付5000万元。

“明股实债”认定标准有以下几方面考量：

(1) 投资人以定期获得固定收益为目的。

在明股实债的融资安排中，投资人虽然是以股权方式投入资金，但不论企业经营状况如何，被投资方均需按照约定向投资者支付本金和利息，该投资方式应主要体现“债”的特点。

(2) 主要通过股权远期回购方式实现退出。

明股实债结构中底层股权的退出普遍以股东或实际控制人承诺远期回购为主，在此基础上亦有增加对回购的连带担保，或由高信用等级主体提供本金回购与预期收益补足的承诺等增信措施。除回购外，通常保证投资人的退出的措施还有对赌条款、强制定期分红条款、股权维持费、抽屉协议等方式，但是应注意退出方式的相关表述。

(3) 不参与融资主体的经营管理和分红。

投资人作为实质的债权人不实际参与项目的经营管理。投资人的投资目的仅是为了取得固定回报，协议中并未详细约定投资人参与公司管理的权利，投资人实际上也未行使股东管理权的，即便登记为股东，也应认定其仅享有债权。

明股实债结构被认定为债之后的效力，根据《最高人民法院关于审理民间借贷案件适用法律若干问题的规定》的相关规定，企业间为生产经营需要签订的借贷合同合法有效。《最高院民二庭第5次法官会议纪要》指出，在部门规章或监管政策对某项交易模式明确禁止的情况下，通过该交易模式规避监管部门的规定，本身就是违反法律或政策的行为。司法实践中，不能轻易认定合同无效。如确实损害公共利益，则可以依据《民法典》合同编的相关规定，认定合同无效。

(二) 债券发行

1. 公司债券

公司债券，是指公司依照法定程序发行、约定在一定期限还本付息的有价证券。公司债券可以公开发行，也可以非公开发行。

2. 企业债券

企业债券是指企业依照法定程序发行、约定在一定期限内还本付息的有价证券。企业发行企业债券所筹资金应当按照审批机关批准的用途，用于企业的生产经营。企业发行企业债券所筹资金不得用于房地产买卖、股票买卖和期货交易等与企业生产经营无关的风险性投资。

3. 非金融企业债务融资工具

债务融资工具，是指发行人在银行间债券市场发行的，约定在一定期限内还本付息的有价证券。

发行人应在中国银行间市场交易商协会发行债务融资工具。发行人发行债务融资工具时应在银行间债券市场披露信息。信息披露应遵循诚实信用原则，不得有虚假记载、误导性陈述或重大遗漏。

发行人和主承销商不得操纵发行定价，不得就债务融资工具发行利率（价格）等不确定事项作出事先约定。发行人、主承销商和承销团成员不得针对本次发行，直接或通过其利益相关方向参与认购的投资者提供财务资助。

4. 债权融资计划

债权融资计划是指融资人向具备相应风险识别和承担能力的合格投资者，以非公开方式挂牌募集资金的债权性固定收益类产品。

融资人挂牌债权融资计划须以非公开方式进行，不得采用广告、公开劝诱和变相公开方式进行宣传。

5. 保理

保理是应收账款债权人将现有的或者将有的应收账款转让给保理人，保理人提供资金融通、应收账款管理或者催收、应收账款债务人付款担保等服务。

6. 融资租赁

融资租赁包括一般融资租赁与售后回租。一般融资租赁是出租人根据承租人对出卖人、租赁物的选择，向出卖人购买租赁物，提供给承租人使用，承租人支付租金。售后回租是指承租人将拥有所有权的资产出售给出租人，再向出租人租回使用，以此达到获取融资资金的方式。

三、新型融资方式——资产证券化

（一）资产证券化的定义

资产证券化是指以基础资产未来所产生的现金流为偿付支持，通过结构化设计进行信用增级，并在此基础上发行资产支持证券（asset – backed securities，ABS）的过程。

（二）资产证券化的流程

一次完整的证券化融资的基本流程是：发起人将证券化资产出售给一家特殊目的机构（special purpose vehicle，SPV），或者由 SPV 主动购买可证券化的资产，然后 SPV 将这些资产汇集成资产池（assets pool），再以该资产池所产生的现金流为支撑在金融市场上发行有价证券融资，最后用资产池产生的现金流来清偿所发行的有价证券，见图 5 – 1。

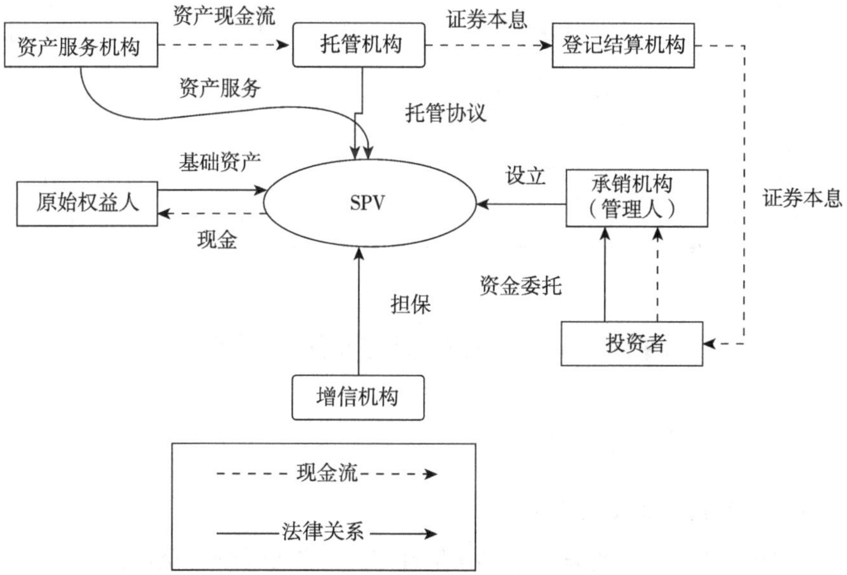

图 5 – 1　资产证券化流程

（三）资产证券化产品的分类

根据我国目前金融分业监管的格局，资产证券化产品（ABS）主要划分为三个大类：央行、银保监会主管的银行间市场信贷支持证券（信贷 ABS/

CLO)、证监会主管的以非金融企业为发起主体的企业资产支持证券（企业ABS）和银行间市场交易商协会资产支持票据（ABN），见表5－2。

表5－2 资产证券化产品的分类图示

项目名称	企业资产证券化	信贷资产证券化	资产支持票据
项目简称	企业ABS	信贷ABS/CLO	ABN
主管部门	证监会、基金业协会	央行、银保监会	交易商协会
审批方式	备案制＋负面清单管理	备案制＋注册制	注册制
发起人	非金融企业	银保监会监管的金融机构	非金融企业
SPV	专项资产管理计划	信托计划	信托计划
基础资产	应收账款、供应链账款、租赁资产、小额贷款、个人消费贷款、商业地产抵押款、购房尾款等	个人住房抵押贷款（RMBS）、个人汽车贷款、个人消费贷款、不良贷款、信用卡贷款等	与企业ABS类似
发行方式	私募	公募	公募/私募
交易场所	沪深交易所、柜台、中小企业股转系统等	银行间市场	银行间市场
信用评级	单评级	双评级	单评级
登记管理机构	中证登	中债登	上清所

第四节 企业合法融资与非法集资的界限

一、对非法集资的认识

（一）非法吸收公众存款罪

《中华人民共和国刑法》第176条规定：“非法吸收公众存款或者变相吸收公众存款，扰乱金融秩序的，处三年以下有期徒刑或者拘役，并处或者单处罚金；数额巨大或者有其他严重情节的，处三年以上十年以下有期徒刑，并处罚金；数额特别巨大或者有其他特别严重情节的，处十年以上有期徒刑，并处罚金。单位犯前款罪的，对单位判处罚金，并对其直接负责的主管人员和其他直接责任人员，依照前款的规定处罚。有前两款行为，在提起公诉前积极退赃退赔，减少损害结果发生的，可以从轻或者减轻处罚。”

（二）集资诈骗罪

《中华人民共和国刑法》第192条规定：“以非法占有为目的，使用诈骗方法非法集资，数额较大的，处三年以上七年以下有期徒刑，并处罚金；数额巨大或者有其他严重情节的，处七年以上有期徒刑或者无期徒刑，并处罚金或者没收财产。单位犯前款罪的，对单位判处罚金，并对其直接负责的主管人员和其他直接责任人员，依照前款的规定处罚。”

二、企业融资创新的合规边界

（一）企业融资的创新类型

现今新型融资创新方式有十几种，以下几种最具创新性：

1. 碳排放权质押贷款

碳排放权质押贷款，是以碳排放权配额为质押，向符合条件的市场主体发放的贷款。碳配额闲置，可在人民银行征信中心动产融资统一登记公示系统进行质押登记和公示。

碳排放权质押是一种创新的融资方式，随着全国碳市场线上交易正式启动，各地金融机构正在加速碳排放权益的融资产品创新。

2. 知识产权融资

中小企业中有相当一部分是科技型企业，可以通过专利权、商标权等知识产权作为担保。知识产权质押融资可在一定程度上缓解企业“融资难、融资贵”难题，以知识产权“轻资产”获得必要资金补给，旨在帮助科技型中小企业解决因缺少不动产担保而带来的资金紧张难题。2022年，全国专利商标质押融资额达4868.8亿元，连续三年保持40%以上的增幅。

有些部门地方政府创新财政科技资金使用方式，构建“增信＋风险分担”的债权融资机制，联合金融机构开发实施“科创贷”系列贷款产品，并迭代推出“人才贷、研发贷、成果贷”等精准细分产品，中小微科技企业通过信用、股权、知识产权等获得“纯信用”的贷款支持。

（二）合规路径

1. 前期审查环节

企业在进行贷款融资的过程中，应当严格遵守法律法规，严格按照法定条件和程序申请贷款，严格按照约定的用途使用贷款，严格按照约定的利率和期限归还贷款。企业作为借款方时，应当按照贷款方要求的方式和内容提出贷款申请，并如实提供相关资料，不得采用虚构事实、隐瞒真相等欺骗手段。企业作为贷款方时，在受理贷款申请后，也应履行尽职调查，通过评估和调查，分析借款人的商业信誉和还贷能力，对贷款资金的投向、金额、利率、期限等严格审批，尽可能将贷款风险降到最低。

2. 合同签订环节

借款合同是贷款融资的重要凭证，借款合同应当包括借款种类、用途、金额、利率、期限、还款方式，借贷双方权利义务，违约责任等内容。企业在借款合同中，可载明借款人承诺申请贷款材料信息的真实有效、贷款的真实用途、贷款资金的支付方式等，防控借款人在前期的贷款申请资料中存在不实内容，避免风险的进一步扩大。

3. 贷后管理环节

贷后管理要覆盖贷款审批之后的整个流程，包括贷款审批条件的落实、贷款跟踪监察、信贷风险监管与预警、贷款本息回收、不良资产管理、信贷档案管理等工作内容。贷款到期后按合同约定足额归还本息，是借款人履行借款合同、维护信用关系当事人各方权益的基本要求。企业可通过不定期的现场检查与非现场监控，分析借款人经营情况，监测贷款资金的流向与用途，及时掌握各种影响借款人偿债能力的风险及可能导致贷款资金出现违约的情况。

4. 主体合法性

企业在进行融资时，首先要保障主体的合法性，即其是为了合法目的而依法设立且设立后开展合法经营活动。依据我国目前司法解释的相关规定，募集融资类犯罪中的非法吸收公众存款罪、集资诈骗罪两个高发罪名，对于其吸收的数额、对象和造成的损失等方面的追诉标准和量刑标准，自然人犯罪都比单位犯罪低很多。因此在实践中，通常认定为单位犯罪更有利于公司、企业人员的定罪和量刑。但需注意的是，若作为融资主体的公司、企业在成立后并未开展其他合法业务，而是以非法集资为主要活动，或者作为融资主体的公司、企业就是为了进行非法集资活动而设立，则即使是以单位名义，为了单位利益，犯罪所得归属于单位，也不能认为是单位犯罪。

5. 行为正当性

企业在募集融资的过程中，需避免公开向社会公众募资。募集融资类犯罪最本质的特征就是向社会不特定公众进行集资，在募资的方式上采用了通过媒体、广告、传单、宣传会等形式向社会公开宣传。如果未针对社会不特定公众，即使未能及时归还相关款项，也只会引发民间借贷纠纷或相关的合同纠纷。

6. 投向真实性

企业在募集融资过程中，融资的项目及所融资金的投向应当真实，不得虚构事实或隐瞒真相，否则可能引发相应的刑事风险。对于募集融资所获得的资金，应当合理使用，及时记录资金使用用途，避免挥霍或者携款逃匿、采用其他手段逃避归还资金等违法犯罪行为。

三、P2P 融资模式走向没落的警示

（一）关于 P2P 网贷平台风险的成因分析

1. 法律机制不健全

很长一段时间里，P2P 网贷平台的业务活动并没有明确的法律法规来专门约束和规范，因此才出现乱象丛生、问题频发的状况，相关法律法规的缺失或不完善给 P2P 网贷的不良发展埋下了隐患，让一些居心不良的网贷平台运营者钻了法律的空子，使部分不明真相的投资者惨遭亏损后投诉无门，投资者的合法权益难以得到保障。

2. 征信系统不完善

目前，我国的征信体系由中国人民银行集中管理，在私有化商业体系上还未实现信息互通共享，由于 P2P 网贷行业的特殊性，很多平台无法有效地从央行自由调取用户数据，加之我国信用信息的采集、评估体系不健全，个人的信用数据未能有效地发挥应有的作用，失去了征信系统的约束使 P2P 网贷暴露出很大的信用风险。

3. 平台内部治理失衡

我国大部分 P2P 网贷平台缺乏足够的管理能力，无论是人力配置还是物质基础建设，导致很多网贷企业难以建立起完善的公司治理结构，授信审批、员工管理、内部审计等相关制度尚不完备，缺乏有效的资金监控、风险赔付机制，投资人的合法权益难以保证。

4. 技术人才配置不足

P2P网贷平台的业务依赖于互联网，而众多的P2P平台都是中小规模，没有雄厚的资金实力和技术力量做支持，专业的技术人才相对缺乏，不能为平台进行全面的、及时的系统建设、系统升级和信息维护等提供技术保障。这让P2P网贷平台很容易受到黑客攻击或者信息泄露，给平台的正常运营带来不利影响。

（二）针对P2P网贷平台主要风险提出的防控对策

1. 明确准入门槛，降低法律风险

只有制定相关的法律法规，制定P2P网贷行业的准入标准，在注册资本、平台资信状况、平台管理人员资质等方面设立明确的门槛，才能有效降低行业的风险，才能促进P2P网贷行业有量更有质的发展。

2. 明确金融职责，强化操作流程

P2P网贷平台也要持续强化操作流程，不断完善平台内部治理体系，实行科学化管理，使运营流程规范化透明化，增强自身综合实力，避免被市场淘汰，通过加强P2P网络借贷和互联网金融的其他业务模式间的相互合作，完善运营体系，降低风险。

3. 建立完善的行业征信体系，降低信用风险

P2P借贷的征信不完善一直是我国P2P行业发展过程中出现信用风险的主要原因。目前我国P2P行业征信存在征信数据有限、数据不完备、数据共享性差等问题。为解决这些问题，政府出台明确的监管细则和针对征信问题的指导意见是极其必要的。在建立较完善的P2P借贷行业征信体系的过程中，“行业主导+市场补充”应是一个趋势，而政府在其中应起到推动作用。

4. 完善信息技术，降低网络风险

P2P网络借贷的整个过程依赖于互联网技术的坚实基础，所以其发展的稳定性与安全性与互联网技术的发达程度密不可分。保障P2P网贷平台运营环境的安全性，需要不断提高计算机信息技术。P2P网络借贷平台应该加大对技术系统建设的投入，强化平台使用的各个流程。

第六章　企业治理合规

第一节　企业合规与公司治理的关系

企业作为一个经营组织体，乃人与物、资本之结合体，其正常经营有赖于合理、高效的决策管理运营机制。现代企业的所有权与经营权分离，投资人出资创设企业后，聘请职业经理人管理运营企业，由经营者负责企业的日常经营，而企业的所有者和经营者双方的经济利益并不完全一致，承担的风险大小不同，企业经营者很可能在经营管理企业时作出损害所有者和企业的利益的行为，从而诱发风险，为了规避这一风险，确保资本安全和最大的投资回报，就要引入企业治理这一机制，实现对经营者的激励和监督。因此，企业治理体系是以企业内部权力配置为基础建立治理结构，通过制度设计，对经营权予以约束与监督，以保障企业所有者权益为核心，并实现企业所有者与经营管理层及社会利益之间的有效平衡。

不同的角度，对企业治理的理解不同。从管理角度而言，企业治理主要指的是企业内部组织结构安排的最佳状态；从经济角度讲，企业治理主要是寻找投入产出等经营活动的均衡点；从法律角度讲，企业治理主要是合理设计安排企业各种法律关系，通过治理机制设计出最佳的权利义务配置方案，进而提升企业治理水平。

一、企业治理合规的价值与意义

企业建立合规机制的初衷是避免因违规行为而受到严厉的处罚，企业合规兴起初期对公司治理方式的影响并不大，但企业合规本质在于全面规范并且严格约束公司的业务开展实施，避免公司在实施内部管理以及生产经营的全过程中存在违规违法的情形。[1]

合规与企业治理密切相关，企业合规理念首先必须得到企业所有人、经营管理层等内部人员的认同接受，纳入内部管理体系，确保企业合规的管理经营理念融入企业内部管理以及各个层面的业务实践经营活动中，避免企业在实施内部管理以及生产经营的过程中存在违规违法的情形，只有这样企业合规经营的目标宗旨才会得到完整的体现。企业合规管理体系是有效防范、识别、应对可能发生的合规风险，即以风险防控为导向的公司治理体系。企业的盈利能力、综合竞争力取决于企业治理机制的有效性和治理水平，将合规机制纳入企业治理的体系及过程中，完善企业的内部治理机制（包括构成企业治理机制的一系列制度规则、流程、指引），如企业内部组织机构的设置、企业决策机制、董事义务的问责机制等，通过规范转化、分工监督与信息互通的运行机制，塑造守法向善的企业文化。[2]

从合规视角看，企业合规制度已超越了传统的公司内部的商事治理而拓展至刑事领域，其目的也从改善公司经营上升到保障社会经济环境和国家安全的高度，将企业合规要求放到社会治理的大背景之下，从而实现了完善公司治理与社会治理优化的同步发展。公司治理正在从仅重视内部控制的内部治理向承担社会责任的外部治理进行转变。

二、企业内部治理合规的要求及实施

企业内部治理涉及企业各机构的权利配置和实际运作、《公司法》的强制性规范与股东自治的关系、股东及管理层的权利义务等。现代企业制度中，判断企业内部治理优劣的重要标准为企业组织机构的设置是否完善，组织机构之间的关系是否协调，组织机构的运转是否低成本高效率。公司治理结构不当、未能按照公司发展方向调整公司治理结构，都可能导致公司内部矛盾纠纷凸显，严重制约公司的发展壮大，甚至引发合规法律风险。企业应根据自身行业特点、发展阶段等实际情况，充分、合理利用《公司法》给予公司

---

〔1〕 参见韩杨、范静：《农业上市公司治理结构、技术创新对企业绩效的影响研究》，载《经济纵横》2022 年第 11 期。

〔2〕 参见杨淦：《合规机制对公司治理的挑战及公司法回应》，载《现代法学》2023 年第 2 期。

的意思自治空间，通过公司章程的整体设计，优化内部治理结构，合理分配企业内部管理运营与监督控制的权力，加强股东会、董事会及监事会的建设，促进企业良性运转，实现企业的经营目标与股东利益的效益最大化，同时达到防控法律风险、合规的要求。

第二节　公司章程的合规

一、公司章程概述

公司章程是由公司股东或发起人共同制定的，用以规范公司内部组织关系和经营行为的自治规则，其对公司的股东和管理人员具有约束力。公司章程是公司依法成立不可或缺的必要文件，对公司的成立和运营具有十分重要的意义，是公司的组织和活动的基本准则，是“公司的宪章”，对公司持续健康运营、发展起着至关重要的作用，在制定公司章程时，需遵守相关的法律合规要求，参考公司章程范本，以确保公司在合法合规的基础上健康发展。

公司章程具有法定性，其法律地位、主要内容及修改程序、效力都由法律强制规定，任何公司都不得违反。《公司法》对公司章程的规定是法律允许范围内的最低标准，公司章程的制定、修改应当遵守《公司法》的相关规定，违反《公司法》的强制性规定或者低于《公司法》设定条件的，该章程内容无效。具体如下。

（一）公司章程的绝对必要记载事项

基于公司的性质，法律规定公司章程必须记载的事项内容为绝对必要记载事项，公司须一一记载，没有权利作出舍弃、删减，如缺少其中任何一项或任何一项记载不合法，则公司章程无效。绝对必要记载事项一般是设计公司根本性质的重大事项。

《公司法》第46条和第95条分别规定了有限责任公司章程和股份有限公司章程应当载明的事项，依此规定公司章程必须记载的事项主要包括公司名称、经营范围、资本情况、股权结构、内部组织结构及其议事规则、法定代表人的产生及变更办法、利润分配、解散退市等重要事项。

（二）公司章程的制定、修改

《公司法》第45条和第94条分别规定了有限责任公司和股份有限公司的

章程需由全体股东、发起人共同制定。公司在经营范围、经营期限、股权比例、股东构成等方面发生变化时，应当及时修改公司章程。因公司章程是公司正常运转、持续发展的重要法律文件，为了保持公司运营的稳定性，修改公司章程必须遵循一定的原则和程序。公司章程的修改不得删除绝对必要记载事项，不得损害股东（特别是中小股东的利益）及债权人的利益等。修改公司章程应当按照《公司法》的规定，通知、召集股东会会议，违反法定程序制定和修改的公司章程无效。

公司章程修改程序主要包括：（1）由公司董事会拟定并提出修改章程的方案。（2）董事会在股东会召开前将该方案通知各股东。（3）股东会对修改章程事项进行审议通过。《公司法》第 66 条和第 116 条规定，修改章程的决议，须经代表 2/3 以上表决权的股东通过。（4）办理相应的变更登记。公司章程的修改涉及公司股东的变更、股权比例、经营范围、经营期限的，应依法向公司登记机关办理变更登记，否则应承担由此产生的民事及行政责任。

（三）公司章程的效力

1. 生效时间

《公司法》并没有明确规定公司章程的生效时间，理论上，其应自全体股东签字盖章或创立大会审议通过后生效，但制定公司章程是以设立公司为目的的，因此公司章程的效力需待公司成功办理设立登记并领取营业执照后，即公司成立之日生效。

2. 对人的效力

公司章程对公司、股东、董事、监事、高级管理人员具有约束力。首先，公司章程对公司的效力。公司章程是公司组织与运营的基本准则，公司的所有行为，都受公司章程的约束，如内部组织机构的设立及其议事规则、职权范围，维护股东利益，在公司章程规定的经营范围内从事经营活动等。其次，公司章程对股东的效力。公司章程是全体股东、发起人的共同意志的体现，对所有的股东均具有约束力，无论是公司章程制定时的股东，还是后加入公司的股东，公司章程对其的约束力是相同的。公司章程对股东的约束力体现为股东应依公司章程的规定承担义务、行使权利，如缴纳出资、出席股东会、行使表决权等。最后，公司章程对董事、监事、高级管理人员的效力。公司董事、监事、高级管理人员应依照公司章程履行自己的职权，勤勉尽责，否则应承担相应的法律责任。

二、公司章程自治内容的合规

对于《公司法》规定“章程另有规定除外”的情形，公司章程可根据本公司的组织机构及治理规则等实际情况另作约定，制定符合自身特点的条款。《公司法》对公司章程的规定是法律允许范围内的最低标准，因此公司制定公司章程时不得另行作出低于《公司法》规定标准的约定，同时不得作出严重减损或者实质剥夺股东权利（如知情权、股权转让等权利）和损害债权人利益的约定。

基于有限责任公司的人合性、封闭性，《公司法》留给有限责任公司章程的自治空间大于股份有限公司：（1）有限责任公司章程可以约定的个性化条款：公司对外担保、股东利润分配比例、股权的优先认购比例、股东会会议的通知时间、股东会及董事会的议事方式和表决程序、股东是否按照出资比例行使表决权、经理的具体职权、股权转让、股东资格继承、聘用审计机构等。（2）股份有限公司章程可以约定的个性化条款：公司对外担保、监事会的议事方式和表决程序、聘用审计机构等。

公司依各自实际情况制定公司章程时，对以下自治内容需重点注意合规审视。

（一）规定对外投资和担保的注意事项

投资有风险，对外担保则可能使公司因承担债务而遭受重大损失。根据《公司法》第15条的规定，公司章程可规定对外投资和担保由董事会还是股东会决议，以及对外投资和担保的额度。此处的担保仅限于对外担保。当公司为公司股东或者实际控制人提供担保时，必须经股东会或者股东会决议，是不允许公司章程自由规定的。

（二）规定注册资本和出资的注意事项

根据《公司法》的规定，公司章程应当载明公司注册资本以及股东的出资方式、出资额和出资时间，这些事项是必须记载事项。除有特殊限制的主体外，有关出资的必须记载事项的具体内容，由股东自行约定并在章程中载明，股东应按照各自的情况和对公司发展的规划合理确定注册资本金额、出资方式、出资时间，非货币财产出资的还需明确交付和过户的时间。

公司章程可以规定，股东未按期足额缴纳出资的失权机制。《公司法》第52条规定，股东未按照公司章程规定的出资日期缴纳出资，经董事会催缴，股东仍未履行出资义务的，公司经董事会决议可以向该股东发出失权通知，该股东丧失其未缴纳出资的股权。

（三）规定股东会召开通知的注意事项

《公司法》第64条规定，召开股东会会议，应当于会议召开15日前通知全体股东；但是，公司章程另有规定或者全体股东另有约定的除外。该通知一是有时间要求，二是必须通知到达股东（要求召开15日前）。如果通知没有到达，或到达时的日期少于15日，则该股东会会议所形成的决议可能被法院撤销。

（四）规定董事任期、董事会职权的注意事项

《公司法》第70条规定，公司董事的任期由章程规定，但每届最长不能超过3年。该条规定了董事任期的上限，公司章程不得突破。另外注意董事任期是按届算，而不是按每个董事个人的任职期限算。这点在董事的增补或改选时要特别注意，最好在增补或改选的同时确定为换届。注意原董事在没有换人的情况下，应继续履职，这是法定义务，章程并不能把这项义务免除或另作规定。

《公司法》第67条规定了公司董事会的职权，并规定公司章程可规定或者股东会授予董事会其他职权。董事会的职权有法定和意定之分，《公司法》第67条列举的董事会的9项职权为其法定职权，其意定职权须在章程中明确或由股东会授权，即章程无规定或股东会无授权视为无权力；股东会则不然，章程未授予董事会的职权均可由股东会行使。要扩张董事会职权需通过章程明确规定，如无规定，即视为无授权，董事会只能行使法律规定的9项职权。

（五）规定经理职权的注意事项

根据《公司法》第74条的规定，有限责任公司可以设经理，由董事会决定聘任或者解聘。经理对董事会负责，主持公司的生产经营管理工作，组织实施董事会决议以及行使董事会授予的其他职权。法律规定经理的职权由公司章程规定或董事会授权行使。但需注意的是，经理的职权可以由董事会授予，但该授权的权限不应超过董事会自身的权限。

（六）规定监事会的设置及监事会组成、监事任期的注意事项

《公司法》对监事会的设置不再做强制要求，依据《公司法》第 69 条和第 121 条的规定，公司章程可以规定在董事会中设置由董事组成的审计委员会，行使《公司法》规定的监事会的职权，不设监事会或者监事。公司董事会成员中的职工代表可以成为审计委员会成员。如果公司设监事会，则里面必须有职工代表，人数具体比例由章程规定，但不得低于 1/3。监事的任期法定为每届 3 年，这点与董事任期由章程规定且每届不得超过 3 年的规定不同，即监事的任期法定为每届 3 年，不容更改。注意原监事在没有换人的情况下，应继续履职，这是法定义务，章程并不能把这项义务免除或另作规定，但可规定具体的职责或履职方式。

（七）公司章程不得禁止股东对外转让股权

《公司法》第 84 条规定了有限责任公司股东的股权转让，特别对对外转让作了详细规定。有限公司具有人合性，股权转让即意味着股东变更或股权结构变动，对维持公司股东的稳定、和谐有重要影响。为确保股东关系的稳定，法律虽然对对外转让股权作了限制，但仍保证股东自由处分股权的权利。因此，章程中不得作出禁止股东对外转让股权的规定，限制股东权利是无效的。

（八）可规定股份有限公司监事会议事方式和表决程序

《公司法》第 81 条和第 132 条规定，公司监事会的议事方式和表决程序，除《公司法》有规定的外，由公司章程规定。与《公司法》第 123、124 条对股份有限公司董事会的规定进行对照，我们可以发现，《公司法》并没有赋予股份有限公司董事会的议事方式和表决程序可以由公司章程规定的权利，因此公司章程对股份有限公司的董事会议事方式和表决程序没有自治空间，需依法律规定。

第三节　股东会及股东权利行使合规

现代企业制度中，公司内部治理优劣主要取决于公司组织机构的设置是否完善，组织机构之间的关系是否协调，组织机构的运行是否低成本、高效率。公司组织机构分为权力机构（股东会）、执行机构（董事会或执行董

事)、监督机构（监事会或监事），股东会通过决议选任董事和监事，组成董事会、监事会，董事会行使管理权、聘任经理人员，监事会负责监督董事和经理。公司各组织机构依照《公司法》及公司章程的规定行使职权。公司应根据自身特点、发展阶段等实际情况，充分、合理利用《公司法》给予公司的意思自治空间，通过公司章程，设计好股东会、董事会及监事会各自的职权、议事规则，整体优化内部治理结构，助力公司顺利开展经营管理活动，保障公司股东权益。

一、股权结构合规

股权结构是股东持有公司股权的占比情况，并由此决定其对公司享有的权利和承担的义务，反映了股东与公司、股东与股东之间的相互关系。通过调整股东持股比例，或者对某一类股权的权能进行调整，就可以对公司的管理权或者盈余的分配方式等内容进行相应的改变，股权结构是公司治理的基础，它不仅关系到公司的股权比例和股东权益，还影响着公司的管理、决策和长期发展，不同的股权结构决定了不同的企业组织结构，从而决定了不同的企业治理结构，最终决定了企业的行为和绩效。

公司通过合理的股权结构设计，使得公司的股东之间形成合理的制衡关系，确保公司的决策和经营管理效率，同时能够保障股东的利益。公司需要根据自身的情况和发展战略，合理设计股权结构，包括股东的数量、持股比例、股东之间的股权比例、股东的持股方式等。不同类型、不同发展阶段的公司适合不同的股权架构模式。例如，创业初期公司适合采用较为简单的股权架构，其可随着公司的发展再进行调整。上市公司则需要按照法律法规和监管要求，建立更为严格的股权架构，确保公司治理的透明度和公正性。此外，还可以根据实际情况采取其他适合的股权架构模式，如合伙企业模式等。

（一）非上市公司股权架构的合规性要求

企业创始人团队在股权架构设计的每一个环节都应严格依照相关法律法规。股权架构设计各环节合法合规，是保障股权架构稳定发挥效果的必要条件。科学合理合规的股权架构，不仅可以明晰合伙人之间的权责，科学体现合伙人之间对企业的贡献，还有助于维护公司稳定。在未来需要融资时，科学合理的股权结构，更有助于确保创始人对公司的控制权，也是公司稳定的基石。非上市公司股权架构的合规性要求主要包括以下两点：（1）股东身份合规。对于自然人股东来说，自然人身份的合规性是企业设立时就需要确定好的问题，不能存在不具备出资人资格却成为企业出资人的情况，比如存在公务员或国企管理人员出资等情况。除了这一最基本的合规性要求，在确认机构股东身份时，最好将那些在监管方面存在不确定性的主体排除在外，比如契约型基金、信托计划等。只有提前将这种可能发生的合规性风险排除，才能减少不必要的后顾之忧。（2）股东人数合规。《公司法》第 42 条规定，有限责任公司由 1 个以上 50 个以下股东出资成立；第 92 条规定，设立股份有限公司，应当有 1 人以上 200 人以下为发起人，其中须有半数以上的发起人在中国境内有住所。

（二）上市公司的股权结构需符合监管标准

政府部门或证券交易所等机构制定规章制度，对拟上市公司及上市公司的股权结构规定了监管标准，旨在保护投资者利益、促进市场稳定发展。证监会是负责股权结构监管的主要机构之一。证监会对于新上市公司、重大股份变动等情况都有相关法规和规定。企业在首次公开募股时，企业的股权结构情况为考察范围之一，《监管规则适用指引——发行类第 4 号》要求发行人股权清晰稳定，对股权是否存在争议、潜在纠纷等事项予以披露。证监会对拟上市公司股权结构的基本要求是清晰、不存在重大权属纠纷，且证监会对拟上市公司最为关注的几个问题，包括关联交易、同业竞争、主体资格、税收等，实际上都与股权结构息息相关。另外《上市公司重大资产重组管理办法》规定了重大资产重组时，必须符合“无实际控制人变更”“股权分散化程度较高”等条件才能获得审批通过；《全国中小企业股份转让系统业务规则（试行）》规定了应采取交易申报公告方式、定期公告股权结构等披露要求。证监会对拟上市公司及上市公司股权结构的监管标准主要围绕以下几个方面：（1）股权集中度，监管标准通常会关注公司股权集中度是否合理。如果公司存在单一股东持有过高股份的情况，可能会导致董事会控制权过于集中，影响公司治理效果和市场竞争力。上市公司股权结构应当符合规定，即散户的占比应在 10% 以上，而大股东及关联方持股比例应在 20% 以内。同时，大股东中的前十位股东的持股比例不得超过总股份的 50% 。（2）股东身份和行为，监管标准还涉及股东身份和行为方面的问题。例如，是否存在未经批准而进行的股权转让、是否存在虚假陈述信息、是否违反了相关法律法规等。(3) 股权结构透明度，监管标准要求公司应该对其股权结构进行充分的公告和披露，以确保市场透明度和投资者的知情权。包括股权结构图、股权变更情况、股东人数、股份比例等相关信息。

公司的股权结构是否符合监管标准是一个复杂的问题，需要考虑多方面因素。公司应该密切关注监管标准和相关法规，加强对股东情况的披露和信息公示，及时规避各种风险和问题，并建立内部治理机制、优化股权结构，以促进公司长期稳定发展。另外，拟在境外上市的公司，应确保其股权结构符合上市地的法律法规和监管要求。

二、股东会职权设定合规

股东会由全体股东组成，行使公司重大事项决定权，在公司治理的内部组织机构中处于核心位置，是公司的权力机构即最高决策机构。依照《公司法》第59条，股东会可以决议的事项，就是股东会的职权，主要有三类：其一，审议批准事项。如审议批准董事会、监事会的报告；审议批准公司的利润分配方案、弥补亏损方案等。其二，决定、决议事项。如决定董事、监事的报酬事项；对公司增加或减少注册资本作出决议；对发行公司债券作出决议；对公司合并、分立、解散和清算等事项作出决议；修改公司章程等。其三，选举事项，如选举和更换董事、监事（非由职工代表担任）。从《公司法》第59条的规定看，公司章程可以对股东会职权作出其他规定，但《公司法》第59条第1款列举的第1项至第8项职权是专属于股东会行使的职权，除第6项对发行公司债券，股东会可授权董事会作出决议外，其余的7项职权是股东会的法定职权，公司章程不能改变上述职权或规定将上述职权改由公司其他机关行使，公司章程仅可扩张规定股东会行使该条规定列举的7项职权之外的职权。

三、股东会会议决议合规

股东会是公司最高权力机关，公司最重要的事项通常由股东会会议决议，例如，选举董事监事、修改公司章程、分配利润、增资减资、合并分立、解散清算等。股东会会议决议作为公司的意思表示，其本质是通过会议的形式根据多数决的规则作出，因此股东会会议的召开应当遵循公司法及公司章程的规定，只有会议决议的程序公正和内容合法才能发生法律效力，否则股东会会议的决议便存在法律瑕疵，有可能导致决议不成立、无效或可撤销。无效的适用情形为：公司股东会的决议内容违反法律、行政法规。可撤销的适用情形为：股东会的会议召集程序、表决方式违反法律、行政法规或公司章程，或者决议内容违反公司章程。不成立的适用情形为：（1）公司未召开会议，但依据《公司法》第 59 条第 3 款或者公司章程规定可以不召开股东会而直接作出决定，并由全体股东在决定文件上签名、盖章的除外；（2）会议未对决议事项进行表决；（3）出席会议的人数或者股东所持表决权不符合《公司法》或者公司章程的规定；（4）会议的表决结果未达到《公司法》或者公司章程规定的通过比例；（5）导致决议不成立的其他情形。

（一）股东会会议召开程序合规

1. 按公司章程规定召开股东会

股东会会议分为定期会议和临时会议。定期会议，是指按照公司法或公司章程的规定定期召开的股东会会议。就有限责任公司而言，公司法并未规定何时召开定期会议，而是交由公司章程来决定。实务中，绝大多数的公司章程规定“定期会议每年召开一次”，也就是我们经常所说的年度股东会，也有的规定半年开一次（半年度股东会），甚至每个季度开一次（季度股东会）。临时会议，是指定期会议之外的股东会会议，按《公司法》第 62 条第 2 款的规定召开。

2. 会议召集人适格

会议召集人负责会议的通知、会务的安排等，根据《公司法》第 63 条的规定，股东会会议的召集人有三个顺位：首先应当由董事会召集；董事会不能履行或者不履行召集股东会会议职责的，由监事会召集；监事会不召集的，代表 1/10 以上表决权的股东可以自行召集。

3. 按规定期限提前通知股东

《公司法》第 64 条第 1 款规定：“召开股东会会议，应当于会议召开十五日前通知全体股东；但是，公司章程另有规定或者全体股东另有约定的除外。”

4. 出席会议人员适格

任何股东均有权出席股东会会议。股东既可以亲自出席，也可以委托代理人出席会议并行使表决权。代理人出席股东会会议的，应当持代理人本人身份证件以及股东出具的授权委托书。授权委托书一般应当载明下列内容：(1) 代理人的姓名；(2) 是否具有表决权；(3) 分别对列入股东会议程的每一审议事项投赞成、反对或弃权票的指示；(4) 委托书签发日期和有效期限；(5) 委托人的签名、盖章。

5. 会议主持人适格

根据《公司法》第63条的规定，股东会会议的召集人不同，其主持人也各有不同，应依据该规定根据不同情况，确定不同的会议主持人。

(二) 股东会议事规则之合规

股东会的决议有普通决议和特别决议之分。股东会作出普通决议，应当经代表1/2以上表决权的股东通过。《公司法》第66条第3款规定的特别决议为：修改公司章程、增加或者减少注册资本的决议，以及公司合并、分立、解散或者变更公司形式的决议，这些特别决议应当经代表2/3以上表决权的股东通过。该条是对特别决议事项及表决权比例最低要求的规定，公司可以根据自己的实际情况增加特别决议事项、调高表决权比例。具体包括：(1) 有表决权的股东按照公司法及公司章程的规定对议案行使表决权，即对议案的表决往往是股东会会议最核心的一项内容，由享有表决权的股东予以表决。原则上，所有出席会议的股东均享有表决权，如下事项例外：上市公司股东会审议有关关联交易事项时，关联股东不应当参与投票表决，也即其所代表的有表决权的股份数不计入有效表决总数。但对于上市公司之外的其他公司，法律并没有强制要求关联股东回避表决。依据《公司法》第15条第3款的规定，公司为股东、实际控制人提供担保的，被担保股东或受实际控制人支配的股东就该决议事项不享有表决权。(2) 按规定行使表决权，《公司法》第65条规定："股东会会议由股东按照出资比例行使表决权；但是，公司章程另有规定的除外。"至于该条文所规定的"出资比例"究竟是"认缴的出资比例"还是"实缴的出资比例"，理论界和实务界存在不同的认识，通说认为应为"认缴的出资比例"，公司章程可以根据自身情况作出相应规定。

四、股东义务履行及权利行使合规

（一）股东未履行出资义务应承担相应的法律责任

出资是股东最基本、最重要的义务，是股东取得股东权利的对价，是维持公司资本充实的前提，也是股东之间以及股东和公司之间的一种约定义务。股东不履行出资义务，损害了公司的利益，进而侵害公司其他股东和公司债权人的利益，因此应承担相应的不利后果。如股东未完全履行出资义务，《公司法》第49条第1、2款，第50条分别规定了股东除依法向公司足额缴纳外，还应当对给公司造成的损失承担赔偿责任，同时规定了其他公司创始人应在出资不足的范围内承担连带责任。

（二）未完全出资的股东之权利受限

股权是多种股东权利的集合体，包括表决权、分红权、知情权、选举权、优先受让权、优先认购权、转让权等。股东权利以其行使目的或权利内容不同，可以分为自益权和共益权。自益权是股东获取财产利益的权利，内容主要包括利润分配请求权、新股优先认购权、剩余财产分配请求权等。共益权是股东参与公司重大事务管理的权利，内容主要包括表决权、质询权、知情权等。

股东权利是一个权利束，内含丰富的具体权能，其产生的基础是股东的出资（认缴或者实缴），股东权利作为出资的对价，当股东未尽出资义务时，除依法应当向公司承担补足出资的法律责任外，公司还可以依据《公司法》及公司章程的规定或者股东会决议限制该股东权利，以促使股东履行出资义务。

1. 自益权受限

股东的利润分配请求权即分红权是其最为重要的财产权利，其他财产权利都是围绕该权利产生的，而公司红利的产生，有赖于股东的出资。因此，股东未尽出资义务时，其相应的财产性权利应当受到限制，这符合权利义务相一致的民事法律原则。依照《公司法》第210条第4款和《最高人民法院关于适用〈中华人民共和国公司法〉若干问题的规定（三）》（以下简称《公司法司法解释（三）》）第16条的规定，股东应按照实缴的出资比例分取红利，未完全出资的股东利润分配权受限，同时赋予公司全体股东充分的意思自治空间，公司可通过章程、股东会决议等形式，对未尽出资义务股东的自益权限制作出不同于法律规定的约定，以满足不同需求的股东之间通过设立公司建立合作关系的现实需要。股东权利作为出资的对价，其内涵当然具有对未尽出资义务股东的权利进行限制的正当性。

2. 表决权可基于公司章程规定或股东会决议而受限

股东表决权是股东最基本的权利之一，《公司法》第 65 条规定股东会会议由股东按照出资比例行使表决权；但是，公司章程另有规定的除外。按照《公司法》的规定，允许公司章程规定以出资比例行使表决权之外的表决方式。司法实践中，公司章程关于有限责任公司的股东出资比例与表决权比例不一致，或者出现股东放弃表决权，只保留所有权和分配权的特别约定都是合法有效的。

《九民会议纪要》中对未完全缴纳出资的股东，其表决权是否受限的问题，作出了回应：对未缴纳部分的出资是否享有以及如何行使表决权等问题，应当根据公司章程来确定，股东会可以作出不按认缴出资比例而按实际出资比例或者其他标准确定表决权的决议。因此，公司还可通过股东会决议采取另外的表决方式。

依据《公司法》第 65 条的规定，公司可充分运用公司章程这一自治利器对未实际缴纳出资的股东之表决权予以限制，督促股东按期足额缴纳出资；如公司章程对此未作限制性规定，则可通过股东会会决议予以限制，但需确保决议程序合法（如通知、表决比例符合章程），否则可能被认定为无效。

3. 股东失权及股东资格可能被解除

《公司法》第 52 条规定，股东未按期缴纳出资，经董事会催缴，股东仍未履行出资义务的，董事会可以决议该股东丧失其未缴纳出资的股权。《公司法司法解释（三）》第 17 条规定，有限责任公司的股东未履行出资义务或者抽逃全部出资，经公司催告缴纳或者返还，但其在合理期间内仍未缴纳或者返还出资，公司可以经股东会决议解除该股东的股东资格。依该规定，在股东根本未履行出资义务时，其可能面临丧失股东资格的风险。

（三）股权转让之合规要求

1. 有限责任公司股权对外转让的要求

根据《公司法》第 84 条第 2 款的规定，有限责任公司股东向股东以外的人转让股权的，应当保障其他股东有优先购买权。转让股东未保障其他股东优先购买权的，其他股东可通过诉讼主张维护其优先购买权，但应在保护时限内主张其优先购买权。

2. 股份有限公司股份转让之特别规定

《公司法》第160条、第162条对股份有限公司的股权转让作出了限制性规定：(1) 公司公开发行股份前已发行的股份，自公司股票在证券交易所上市交易之日起1年内不得转让。(2) 公司董事、监事、高级管理人员应当向公司申报所持有的本公司的股份及其变动情况，在任职期间每年转让的股份不得超过其所持有本公司股份总数的25%；所持本公司股份自公司股票上市交易之日起1年内不得转让。上述人员离职后半年内，不得转让其所持有的本公司股份。(3) 公司一般不得收购本公司股份，《公司法》第162条规定的特定情况除外。(4) 公司不得接受本公司的股份作为质权的标的。

(四) 股东不得滥用股东权利及股东有限责任

《公司法》第21条规定，公司股东应当遵守法律、行政法规和公司章程，依法行使股东权利，不得滥用股东权利损害公司或者其他股东的利益。公司股东滥用股东权利给公司或者其他股东造成损失的，应当依法承担赔偿责任。《公司法》第23条是公司法人人格否认的规定，公司法人人格否认是指对于已经具有独立资格的法人组织，在具体的法律关系中，如果其成员出于不正当目的滥用公司法人人格，并因此对债权人造成损害，则法院可以基于公平正义的价值理念，否认该法人的独立人格，而责令法人的社员直接对法人的债务承担连带责任的一种法律制度，是民法“权利不得滥用”原则在法人法领域的扩张和体现。

第四节　董事会及管理合规

一、董事会的功能定位及职权

公司治理中，董事会的定位和作用是十分重要的。董事会作为公司经营管理机构，负责公司日常事务的管理，受股东会委托，向股东会负责，经营企业、治理公司。董事会承担着决策性的工作，可设立专门的委员会，对公司决策事项进行审议。同时，董事会还应对公司经营情况进行监督。董事会成员应该履行法定职责，保障公司的利益，维护股东的合法权益。基于董事会为公司的执行机构，董事会的职权有法定和意定之分，《公司法》第 67 条列举的董事会的 9 项职权为其法定职权，要扩张董事会职权需通过公司章程规定或股东会授权。

二、董事会的产生及任期合规

董事是股东在股东会上选举产生的。如果是国有独资企业或两个以上的其他国有投资主体投资设立的有限责任公司，董事会成员中必须有公司职工代表，职工代表董事由职工代表大会、职工大会或者其他形式民主选举产生。所有董事组成一个集体领导班子成为董事会。《公司法》第 136 条规定，上市公司设独立董事，具体管理办法由国务院证券监督管理机构规定。

（一）董事的人数不得少于法定最低限额

根据《公司法》第 68 条的规定，有限责任公司设董事会，其成员为 3 人以上；第 75 条规定，股东人数较少或者规模较小的有限责任公司，可以设 1 名执行董事，不设董事会。

董事会是集体决议机构，其人数设定既要考虑充分体现股东意见、集思广益形成高质量决策，同时为避免机构臃肿，降低办事效率，各公司可在最低限额以上，根据业务需要和公司章程确定董事的人数。

（二）董事需符合任职资格

我国《公司法》第 178 条第 1 款对董事的消极资格作了明确规定，凡是具有下列情形之一的，不得担任公司的董事：（1）无民事行为能力或者限制民事行为能力；（2）因贪污、贿赂、侵占财产、挪用财产或者破坏社会主义市场经济秩序，被判处刑罚，或者因犯罪被剥夺政治权利，执行期满未逾 5 年；被宣告缓刑的，自缓刑考验期满之日起未逾 2 年；（3）担任破产清算的公司、企业的董事或者厂长、经理，对该公司、企业的破产负有个人责任的，自该公司、企业破产清算完结之日起未逾 3 年；（4）担任因违法被吊销营业执照、责令关闭的公司、企业的法定代表人，并负有个人责任的，自该公司、企业被吊销营业执照、责令关闭之日起未逾 3 年；（5）个人所负数额较大的债务到期未清偿被人民法院列为失信被执行人。公司违反第 178 条第 1 款规定选举、委派董事的，该选举、委派无效。董事在任职期间出现第 178 条第

1 款所列情形的，公司应当解除其职务。

《公司法》还规定，监事不能兼任同一公司的董事；此外，从事某些特殊职业的人，如军人、公务员，一般不能担任董事。

（三）董事长的产生需合法

《公司法》对有限责任公司和股份有限公司的董事会之董事长的产生作出了不同的法律规定。《公司法》第 68 条第 2 款规定，有限责任公司董事会设董事长 1 人，可以设副董事长。董事长、副董事长的产生办法由公司章程规定。《公司法》第 122 条第 1 款规定，股份有限公司董事会设董事长 1 人，可以设副董事长。董事长和副董事长由董事会以全体董事的过半数选举产生。

基于有限责任公司的人合性，对于其董事会之董事长的产生，《公司法》明确由公司章程规定，给予了公司更多的自治空间，比如公司章程可以规定由控股股东从董事成员中任命；而股份有限公司更多体现资合性，其董事会之董事长的产生方式为法定，即全体董事的过半数选举产生。

（四）董事任期不得超过 3 年

《公司法》第 70 条第 1 款规定，董事任期由公司章程规定，但每届任期不得超过 3 年。董事任期届满，连选可以连任。该条规定是对董事任期的最高上限之规定，公司章程仅可以在 3 年以下的幅度内规定董事任期。

三、董事会会议决议合规

董事会是公司日常事务决策、管理机关，公司很多重要的事项通常由董事会会议决议，如决定公司的经营计划和投资方案，决定公司内部管理机构的设置，聘任或者解聘公司经理、副经理、财务负责人等公司高管及决定公司高管人员的报酬，制定公司的基本管理制度等。董事会会议由董事成员集体根据多数决的规则作出决议，因此董事会会议的召开应当遵循《公司法》及公司章程的规定，只有会议决议的程序公正和内容合法才能发生法律效力，否则董事会会议的决议便存在法律瑕疵，有可能导致决议不成立、无效或可撤销。

（一）会议召开流程合规

1. 召集、主持、通知

根据《公司法》第 72 条、第 122 条的规定，董事会会议由董事长召集和主持；董事长不能履行职务或者不履行职务的，由副董事长召集和主持；副董事长不能履行职务或者不履行职务的，由过半数的董事共同推举一名董事召集和主持。

《公司法》第123条规定，股份有限责任公司召开董事会，应于会议召开10日前通知全体董事和监事。《公司法》对有限责任公司董事会召开的会前通知无法定要求，可由公司章程规定。

2. 召开次数需符合法定最低要求

《公司法》对有限责任公司年度董事会召开次数没有法定要求，可由公司章程作出规定。但《公司法》第123条对股份有限责任公司董事会年度召开次数规定了下限，即每年度至少召开两次会议。另外，该条还规定了股份有限责任公司董事会临时会议的召开，即代表1/10以上表决权的股东、1/3以上董事或者监事会，可以提议召开董事会临时会议；董事长应当自接到提议后10日内，召集和主持董事会会议；董事会召开临时会议，可以另定召集董事会的通知方式和通知时限。

（二）出席会议人数、会议议事方式和表决程序合规

《公司法》规定，董事会会议应当有过半数的董事出席方可举行。董事会作出决议，应当经全体董事的过半数通过。董事会决议的表决，实行一人一票。

股东人数较少或者规模较小的有限责任公司，可以设一名执行董事，不设董事会，因此《公司法》就有限责任公司董事会的议事方式、表决程序赋予了公司更多自治空间，即由公司章程规定。

四、董事义务履行合规

《公司法》规定董事应遵守法律、行政法规和公司章程，对公司负有忠实义务和勤勉义务，不得利用职权收受贿赂或其他非法收入，也不得侵占公司财产。为保护公司和股东利益，《公司法》第181条规定了董事的禁止性行为。此外，《公司法》还规定，董事有义务配合股东会的要求列席会议，并接受股东的质询；他们应如实向监事会或监事提供相关情况和资料，不得妨碍监事会或监事履行职权。

（一）董事的勤勉、忠实义务

所谓勤勉义务，又称善管义务、注意义务，是指董事应当诚信地履行对

公司的职责，在管理公司事务时应当勤勉谨慎，须以一个合理谨慎的人在相似情形下所应表现的谨慎、勤勉和技能履行职责，并采取合理的措施以防止公司利益遭受损失，为实现公司最大利益努力工作。从大量的司法实践案例来看，董事勤勉义务的范围是董事的职责，而董事的职责一方面包括法律规范和公司章程规定的，其职位所要求的职责；另一方面包括社会公认的应当采取的防止公司利益遭受损失的合理的措施。董事未履行或未合理履行其应尽的职责，而给公司造成损害的，应当承担赔偿责任。

（二）公司法增加的董事勤勉义务及相应责任

相较于旧公司法，即《公司法》（2018 年修正）及其司法解释的规定，新《公司法》，即《公司法》（2023 年修订）进一步强化了董事的勤勉义务和相应责任。

1. 增加了董事对公司股东出资核查、监管义务，未尽责的董事将承担赔偿责任或连带赔偿责任

《公司法》第 51 条规定，董事会要对股东的出资情况进行核查，发现股东未及时足额出资的，要以公司名义向该股东发出书面催缴书，催缴出资。未及时履行《公司法》第 51 条第 1 款规定的义务，给公司造成损失的，负有责任的董事应当承担赔偿责任。

《公司法》第 53 条规定，公司成立后，股东抽逃出资给公司造成损失的，负有责任的董事、监事、高级管理人员应当与该股东承担连带赔偿责任。

2. 增加了董事违法提供财务资助的赔偿责任

依据《公司法》第 163 条的规定，一般情况下，公司不得为他人取得本公司或其母公司的股份提供“赠与、借款、担保，以及其他财务资助”，除非实施“员工持股计划”。特殊情况下，为公司利益，经股东会决议，或者董事会按公司章程或股东会的授权作出决议，公司可以为他人取得本公司或其母公司的股份提供财务资助，但财务资助的累计总额不得超过已发行股本总额的 10%，且董事会作出决议时要经全体董事 2/3 以上通过。如果违反以上要求，给公司造成损失，负有责任的董事要承担赔偿责任。

3. 增加了董事执行职务，给他人造成损害，有重大过错的赔偿责任

依据《公司法》第 191 条的规定，董事执行职务，给他人造成损害的，由公司承担赔偿责任，董事存在故意或重大过失的，也应当承担赔偿责任。

4. 增加了董事违法分配利润的赔偿责任

《公司法》第211条规定，公司违反《公司法》规定向股东分配利润的，股东应当将违反规定分配的利润退还公司；给公司造成损失的，股东及负有责任的董事、监事、高级管理人员应当承担赔偿责任。

（三）董事在公司治理中的义务

董事在公司治理过程中需要就具体事务履行管理和监督义务，例如：（1）按时参加董事会会议，对董事会审议事项进行充分审查，独立、专业、客观地发表意见，在审慎判断的基础上独立作出表决，并对董事会决议承担责任；（2）对高级管理层执行股东会、董事会决议的情况进行监督；（3）持续关注公司经营管理状况，有权要求高级管理层全面、及时、准确地提供反映公司经营管理情况的相关资料或就有关问题作出说明；（4）在履行职责时，对公司和全体股东负责，公平对待所有股东，并考虑利益相关者的合法权益；（5）持续具备履行职责所需的专业知识和能力，并保证有足够的时间和精力履职；（6）履职时执行高标准的职业道德准则等。

五、上市公司独立董事内部治理监控机制

依据我国《公司法》及相关法律法规，上市公司应当建立独立董事制度。独立董事是指不在上市公司担任除董事外的其他职务，并与其所受聘的上市公司及其主要股东、实际控制人不存在直接或者间接利害关系，或者其他可能影响其进行独立客观判断关系的董事。上市公司独立董事制度是中国特色现代企业制度的重要组成部分，是资本市场基础制度的重要内容。独立董事制度作为上市公司治理结构的重要一环，在促进公司规范运作、保护中小投资者合法权益、推动资本市场健康稳定发展等方面发挥积极作用。为进一步优化上市公司独立董事制度，提升独立董事履职能力，充分发挥独立董事作用，2023年4月出台了《国务院办公厅关于上市公司独立董事制度改革的意见》，同年8月证监会依此改革意见颁布了《上市公司独立董事管理办法》。

（一）独立董事的人员数额及任职资格要求

根据《上市公司独立董事管理办法》第5条的规定，上市公司应设立独立董事制度，独立董事占董事会成员的比例不得低于1/3；上市公司在董事

会中设置的审计委员会，独立董事应当过半数；另外，如上市公司在董事会中设置提名委员会、薪酬与考核委员会，其中独立董事应当过半数。

为了发挥独立董事在上市公司治理中的作用，必须保持其独立性，《上市公司独立董事管理办法》第6条规定了独立董事任职的消极条件，强调独立董事不得与上市公司及其主要股东、实际控制人存在利害关系。同时该办法第7条规定了独立董事任职的积极条件，即独立董事应当具备履行职责所必需的专业知识、工作经验和良好的个人品德；为确保独立董事有足够的时间和精力有效地履行独立董事的职责，该办法第8条规定，独立董事原则上最多在3家境内上市公司担任独立董事。

（二）独立董事的职责

依据《上市公司独立董事管理办法》第3条的规定，独立董事的职责主要是发挥参与决策、监督制衡、专业咨询作用，维护上市公司整体利益，保护中小股东合法权益。独立董事应当诚信、独立、勤勉履行职责，不受股东、实际控制人、高级管理层或者其他与公司存在重大利害关系的单位或者个人的影响，切实维护公司、中小股东和其他利害关系人的合法权益。

独立董事对上市公司及全体股东负有忠实与勤勉义务，应当按照法律、行政法规、证监会的规定、证券交易所业务规则和公司章程的规定，独立履行职责，对股东会或者董事会审议事项发表客观、公正的独立意见。独立董事的核心职责是监督，借鉴国际实践经验和资本市场发展特征，独立董事应当特别关注公司与其控股股东、实际控制人、董事、高级管理人员之间的潜在重大利益冲突事项，重点对关联交易、财务会计报告、董事及高级管理人员任免、薪酬等关键领域进行监督，促使董事会决策符合公司整体利益，尤其是保护中小股东合法权益等。

第五节 企业内部治理合规组织体系的构建

在国内外市场监管日趋严格的环境背景和我国全面依法治国的战略背景下，更多企业意识到要实现可持续发展，必须将合规管理融入企业的经营管理中，建立并完善合规管理体系，这也成为越来越多企业的现实需求。

企业应将合规纳入公司治理，构建较为成熟的合规组织体系，即在传统公司治理结构以外建立起合规委员会、合规部门等独立的合规组织体系，中小微企业可以设立首席合规官，负责制定、实施和监督企业的合规政策、流程和措施，以确保企业遵守法律法规。

企业治理机构和最高管理层应确保在组织内分配和沟通相关角色的职责和权限，治理机构应确保最高管理层根据合规目标的实现情况进行衡量，对最高管理层运行合规管理体系的情况进行监督，最高管理层应为建立、开发、实施、评价、维护和改进合规管理体系，分配足够和适当的资源，确保战略和运营目标与合规义务之间的一致性以及合规绩效与人员绩效考核相结合。

一、构建自上而下的合规组织体系

公司应在董事会下设置独立的合规委员会机构，作为合规部门，即组建一个独立的合规风险防控部门。《公司法》第 67 条规定，董事会决定公司内部管理机构的设置，因此应由董事会决定设立合规组织，任命合规团队并授予其必要的权力、支持和资源。董事会应批准公司的合规管理战略规划，监督合规政策的有效实施，审议批准合规基本制度以及合规管理报告，对公司合规管理的有效性作出评价，使公司经营管理中的合规缺陷得到及时有效的解决，同时要确保最高管理层的岗位职责中包括合规责任，确保公司在经营过程中坚持合规承诺，适当处理不合规行为。

合规委员会机构负责人应由董事会的一名主要成员或独立董事担任。公司作为拟制的法人，并没有独立于自然人的思维。公司对外的行为是否依法合规，关键在于公司治理中的自然人，特别是决策人和管理人的行为是否依法合规。因此合规部门的负责人应由管理高层即董事会的重要成员或独立董事担任。

在合规委员会下设首席合规官，由后者组建领导一个自上而下的合规管理团队，一旦发现公司存在合规风险，合规部门不仅要向合规委员会进行报告，还要向董事会直接报告。合规组织不仅需要自成体系，还要和企业组织体系维持紧密关系，将合规管理的制度要求全面渗透到企业的领导机构、管理团队、业务部门、业务岗位直至全体员工中。合规过程中，合规组织不仅要完成合规计划的制订、合规职责的配置、合规考核整改和警示教育的落实，而且要建立与业务部门、业务岗位的紧密合作关系；公司在各项业务运行、财务管理乃至审计监督等环节，要为合规部门提供充足的资源，以便对合规风险进行及时准确的识别、监测和清除，保障合规管理体系发挥有效作用。

二、保障合规部门的独立性

公司应设立合规部门，即组建一个独立的合规风险防控部门，合规部门设首席合规官，直接向首席执行官负责；公司在所有分支机构和职能部门都应设立合规部门，合规部门应接受公司合规委员会和首席合规官的直接领导；合规部门应保持最大限度的独立性，为避免利益冲突，合规官应由专职人员担任，而不应承担公司内部的其他与合规管理有冲突的工作，以确保合规部门独立地识别合规风险；各部门应接受合规部门的独立审查。

三、高层管理人作出承诺与表率

作为公司经营管理的执行者，经营管理层应全面推进公司合规管理，有效管控合规风险。经营管理层要牵头建立健全合规管理架构，批准合规管理计划，制定书面的合规政策，并根据合规风险管理状况以及法律、规则和准则的变化情况适时修订合规政策，明确合规管理流程，确保合规要求融入业务领域，发现违规事件时及时采取适当的纠正措施，并追究违规责任人的相应责任等。

2005 年 4 月，巴塞尔银行监管委员会发布了《合规与银行内部合规部门》，对金融企业构建合规部门确立了一般性的原则。该文件要求，合规应从高层做起，唯有董事会和高级管理层作出表率，合规才最为有效。该文件确立的合规原则主要有：董事会的合规领导责任；高管对合规风险管理负责；高级管理层负责制定和传达合规政策，确保合规政策得到遵守，并就合规风险管理向董事会汇报。《合规管理体系 要求及使用指南》（ISO 37301: 2021）（国际标准）关于企业合规管理体系的规定也针对治理机构和最高管理层提出要求，企业治理结构和最高管理层应确保在组织内分配和沟通相关角色的职责和权限。因此公司治理机构和最高管理者应作出让合规管理有效的积极承诺，并贯穿整个组织。

第七章　企业正当经营与竞争合规

第一节　企业反不正当竞争

一、企业正当经营与公平合规竞争概述

（一）企业正当经营

企业合规是企业为实现依法依规经营、防控合规风险所建立的一种治理机制。企业正当经营是企业合规的应有之义，合规具有“遵守规则”或“遵循法律规定”的含义，何为企业“正当经营”?《刑法》第225条规定了非法经营罪是指违反国家规定、扰乱市场秩序、依法受到刑罚处罚的行为。就非法经营行为而言，企业正当经营是指企业没有扰乱市场秩序，实施了法律法规许可并加以保护的市场经营行为。企业正当经营行为包括哪些行为？合肥市市场监督管理局于2022年发布了《经营者竞争合规指引》，从目录中可以看出，该局认为企业正当经营行为包括反垄断行为和反不正当竞争行为。企业正当经营要求企业在经营活动中不能存在垄断行为和不正当竞争行为，换言之，企业正当经营行为包括反垄断行为和正当竞争行为。

（二）公平合规竞争

公平竞争是市场经济的核心，是指在市场竞争中，企业应遵循公平竞争原则，通过建立有效的制度和流程，确保企业行为符合法律法规和市场道德要求，以防范合规风险并提升企业竞争力。公平合规竞争是指企业充分认识到竞争合规的重要性，遵守市场规则，抵制不正当竞争行为，以实现可持续发展的目标。反不正当竞争在维护公平竞争中具有基础性关键作用。要深刻领会和把握反不正当竞争对完善社会主义市场经济体制、构建新发展格局、推动高质量发展的重要意义，充分发挥反不正当竞争在维护公平竞争中的重

要作用。

二、企业不正当竞争的国内现状

不正当竞争行为是合规监管的直接对象。需要明确的是，由于侵犯知识产权行为和不正当竞争行为之间的边界模糊，以及在合规管理实践中，常将某些涉及知识产权的合规内容放在反不正当竞争合规中予以讨论，知识产权单行法和《反不正当竞争法》调整的对象可能存在竞合情况，本节以反不正当竞争专项合规为主。

在我国现有的市场经济环境下，经营主体不正当竞争现象频发，引起社会广泛的关注。自 2020 年以来市场监管总局连续 4 年编写发布的《中国反不正当竞争执法年度报告》显示：2020 年，市场监管部门共查办各类不正当竞争案件 7371 件，罚没金额 4. 16 亿元；2021 年，市场监督管理部门共查办各类不正当竞争案件 8563 件，罚没金额 5. 73 亿元；2022 年，全国查办各类不正当竞争案件 9069 件，罚没金额约 6. 2 亿元；2023 年全国共查处各类不正当竞争案件 12496 件、罚没金额 5. 82 亿元。[1] 由此可知，我国经营主体不正当竞争行为的数量呈上升趋势，涉及的金额也逐年上升。为营造公平竞争的市场环境，2022 年 11 月 22 日，国家市场监管总局起草了《中华人民共和国反不正当竞争法（修订草案征求意见稿）》，并向社会公开征求意见。

三、企业不正当竞争合规风险

《反不正当竞争法》第 2 条第 2 款明确了不正当竞争行为的含义，是指经营者在生产经营活动中，违反《反不正当竞争法》规定，扰乱市场竞争秩序，损害其他经营者或者消费者的合法权益的行为。《反不正当竞争法》第 2 章规定了七类不正当竞争行为：混淆行为、商业贿赂、虚假宣传、侵犯商业秘密、不当有奖销售、商业诋毁以及不正当网络经营。

（一）混淆行为

混淆行为是指引人误认为是他人商品或者与他人存在特定联系的行为。

---

〔1〕《市场监管总局发布〈中国反不正当竞争执法年度报告（2023）〉》，载国家市场监督管理总局网 2024 年 9 月 12 日，https：//www. samr. gov. cn/xw/mtjj/art/2024/art_ 325804f483c84b7f8fab80c30e3f254b. html。

根据《反不正当竞争法》第6条的规定，主要有四类商业混淆行为：(1) 擅自使用与他人有一定影响的商品名称、包装、装潢等相同或者近似的标识。这是非常典型的商业混淆行为。(2) 擅自使用他人有一定影响的企业名称(包括简称、字号等)、社会组织名称(包括简称等)、姓名(包括笔名、艺名、译名等)。需要注意的是，如果此类名称已经注册为商标，属于侵犯商标权，不适用《反不正当竞争法》的相关规定。(3) 擅自使用他人有一定影响的域名主体部分、网站名称、网页等。此类网站名称、网页等，可能是已经注册的名称，也可能是尚未注册但已经使用的具有显著性或影响力的内容。(4) 其他足以引人误认为是他人商品或者与他人存在特定联系的混淆行为。"与他人存在特定联系"主要是指误以为与有一定影响的商品的经营者具有许可使用、关联关系等特定联系。

(二) 商业贿赂

商业贿赂是指为谋取交易机会或者竞争优势而以财物或者其他手段贿赂相关单位或者个人。《反不正当竞争法》第7条规定了经营者不能为了谋取交易机会或者竞争优势，采用财物或者其他手段贿赂以下单位或个人：(1) 交易相对方的工作人员；(2) 受交易相对方委托办理相关事务的单位或者个人；(3) 利用职权或者影响力影响交易的单位或者个人。实践中以合理形式掩盖商业贿赂目的的常见类型如下：(1) 回扣、手续费。(2) 礼品。商业活动中馈赠礼品的行为，如超过正常商业礼仪的必要限度，则可能被认定为商业贿赂。(3) 商业赞助和公益捐赠。(4) 人事聘用。(5) 其他。除上述列举的5项高发商业贿赂名目之外，还存在诸如培训、债务免除、预付费借记卡、会员卡、电话卡、加油卡等其他形式。商业贿赂的手段列举很难穷尽，在针对某项名目进行识别时，还须结合三项原则具体判断。

(三) 虚假宣传

虚假宣传是指经营者对其商品的性能、功能、质量、销售状况、用户评价、曾获荣誉等作虚假或者引人误解的商业宣传，欺骗、误导消费者。构成虚假宣传一般需要同时具备三个条件：经营者之间具有竞争关系、宣传使用的内容足以造成公众的误解、对竞争对手造成直接损害。常见的三种虚假宣传行为类型：(1) 欺骗型虚假宣传。如宣传的是本身就不存在的商品或服务，或者可能过分夸大商品的性能、质量、使用效果等。(2) 误导性虚假宣传。如对商品作片面宣传或对比，以歧视性语言或引人误导的方式进行商品宣传。（3）帮助他人进行虚假宣传。最常见的是为他人作虚假评论。

（四）侵犯商业秘密

侵犯商业秘密是指经营者实施侵犯既具有秘密性又具有商业价值并经权利人采取相应保密措施的技术信息、经营信息等商业信息的行为。构成商业秘密需具备以下三个条件：一是不为公众所知悉；二是具有商业价值，即可以为权利人带来经济利益；三是采取了保密措施。《反不正当竞争法》第 9 条第 1 款规定了侵犯商业秘密行为的类型：（1）以盗窃、贿赂、欺诈、胁迫、电子侵入或者其他不正当手段获取权利人的商业秘密；（2）披露、使用或者允许他人使用以前项手段获取的权利人的商业秘密；（3）违反保密义务或者违反权利人有关保守商业秘密的要求，披露、使用或者允许他人使用其所掌握的商业秘密；（4）教唆、引诱、帮助他人违反保密义务或者违反权利人有关保守商业秘密的要求，获取、披露、使用或者允许他人使用权利人的商业秘密。

（五）不当有奖销售

需要明确的是，有奖销售是经营者常用的一种促销手段，是一种合法行为。法律禁止的是不当的有奖销售行为。《反不正当竞争法》第 10 条列举了三种禁止经营者从事的有奖销售行为，《规范促销行为暂行规定》则对此进一步细化，明确列出各种禁止进行的有奖销售，不正当有奖销售行为类型有：（1）所设奖的种类、兑奖条件、奖金金额或者奖品等有奖销售信息不明确，影响兑奖；（2）采用谎称有奖或者故意让内定人员中奖的欺骗方式进行有奖销售；（3）抽奖式的有奖销售，最高奖的金额超过 5 万元。

（六）商业诋毁

商业诋毁是指经营者为损害竞争对手的商业信誉、商品声誉而编造、传播虚假信息或者误导性信息。构成商业诋毁必须具备四个要件：第一，诋毁行为主体是从事市场交易活动的经营者；第二，诋毁行为的主观方面是故意；第三，行为侵犯的客体（受诋毁主体）必须是特定经营者，即一个或多个特定的竞争对手；第四，行为的客观方面表现为捏造、散布虚伪事实，对竞争对手的商业信誉和商品声誉进行诋毁和贬低，给其造成或可能造成一定的损害后果。商业诋毁有以下五种常见类型：（1）利用召开新闻发布会、刊登对比性广告或声明性广告等形式，制造、散布贬损竞争对手商业信誉、商品声誉的虚假事实；（2）在对外经营过程中，向业务客户及消费者散布虚假事实，以贬低竞争对手的商业信誉，诋毁其商品或服务的质量声誉；（3）利用商品的说明书，吹嘘本产品质量上乘，贬低同业竞争对手生产销售的同类产品；（4）唆使他人在公众中造谣并传播、散布竞争对手所售的商品质量有问题的虚假信息，使公众对该商品失去信赖，以便自己的同类产品取而代之；（5）组织人员，以顾客或者消费者的名义，向有关经济监督管理部门作关于竞争对手产品质量低劣、服务质量差、侵害消费者权益等情况的虚假投诉，从而达到贬损其商业信誉的目的。

（七）不正当网络经营

不正当网络经营是指经营者利用技术手段，通过影响用户选择或者其他方式，实施妨碍、破坏其他经营者合法提供的网络产品或者服务正常运行的行为。不正当网络经营并不是一开始就被纳入《反不正当竞争法》中，而是在2017年进行《反不正当竞争法》的第二次修订时才首次将互联网经营纳入规制范围。为进一步规制网络领域中的不正当竞争行为，2021年8月17日，市场监督管理总局发布了《禁止网络不正当竞争行为规定（公开征求意见稿）》。该意见稿在《反不正当竞争法》所规定的七种不正当竞争行为的基础上新增了一些关于网络领域中的禁止情形，如经营者不得擅自使用他人有一定影响的域名主体部分、网站名称、网页等相同或近似的标识；经营者不得虚构用户评价、收藏量、点赞量、投票量、关注量、订阅量、转发量等流量数据。网络不正当竞争行为类型有：（1）未经其他经营者同意，在其合法提供的网络产品或者服务中，插入链接、强制进行目标跳转；（2）误导、欺骗、强迫用户修改、关闭、卸载其他经营者合法提供的网络产品或者服务；（3）恶意对其他经营者合法提供的网络产品或者服务实施不兼容；（4）其他妨碍、破坏其他经营者合法提供的网络产品或者服务正常运行的行为，如广告过滤、链接跳转、搭便车、流量劫持等。[1]

〔1〕参见中国企业评价协会企业合规专业委员会组编：《企业合规事务管理（高级）》，中国法制出版社2022年版，第299－314页。

四、企业不正当竞争风险应对

（一）搭建反不正当竞争合规管理体系

企业搭建反不正当竞争合规管理体系，一方面，要专注企业反不正当竞争专项合规的重点范围，是商业秘密、虚假宣传还是商业诋毁等；另一方面，要将反不正当竞争专项合规与知识产权合规、数据合规、环境与自然资源保护合规等其他专项合规协同发展，逐步完善企业的整体合规管理体系。当然，企业也要有心理准备，搭建合规管理体系，无论是全面合规体系还是专项合规体系，都不是一蹴而就的，而是一个系统、庞杂且不断完善的过程。

（二）制定反不正当竞争合规制度

制定反不正当竞争合规制度，是在企业检测出所有反不正当竞争合规风险后制定的应对策略和方法。如在企业保护商业秘密合规制度中，至少需要包括在企业内部形成保护商业秘密的文化、制定并实施商业秘密保护的规章制度等几方面的内容。[1]

（三）完善企业的救济途径

企业的救济途径主要包括向人民法院提起民事诉讼、向监管部门投诉、不正当竞争行为情形严重的应向公安机关报警立案。提起民事诉讼是企业获取经济赔偿的非常重要的救济途径，在民事诉讼的程序中，如果企业希望其他经营者早点停止不正当竞争行为，可以采取诉前保全的措施，亦称“诉前禁令”，其是一种行之有效的保全方式。

第二节　企业反垄断的理念与措施

除了不正当竞争行为，垄断行为也是影响市场健康有序发展的不良现象之一。相较于 1993 年颁布的且已经历过两次修订的《反不正当竞争法》而言，2008 年施行的《反垄断法》起步较晚，但是之后陆续发布了多部规定、指南（如《经营者反垄断合规指南》）等配套措施，在一定程度上解决了实

---

〔1〕 参见中国企业评价协会企业合规专业委员会组编：《企业合规事务管理（高级）》，中国法制出版社 2022 年版，第 319 页。

践中出现的垄断问题。在地方层面，各地的市场监督管理局也迅速跟进，相继出台了更加细化的企业反垄断合规指引，如上海市市场监督管理局于2019年12月发布的《上海市经营者反垄断合规指引》。2022年6月24日，中华人民共和国令第116号公布《全国人民代表大会常务委员会关于修改〈中华人民共和国反垄断法〉的规定》，这是该法实施15年来进行的首次系统性修改，修正后的《反垄断法》（以下简称《反垄断法（2022）》）自2022年8月1日起施行。为落实新修改的《反垄断法》要求，2023年，国家市场监督管理总局发布《禁止垄断协议规定》《制止滥用行政权力排除、限制竞争行为规定》《禁止滥用知识产权排除、限制竞争行为规定》《经营者集中审查规定》等5部配套规章，印发《国务院反垄断反不正当竞争委员会关于行业协会的反垄断指南》，夯实反垄断监管法治根基。2024年出台了《国务院反垄断反不正当竞争委员会关于行业协会的反垄断指南》及公布修订后的《国务院关于经营者集中申报标准的规定》等，进一步放宽市场准入门槛，切实增强法律制度的可操作性和可预期性。

为培育和弘扬公平竞争文化，营造公平竞争的市场环境，自2019年以来，市场监管总局连续5年编写发布的《中国反垄断执法年度报告》显示：2019年共立案调查垄断案件103件，结案46件，罚没金额3.2亿元；2020年，垄断案件结案109件，罚没金额4.5亿元；2021年查处各类垄断案件175件，同比增长61.5%，罚没金额235.92亿元；2022年全年依法办结各类垄断案件187件，罚没金额7.84亿元；2023年，新立案调查垄断协议案件16件，办结16件，罚没金额合计2.94亿元。[1] 与不正当竞争行为一样，我国经营主体实施的垄断行为的数量呈上升趋势，涉及的金额也逐年上升。特别是2021年各类垄断案件数量和金额更是达到了高峰，涉及的金额巨大。[2]

---

〔1〕《市场监管总局（国家反垄断局）发布〈中国反垄断执法年度报告（2023）〉》，载国家市场监督管理总局网2024年6月18日，https://www.samr.gov.cn/xw/zj/art/2024/art_066873f18efc42749971bbf23d60d360.html。

〔2〕参见《中国反垄断执法年度报告（2019—2022）》，载国家市场监督管理总局网，https://www.samr.gov.cn。

一、企业反垄断合规风险

由我国《反垄断法（2022）》第3条的规定可知，垄断行为包括垄断协议、滥用市场支配地位、经营者集中。这三种垄断行为分别规定在《反垄断法》第2章、第3章、第4章。除此之外，还有第5章的行政垄断行为。由此可知，我国在中央和地方层面已经形成系统化的反垄断立法和执法体系，但同时，新型垄断行为也随着技术的发展而不断涌现，这类行为在平台经济领域最为突出。

（一）达成垄断协议

垄断协议是指经营者之间具有排除、限制竞争效果的协议、决定或者其他协同行为，可分为横向垄断协议和纵向垄断协议。

横向垄断协议是指具有竞争关系的经营者之间达成的垄断协议、决定或其他协同行为。《反垄断法（2022）》第19条规定，“经营者不得组织其他经营者达成垄断协议或者为其他经营者达成垄断协议提供实质性帮助”，填补了之前的法律空白，明确规定经营者不得组织其他经营者达成垄断协议或者为其他经营者达成垄断协议提供实质性帮助，并确立了相应的法律责任。原《反垄断法》仅规定行业协会不得组织本行业的经营者从事法律禁止的垄断行为（如固定价格、限制产量等横向协议），而对于行业协会以外的其他实体组织、帮助其他经营者达成垄断协议的行为没有明确的规定。《禁止垄断协议规定》第18条进一步规定了“组织”和“实质性帮助”的具体情形，“组织”是指下列情形：（1）经营者虽不属于垄断协议的协议方，但在垄断协议达成或者实施过程中，对协议的主体范围、主要内容、履行条件等具有决定性或者主导作用；（2）经营者与多个交易相对人签订协议，使具有竞争关系的交易相对人之间通过该经营者进行意思联络或者信息交流，达成垄断协议。“实质性帮助”，是指经营者虽未从事上述规定的组织行为，但对垄断协议达成或者实施提供支持，且与排除、限制竞争具有因果关系并且作用显著。

纵向垄断协议是指经营者与交易相对人之间达成的垄断协议、决定或其他协同行为。对于纵向协议，法律赋予经营者更多的抗辩空间，即经营者如能证明其行为不具有排除、限制竞争效果，那么其行为不会受到限制，但经营者如何证明仍需要后续的立法和实践进一步界定。此外，《反垄断法（2022）》从立法层面增加了国际通行的“安全港”制度，规定经营者能证明其符合国务院反垄断执法机构规定的市场份额标准及其他条件的，法律不予禁止。但“安全港”的适用范围、适用条件仍有待进一步明晰。

（二）滥用市场支配地位

市场支配地位是指经营者在相关产品市场和相关地域市场具有控制商品价格、数量或者其他交易条件，或者阻碍、影响其他经营者进入相关市场能力的市场地位。

在行政立法层面，2021 年 2 月，国务院反垄断委员会公布了《国务院反垄断委员会关于平台经济领域的反垄断指南》；2021 年 10 月，国家市场监管总局发布了《互联网平台分类分级指南（征求意见稿）》，在科学界定平台类别，合理划分平台等级，推动平台企业落实主体责任等方面迈出了坚实的步伐。《反垄断法（2022）》从法律层面对该问题做了积极回应，尤其是第 32 条第 2 款明确规定具有市场支配地位的经营者不得利用数据和算法、技术以及平台规则等从事第 22 条第 1 款规定的滥用市场支配地位的行为。

（三）经营者集中

《经营者集中审查规定》第 4 条规定，经营者集中包括以下情形：（1）经营者合并；（2）经营者通过取得股权或者资产的方式取得对其他经营者的控制权；（3）经营者通过合同等方式取得对其他经营者的控制权或者能够对其他经营者施加决定性影响。达到法律规定的申报标准的，经营者应当事先向国家市场监管总局申报，未申报的不得实施集中。《反垄断法（2022）》第 26 条在原《反垄断法》第 21 条的基础上新增了两个条款，即“经营者集中未达到国务院规定的申报标准，但有证据证明该经营者集中具有或者可能具有排除、限制竞争效果的，国务院反垄断执法机构可以要求经营者申报”和“经营者未依照前两款规定进行申报的，国务院反垄断执法机构应当依法进行调查”。这是《反垄断法（2022）》首次在法律层面明确了执法机构对“未达到申报标准”的经营者集中的调查程序，该条款主要是对“猎杀式收购”（killer acquisition）进行监管，这种收购行为在制药企业和互联网企业较为常见，即现有企业通过收购初创公司来获取并整合其相关技术，进而提升自身的市场地位。对于如何判断未达到申报标准的经营者集中是否可能具有排除、限制竞争效果，还有待未来在法规和实践层面进一步明确。

《反垄断法（2022）》之下，经营者集中审查分为初步审查与进一步审查，特殊情况下还可以延长审查期限，整个审查程序的最长时间被限定为180天。该规定的初衷在于杜绝审查机构不合理延长审查期限的行为，但在实际运行的过程中遇到了不小的障碍。首先，对于一些数量众多或体量较大的经营者集中的案件，180天的时间难以完成完整、深入地审查。其次，申报案件多而审查人员少的矛盾也加剧了在规定时间内完成审查的难度。这也导致实践中审查机构为了延长审查期限，命令经营者撤回集中申报后重新申报的做法频发。

《反垄断法（2022）》第37条是一个新增条文，明确要求“国务院反垄断执法机构应当健全经营者集中分类分级审查制度”，并在审查范围上着重关注“涉及国计民生等重要领域”，突出质量与效率并重的审查原则。该条虽然就经营者集中问题落实了《中共中央、国务院关于加快建设全国统一大市场的意见》提出的需健全经营者集中分类分级反垄断审查制度的要求，但并未就“涉及国计民生等重要领域”作出限定，因此目前重点审查的范围仍存在一定的不确定性。

（四）行政垄断

行政垄断是垄断的一种重要类型，是指行政机关或其授权的部门通过行政手段和政策措施，滥用行政权力，排除或限制市场竞争的行为。这种行为通常涉及公共利益，因此也被称为“公共垄断”。

行政垄断的主要表现形式包括：（1）强制交易。行政机关或其授权的部门通过法律或者经济手段迫使企业进行垄断和不正当竞争，例如要求企业独家经营某种商品或服务，禁止其他企业进入市场等。（2）价格管制。行政机关或其授权的部门对某些商品和服务实行限价或者补贴，导致市场上只有少数几个供应商或消费者，从而形成垄断局面。（3）行业准入限制。行政机关或其授权的部门通过法律或者政策措施限制企业的经营范围和方式，使得市场上只有少数几家企业可以从事特定行业，从而形成垄断地位。（4）地方保护主义。地方政府为了维护本地区的经济利益和发展本地企业，采取各种措施限制外地企业和产品进入本地市场，从而形成地方保护主义的局面。

行政垄断的风险在于它损害了公平竞争和市场秩序，阻碍了技术创新和技术进步，同时损害了消费者的利益和社会公共利益。因此，各国政府都在努力消除行政垄断现象，加大对反垄断法的实施力度，以促进市场经济的发展和繁荣。

在原《反垄断法》之下，遭受经营者垄断行为损害的消费者与其他经营者有权提起诉讼以维护自身权利，但基于垄断行为的隐蔽性、复杂性与多样性，较难通过自己的力量成功获得司法救济。检察院公益诉讼的引入，在增强受害者维权信心的同时，也有利于为遭受损害的原告方提供更好的维权效果。

二、企业反垄断的合规措施

企业反垄断合规措施主要来源于《反垄断法（2022）》，主要有以下几个方面的应对措施。

（1）企业在与其他经营者沟通、交易时，应当注意：①防止讨论有关销售价格、销量、客户信息等竞争性敏感信息，防止其他经营者滥用已获取的信息达成垄断协议。②不向其他经营者统一发布有关价格计算、价格调整等方面的管理政策，注意维持转售价格方面的风险。③不组织和协助其他经营者达成分割市场的协议，避免被认定为提供实质性帮助。

（2）虽然“安全港”制度赋予企业更大的抗辩空间，但在具体适用时应注意：①《反垄断法（2022）》将“安全港”制度置于纵向垄断下，因此，企业与其他竞争者达成的横向垄断协议不适用“安全港”规则。②转售价格维持通常被认定为有排除、限制竞争的效果，尽管企业可以适用“安全港”制度进行抗辩，但难度较大，企业应在达成协议之前进行反垄断合规审查。③密切关注“安全港”制度今后的适用条件细则，特别是“国务院反垄断执法机构规定的其他条件”，以便更好地评估反垄断风险。

（3）随着《反垄断法（2022）》的施行，互联网平台企业在经营过程中应当注意：①合理使用数据、算法、技术、资本优势以及平台规则，并进行全面合规审查，避免滥用上述规则达成垄断协议。②不对平台内的经营者统一发布有关定价、调价的方法或者平台规则，平台内的经营者应自主定价。③不组织平台内的经营者交换竞争性敏感信息，或成为这些信息的交换媒介，已获取的相关信息不得向其他经营者提供。

（4）《反垄断法（2022）》细化了经营者集中的申报程序规则，并对未依法进行申报的交易加大处罚力度，企业在投资并购交易时应注意谨慎评估：①尽早评估交易是否有排除、限制竞争的效果，是否达成申报标准，是否需要进行申报。②针对少数股权投资，需要进一步评估是否取得控制权，是否需要申报。③没有达到申报标准的交易，若有证据表明该交易可能对市场竞争造成排除、限制竞争的影响，也有可能需要申报。④依法需要经营者集中进行申报的交易，在未获得批准前不得交易。

（5）《反垄断法（2022）》在经营者集中审查程序中引入停钟制度，优化了审查程序的时限，为审查的进行提供了更大的灵活性。其中，第32条规定国务院反垄断执法机构可以就三种法定情形决定中止审查期限。这三种法定情形具体如下：其一是经营者未按照规定提交文件、资料，导致审查工作无法进行。此种情形下，属于因经营者自身行为而无法及时推进审查，中止审查期限具有合理性，需等待经营者补充文件、资料以继续审查工作。其二是出现对经营者集中审查具有重大影响的新情况、新事实，不经核实将导致审查工作无法进行。此种情形非经营者自身原因造成，因此延长审查期限需具备合理性，即新情况、新事实的出现应达到影响审查工作继续进行的程度。其三是需要对经营者集中附加的限制性条件进一步评估，且经营者提出中止请求。经营者一旦接受限制性条件势必会对其经营产生重大影响，因此《反垄断法（2022）》在此种情形下赋予了经营者提出中止请求的权利。停钟制度的引入，将会导致经营者集中的审查时间在一定程度上得到扩张，为了尽量减少中止审查带来的时间成本，企业在进行申报时应注意：①按照审查机构的要求尽可能完整地提交所需的文件及资料，确保文件的真实性与准确性。②积极配合审查机构的工作，及时跟进补充缺漏文件。③需要对经营者集中附加限制性条件时，企业可主动通过申请中止审查以延长准备时间。

（6）《反垄断法（2022）》确立了分级分类审查经营者集中的制度，在审查时着重关注涉及国计民生等重要领域，因此企业应当注意：①关注分级分类审查的制度动向，就当前及未来交易所涉行业的垄断风险进行及时评估。②已涉及国计民生等重要领域的企业应更加注重经营者集中申报工作，尽早采取对应措施。

（7）《反垄断法（2022）》第60条赋予检察院提起公益诉讼的权利，以便维护社会公共利益，即“经营者实施垄断行为，损害社会公共利益的，设区的市级以上人民检察院可以依法向人民法院提起民事公益诉讼”。此次修订增设了反垄断民事公益诉讼制度，赋予设区的市级以上人民检察院民事公益诉讼职能。[1]

第三节 企业并购合规

企业并购包括兼并和收购两层含义、两种方式，是企业法人在平等自愿、等价有偿基础上，以一定的经济方式取得其他法人产权的行为，是企业进行资本运作和经营的一种主要形式。企业为了扩大生产经营规模、取得充足廉价的生产原料和劳动力、实施品牌经营战略等，通过并购取得更好的发展机会。一方面，并购能给企业产生积极影响，如给企业带来规模经济效应、带来市场权力效应、能使企业以最低成本实现多元化发展等；另一方面，并购也会给企业带来一些风险，如信息不对称风险、财务风险、审计风险等。

一、企业并购合规风险

（一）信息不对称风险

信息不对称理论是指在市场经济活动中，各类人员对有关信息的了解是有差异的；掌握信息比较充分的人员，往往处于比较有利的地位，而掌握信息比较贫乏的人员，则处于比较不利的地位。在企业并购活动中也是如此，交易双方所持有的信息不一致，表现在目标企业掌握的信息更多，其更具优势；并购企业无法充分了解目标企业的内部信息，其在并购活动中处于不利地位。这种信息不对称现象可能导致并购企业高估目标企业的价值，使企业在并购之后发现目标企业并没有预期的价值创造力。除此之外，并购企业可能会因信息不对称，盲目相信目标企业的盈利能力，从而制定出较高的业绩承诺目标。这些情况可能会阻碍并购企业的发展。

---

〔1〕 参见《新〈反垄断法〉关键条款解读及企业合规建议》，载红网邵阳站，https：//sy. red-net. cn/content/2022/08/15/11721863. html。

（二）财务风险

财务风险分为对价值的评估风险和对并购的融资风险。价值评估风险指的是对目标企业价值进行估值所面临的风险，其为在并购之前需要考虑的首要风险，也是企业并购所面临的基础风险，价值评估风险的主要内容是对目标企业的资产和盈利能力进行分析和评估，进而确定其并购价值。对目标企业进行评估时，可能会存在估值出现明显偏差的情况。如果估值偏高，会使企业对目标企业有过高的期望值，反而不利于企业的长远发展；如果估值过低，会使企业错失很多有价值的目标企业，流失掉发展机会。

并购的融资风险是指企业对需要的资金来源进行选择时所产生的风险。企业主要通过外部融资和内部融资两种途径来获取所需要的并购资金。外部融资包括直接融资和间接融资，直接融资是指不通过中介机构（如银行、证券公司等）直接由企业面向社会融资，其优点是既可以最大限度地利用社会闲散资金，形成多样化的融资结构，降低筹资成本，又可以通过发行有价证券提高企业的知名度，因此直接融资是企业经常采用的融资渠道。间接融资是指企业通过金融市场中介组织借入资金，主要包括向银行及非银行金融机构（如信托投资公司、保险公司、证券公司）贷款，其优点是速度快、弹性大、资金量大，但缺点在于资金成本较高、风险较大。内部融资包括企业自有资金、应付税款和利息两种。企业自有资金是企业最稳妥、最有保障的资金来源。通常企业可用的内部自有资金主要有税后留利、闲置资产变卖和应收账款等形式。虽然从资产负债表看，企业应付税款和利息属于债务性质，但从长期的平均趋势看，其本源仍在企业内部，是企业内部筹资的一个来源。在这一方式下，企业不必对外支付借款成本，风险很小。在并购交易中，企业一般应尽可能选择此渠道。需要注意的是，内部融资是从企业内部开辟资金来源，筹措所需资金。如果并购方在并购前有充足的甚至过剩的闲置资金，则可以考虑使用内部资金并购。但是，并购活动所需的资金数额往往巨大，而企业内部资金毕竟有限，利用并购企业的内部资金进行并购有很大的局限性，因此内部融资一般不能作为企业并购融资的主要方式。由此可知，不同的融资途径获取的资金存在错配问题，因而给企业带来并购融资风险。

（三）审计风险

企业并购的审计风险主要分为三个阶段，分别为审计前的财务风险、审计中的法律风险、并购后的整合风险。审计前的财务风险表现在目标公司的财务状况不真实。在并购过程中，目标公司的财务报表是重要的参考依据。审计人员的工作很可能受到公司管理层的阻挠，例如不允许审计人员不受限地接触与审计相关的财务数据、经营信息等，会导致审计结果未能充分、准确地反映企业经营实际，从而导致并购方对目标公司的实际价值产生误判，从而产生审计风险。

审计中的法律风险具体包括合同管理风险、诉讼风险、资产及负债风险等，主要是由于标的企业违约所引起的。例如标的企业未按协议约定进行业绩补偿，或恶意拖欠对并购方及其关联方的应付款项等；再如标的企业隐瞒资产抵押、质押的事实，资产权属不清，可能引发诉讼纠纷，导致并购方面临法律风险。

并购后的整合风险是指在并购完成后，由于目标公司与并购方的整合不顺利而产生的风险。例如，目标公司的企业文化可能与并购方的企业文化存在冲突，或者目标公司的管理团队可能与并购方的管理团队存在矛盾。这些风险可能导致并购后的整合效果不佳，影响企业的整体发展。

(四) 企业文化风险

企业并购后的企业文化风险主要包括以下方面。

1. 组织文化风险

企业并购后，组织文化可能会发生变化，包括价值观、信仰、行为准则等，如果不能有效整合两种文化，可能会导致组织内部的混乱和冲突，影响企业的正常运营和发展。

2. 品牌文化风险

企业并购后，品牌文化也可能会发生变化，包括品牌形象、品牌定位等，如果不能有效整合两种品牌文化，可能会影响企业的市场地位和竞争力。

3. 员工文化风险

企业并购后，员工文化也可能会发生变化，包括员工价值观、工作态度等，如果不能有效整合两种员工文化，可能会导致员工流失和组织内部的矛盾。

4. 跨文化风险

企业并购后，如果不能有效处理跨文化问题，可能会导致组织内部的冲突和矛盾，影响企业的正常运营和发展。

二、企业并购合规措施

为了降低信息不对称风险，企业在并购之前应对目标企业进行充分调查，了解目标企业的真实情况以便有效识别潜在风险。或者通过签订业绩承诺协议来改变双方处于不平等的交易地位这一情况，有效推动企业并购交易的进程，维护投资者的权益。除此之外，还可以通过加强信息披露和提高信息的透明度的方式降低因信息不对称问题带来的风险系数。

为了降低财务风险，企业在并购之前要深入了解目标企业的盈利情况、经营情况以及资产情况等，并进行全面分析。企业可以通过制定科学的估价流程和采取科学的估价方式对目标企业作出合理估值，避免出现估值偏高或偏低的现象。必要的话，企业可以聘请第三方专业公司对目标企业作出公允评估，以得到对应的参考值，提升估价的准确性与科学性。除此之外，企业还需要及时找出目标企业的上述情况可能存在的风险，并制定科学的财务风险防控策略，这样才能最大限度降低这方面的风险。在对目标企业进行合理估值并谈判之后，其价值就被基本确定了，下一步需要整合调动并购资金。此时需要解决的问题是如何降低融资风险。企业应当根据自身状况合理地选择融资渠道，并根据实际情况制订科学的融资计划，如计算所需并购资金总额并根据资金量大小科学选择具体的融资方式。在该环节下，企业可以成立专门的资金管理小组，全面管理并购融资方面的事情，如详细监督融资计划的实施情况，如此可以有效防控融资风险。

为了降低审计风险，审计师可以采取以下措施。

一是对目标公司进行全面的尽职调查。审计师应该对目标公司进行全面的尽职调查，包括其财务状况、法律状况、税务状况等方面。同时，审计师还应该对目标公司的员工、管理层等进行访谈，了解其对公司经营状况的看法和态度。二是聘请专业机构协助审计。审计师可以聘请专业的法律机构、税务机构等协助其进行审计，以确保审计结果的准确性和可靠性。三是关注并购过程中的法律风险和税务风险。审计师应该关注并购过程中的法律风险和税务风险，对相关的文件和资料进行仔细审查，以确保其合规性和合法性。四是对整合过程进行密切关注。审计师应该对并购后的整合过程进行密切关注，包括对整合计划、执行情况等进行评估和监督。同时，审计师还应该与并购方和目标公司的高层进行沟通，了解其整合进展和存在的问题，并及时提出解决方案和建议。除此之外，要对并购后企业集团的财务状况做适当的预测，但预测具有不确定性，如果目标企业经营不及预期，可能会对并购企业的利益造成损害。

为了降低企业文化风险，企业可以采取以下措施：

一是制订有效的文化整合计划。在并购前，企业应该制订有效的文化整合计划，明确组织文化、品牌文化、员工文化等方面的整合目标和策略，以确保企业并购后的文化能够有效融合。二是加强沟通和交流。企业应该加强内部沟通和交流，让员工了解并购后的企业文化变化和未来的发展方向，以便更好地适应新的企业文化。三是尊重和包容不同文化。企业应该尊重和包容不同的文化，包括组织文化、品牌文化、员工文化等，以便更好地实现文化的有效整合。四是加强培训和教育。企业应该加强培训和教育，让员工了解新的企业文化和行为准则，以便更好地适应新的工作环境。

第四节　企业保护消费者权益的合规义务

企业以营利为价值目标，为了追求利益最大化，公司进而追求股东利益最大化，因此可能会损害消费者权益。企业在以营利为价值目标的推动下，难以将企业的个人道德体现在企业的行为之中，“普强实验”就是最好的证明。20 世纪 70 年代，美国普强公司的新药帕纳巴的副作用能够致人死亡，经过董事会决议之后最终决定继续销售，并在法庭上为自己辩护，原因在于，药品撤市时间每拖延一个月，公司就能多挣 100 万美元。宾夕法尼亚大学为此专门设计了一个角色扮演的实验，来研究发生这种情况的原因。当实验者不是董事会成员时，97% 的人表示会将药品撤出市场，但是，当实验者转而扮演起普强公司的董事会成员时，同样的问题却得到了完全相反的答案。即使在董事会上大家的表现不一样，但是最终结果都是没有人选择将药品撤出市场。普强实验在十多个国家重复了近百次，结果大同小异，每一组扮演董事会的人都认为这体现了公司的本分即股东利益最大化。由此可知，企业的利益与消费者的权益会发生冲突，在此情况下，应妥善处理它们之间的关系，这是企业合规管理过程中应解决的一个重要问题。[1]

首先，在进行立法活动时需要对各种利益进行综合考量，这种考量体现在强调主体差异化的经济法立法活动之中，特别是在企业与消费者的关系上，一方面，要保护消费者的合法权益；另一方面，又要保证企业的发展。

其次，加强企业的社会责任感。企业保护消费者权益与企业的社会责任问题相关联。企业社会责任理论对公司股东地位发出挑战，将其他利益主体，消费者、债权人、雇员、社区、环保等的利益升至比较高的位置，因此，加强企业的社会责任感可以兼顾企业的发展和消费者合法权益的保护。需要注意的是，企业社会责任问题的出现并由此构成对企业营利性目标的淡化与平衡，是在一定社会条件下的产物，是企业发展的一个未来趋势。但这一趋势并不构成对传统的企业社会责任，即股东利益最大化理论的崩溃。需要明确的是，在社会的实际运行中，股东利益并不必然地与其他社会利益发生矛盾，即使有矛盾，也并非不可调和，股东利益和诸如消费者权益等其他社会利益完全可以在同一平台上统一起来。

最后，推动相关法律的有效实施。众所周知，《消费者权益保护法》是一部为保护消费者的合法权益而制定的法律，除《消费者权益保护法》之外，《反不正当竞争法》和《反垄断法》也有相关规定。这三部法律被称为市场规制法的"两反一保"，说明它们之间有着密切的联系。具体体现在以下三个方面：一是立法目的的一致性。《消费者权益保护法》、《反不正当竞争法》和《反垄断法》的第 1 条皆将保护消费者的合法权益作为立法目的。二是调整对象的一致性。这三部法律皆以消费者的消费行为和经营者的经营行为作为调整对象。三是内容的重合性。《消费者权益保护法》所制止的经营者侵犯消费者权益的行为和《反不正当竞争法》制止的经营者不正当竞争行为，以及《反垄断法》禁止的垄断行为存在重合之处。因此积极推动《反不正当竞争法》《反垄断法》《消费者权益保护法》的实施有助于提醒企业，其在发展的同时负有保护消费者权益的合规义务。

---

[1] 参见赵立程：《消费者保护立法与企业发展之间的价值考量》，载《大陆桥视野》2022 年第 3 期。

第八章　企业知识产权合规

第一节　企业知识产权合规原理

知识产权是指由人的智力创造性劳动所产生的独特的、具有经济价值的成果所享有的权利。知识产权包括了专利权、商标权、著作权、商业秘密等。知识产权合规是指合规主体严格遵守知识产权法律法规、政策规范、内部规章制度，自觉遵守知识产权行业标准与准则及相关合同协议等，避免权益侵害的后果。[1] 2020 年 11 月 30 日，习近平总书记在主持中共十九届中央政治局第二十五次集体学习时指出："创新是引领发展的第一动力，保护知识产权就是保护创新。"全面建设社会主义现代化国家，必须更好推进知识产权保护工作。2021 年 9 月，中共中央、国务院印发《知识产权强国建设纲要（2021—2035 年）》明确要求："引导市场主体发挥专利、商标、版权等多种类型知识产权组合效应，培育一批知识产权竞争力强的世界一流企业。深化实施中小企业知识产权战略推进工程。"同时，该纲要部署"引导企业自觉履行尊重和保护知识产权的社会责任"。2021 年 10 月 9 日，《国务院关于印发"十四五"国家知识产权保护和运用规划的通知》进一步指出："推动中央企业建立完善知识产权工作体系，打造一批具备国际竞争优势的知识产权强企。深化实施中小企业知识产权战略推进工程。"随着创新驱动发展战略的深入实施，知识产权作为国家发展战略性资源和国际竞争力核心要素的作用愈发凸显，知识产权也越来越多地成为企业的核心资产和主要竞争工具，企业推进知识产权专项合规建设刻不容缓。做好知识产权合规管理工作对公

---

〔1〕 刘倩倩：《企业知识产权合规制度：价值、现状与路径》，载《科技和产业》2025 年第 2 期。

司的生产经营具有十分重要的意义。

第一，企业知识产权合规是增强经营实力的重要方式。知识产权和货币、房屋所有权等一样可以用作企业出资，在小型企业的建立初期，为资金的周转发挥了重要作用。知识产权的有效管理不仅有利于公司获得专利权、商标权、著作权和反不正当竞争等相关法律的保护，还对公司知识产权的商业运作能力、市场开发能力、技术利用能力和保值增值能力有重大帮助。知识产权体现公司参与市场竞争的软实力，提升公司知识产权合规管理能力是激发创新潜能、抵御经营风险的重要保障。

第二，企业知识产权合规是提高知识产权保护意识的有效手段。开展知识产权保护合规管理工作，一方面能够促进公司各相关岗位加强自身知识产权保护意识，令各职能岗位认识到创新活动等所产生的知识产权也是公司宝贵的无形资产，公司必须积极寻求对本单位的研发成果、产品设计、所提供产品和服务的商标、生产技术和生产工艺等通过知识产权相关法律实施保护；另一方面能够推动公司知识产权侵权防范工作落实落细，完善公司知识产权风险防范的制度与机制，规范各岗位知识产权风险应对策略，提高公司知识产权侵权防范的能力和水平。

第三，企业知识产权合规是降低侵权风险的保护措施。企业的经营管理过程中，企业法律风险防范是个重要的课题。近年来，与知识产权相关的法律法规主要围绕加强知识产权保护进行了一系列的修改，包括：在专利、著作权等领域引入侵权惩罚性赔偿制度，并大幅提高侵权法定赔偿额上限，加大损害赔偿力度；修改《商标法》《反不正当竞争法》《中华人民共和国药品管理法》，进一步提高侵权处罚力度；加强知识产权刑事司法保护，加大刑事打击力度，强化打击侵权假冒犯罪制度建设等。这些都是加强知识产权保护的重要体现。故企业应该做好知识产权尽调工作，防范知识产权侵权风险。

第二节　专利合规管理

专利权就是国家依照专利法授权申请人或其权利继受人在一定时间内对其发明创造成果所享有的独占、使用和处分的权利。我国专利法规定的专利类型包括：发明专利、实用新型专利以及外观设计专利。发明专利是指对产品、方法或其改进所提出的新的技术方案。保护对象包括产品和方法。实用新型专利是对产品的形状、构造或者其结合所提出的适于实用的新的技术方案。保护对象必须是具有一定结构的产品，不能是一种方法，也不能是没有固定形状的产品，改进后应使产品更实用。外观设计专利是指对产品的形状、图案或其结合以及色彩与形状、图案的结合所作出的富有美感并适于工业应用的新设计。外观设计专利不能只是单纯的工艺品，它还必须能够在工业上成批制造。专利对企业具有以下方面的意义：一是保护企业研发成果。企业将科研成果申请专利，是企业实施专利战略的基础，是防止科研成果流失、开展项目的必要前提条件，专利作为一种无形资产，具有巨大的商业价值。二是提升企业价值。专利的质量与数量是企业创新能力和核心竞争能力的体现。申请专利并获得专利权，是提升企业竞争力的重要手段。三是降低融资难度。各省市科技部门和中国人民银行各中心支行都有政策规定，企业可用专利权质押获得银行贴息贷款。用专利权贷款申请程序简单、贷款额度大、贷款速度快、贷款利息低，可以解决企业融资难的问题。

具体而言，企业专利合规管理应当从以下四个方面开展：

第一，专利布局。首先，企业通过尽职调查确立专利布局方案。企业应根据现场信息、技术资料以及技术人员的反馈信息，在现场调研过程中梳理企业在研项目的基本情况。企业应建立健全保密体系，对未公开的研发成果在企业内部做好密级划分、设置保密标识，做好商业秘密保护工作，应要求参与研发各方签署保密协议，未经允许不得申请专利，不得公开商业秘密，并约定违约赔偿责任等。[1] 同时，企业应采取一定措施，如以设置软件程序和限制访问权限等方式规范互联网或内部局域网的使用。此外，企业也要注意不得侵犯第三方的商业秘密。其次，企业应确定专利分析与布局的立项方向并制定知识产权立项报告，做好年度立项规划：结合国内外研发现状及企业个性化特点，确定研发重点及技术创新之处，粗略估计本项目完成时达到的技术水平及市场前景预测，明确研究开发方法及技术路线，确定计划规划及费用概算。

---

〔1〕 参见何丹、陈露、张琦：《高新技术企业知识产权合规监管要求及实践探索》，载《上海法学研究》2022年第12卷。

第二，专利导航与专利预警。知识产权创造和保护合规应当立足于鼓励继续创新和保护已有创新成果，做好研发立项前的专利导航和专利预警。就专利导航而言，主要目的是探索建立专利信息分析与产业运行决策深度融合、专利创造与产业创新能力高度匹配、专利布局对产业竞争地位保障有力、专利价值实现对产业运行效益有效支撑的工作机制，推动产业的专利协同运用，培育形成专利导航产业发展新模式。专利导航能够帮助创新主体全面了解相关产业上下游的专利布局格局及竞争格局，帮助创新主体科学定位产品或技术发展路径，提前做好相关侵权风险防范，避免在类似IPO之类重大事件前夕因侵权诉讼问题导致对重要里程碑的实现产生不利影响。企业应充分运用专利数据库的信息资源，形成专利导航项目需求报告，并及时识别、研判知识产权权属风险、侵权风险及稳定性风险。[1] 专利预警是指防止市场主体或创新主体在进行与专利有关的活动时，因管理疏忽或处置不当等行为而侵犯他人专利权或者被侵犯专利权造成损失的情形。其目的是采取一系列的制度和行为规范、应对措施等，来降低或消除风险发生的可能性，以及在风险不可避免时尽量减小给创新主体或市场主体带来的损失。企业应对每一项知识产权都要做好动态监控，企业要高度关注知识产权成果的日常维护，避免出现专利权因未缴年费而终止、因使用不当被认定为垄断、因侵犯他人在先权利或不具备专利实质要件而被宣告无效。

第三，专利的维护与管理。很多企业存在一种误解，认为在拿到专利授权后便可高枕无忧，甚至有的企业在专利授权后忘记缴纳年费导致专利失效，严重情况下甚至会影响到企业上市。拿到专利授权并不是企业专利工作的终点，要让专利发挥出价值，专利授权后少不了要进行持续的维护与监控。专利授权后除了按时缴纳年费，还有必要在不同时机对专利进行整理回顾，以使企业对专利数量及价值做到心中有数。建立专利授权后的评估制度有利于了解专利的价值，以便进行不同的操作，例如，在拿到授权通知时，可对专利价值进行回顾以确定是否要进行分案或连续案操作；在办理登记手续后，也应该根据技术的发展，企业经营策略以及市场的变化再对专利价值进行回

〔1〕 参见何丹：《创板新政下企业建设知识产权合规体系路径建议》，载《深圳法治评论》2021年第2期。

顾，以免遗漏重要专利；并且，一定程度上，专利的维护费用对企业也是负担，企业有必要对授权后的专利进行阶段性评审，评审为低价值专利可进行许可转让，甚至进行放弃。无论是作为权利人向他人授予许可，还是作为被许可人从其他权利人寻求许可，企业均应当结合其现阶段和未来可能的业务范围和使用情况，在许可协议中明确许可主体范围、许可期限、许可地域范围、许可费用及计算方式、专利的维护义务和费用承担。同时，还应当考虑到企业的上下游供应商、销售商以及代工厂的需求，如这些关联方在生产经营过程中需要使用所许可的技术，企业还应当在许可协议中就“分许可”权利进行约定，以避免合作方因许可缺失而无法提供相应产品或服务，以及降低侵权风险。

第四，技术人员风险管理。核心技术人员管理是企业知识产权管理的重要一环，为避免产生知识产权权属纠纷或侵权纠纷，企业也应结合相关人员在入职、在职、离职的不同阶段，分别制定相应的约束措施。在核心技术人员入职时，为了防止日后其原单位提起商业秘密等侵权诉讼，建议企业对此类人员在原单位的工作内容和职责，以及其在原单位所承担的知识产权相关义务进行调查，询问其与原单位的保密协议、竞业限制协议等文件的签署情况，书面告知并且要求该核心技术人员书面承诺其不得在工作中违反与原单位的约定或使用原单位的职务成果或商业秘密，以尽早识别并防范因此产生的法律风险。在员工在职期间，企业应当重视与核心技术人员之间签订知识产权相关协议。企业应当避免对所有员工使用统一的格式合同，对核心技术人员的知识产权协议中应当详细约定其任职范围、所接触的知识产权范围和具体内容、知识产权归属、保密义务、违反相关约定应当承担的责任，并充分告知核心技术人员其知识产权相关的权利和义务。对于此类约定，企业可以通过在劳动合同、保密协议、竞业限制协议中制定知识产权条款来实现，也可以通过签订专门的知识产权协议来实现。在员工离职时，企业应当做好离职交接工作，签署完善的离职协议书，明确离职之后的知识产权义务。例如，员工需归还相关文件和物品，删除全部技术资料，签署离职交接清单，承诺不向新单位或任何第三方披露或允许其使用相关技术信息。向离职人员明确告知，其离职后一年内不申请与本企业工作范围相关的专利，不得使用在公司任职时所产生的职务成果，从源头预防公司技术泄露。同时，在离职时企业应当监控核心技术人员登录公司邮箱、服务器、云盘并大量下载技术资料的行为，并及时终止核心技术人员访问公司邮箱、服务器、云盘等的相关权限。

第三节　著作权合规管理

公司著作权常见法律风险主要包括著作权归属约定不明的风险和著作权侵权风险两大类。著作权归属约定不明的风险在公司知识产权管理中主要表现为计算机软件未及时进行著作权登记的风险、委托作品未及时约定著作权归属的风险以及职务作品著作权管理不当的风险。而著作权侵权风险则主要体现在一旦构成侵权，侵害方不仅可能会承担停止侵害、消除影响、赔礼道歉、赔偿损失等民事责任，而且情节严重的，还可能会承担相应的行政责任或刑事责任。此外，随着近年来产品传承推广手段的多样化以及知识产权保护观念的加强，在宣传中侵犯著作权的案件也在增加，主要有以下表现：一是宣传过程中的图片侵权。企业在设计产品包装、企业网页或者宣传资料时，其设计部门或者广告公司可能会借鉴他人的图片素材，并将他人的图片素材直接或者间接地应用在产品包装、企业网页或者宣传资料上而造成侵权。二是宣传过程中使用他人文字作品。企业通过微信公众号、微博和企业网页等渠道进行宣传已经是其重要的宣传方式，为了增加宣传效果，企业往往会转载一些他人的文章或者文字作品，从而构成侵权。三是宣传过程中的字体侵权。企业在进行宣传的过程中，字体侵权容易为企业所忽略，但是很多富有美感或者字型独特的字体往往享有著作权，其中字库中的单字由作品著作权保护，而计算机字库作为软件作品受著作权法保护。因此，著作权合规管理需要注意以下问题。

第一，提高著作权风险防范水平和意识。因著作权自作品完成时自动产生，无须向国家行政主管部门申请，即使著作权人进行了著作权登记，一般公众也难以获知权利内容和权利归属，尤其是未署名的图片作品和文字作品。因此，做好著作权侵权合规管理工作，前提是需要提高员工的风险防范水平和意识，坚持“先授权后使用”的原则。

第二，加强著作权登记工作合规化管理。虽然作者在作品创作完成之日起自动享有对该作品的著作权，无须经过任何批准或登记手续，因为著作权登记以自愿为原则，但是经过登记可以更加明确著作权的归属以及有利于开展维权等工作。在实际操作中，应严格按照相关规定依据特定的程序、可登记的作品范围等向国家版权局、中国版权保护中心等机构申请作品著作权登记。

第三，加强著作权运用过程的合规管理。《著作权法》第 24 条所涉及的 13 种情形可以不经著作权人许可，不向其支付报酬，但应当指明作者姓名或者名称、作品名称，并且不得影响该作品的正常使用，也不得不合理地损害著作权人的合法权益，即可合理使用。如需在网站、微博、微信公众号等自媒体上以及公开出版物中使用他人作品，应注意除作品法定许可及合理使用外，需签署著作权许可使用合同。签订著作权许可使用合同前，被许可人应着重审查合同相对方是否系著作权人（主要从著作权登记证书、底稿等证据进行审核）或有无著作权再许可权限。

第四，加强对著作权侵权风险的防范。这主要包括在对外发布信息时要加强著作权合规审查，建立健全公司的著作权数据库，重点应注意几类常见的著作权侵权风险防范，包括图片作品、文字作品以及构成作品的字体等侵权风险防范。

第四节 商标合规管理

商标权是民事主体享有的在特定的商品或服务上以区分来源为目的的排他性使用特定标志的权利。企业经营中的商标合规风险来源于商标设计、商标注册和商标使用。商标设计阶段的风险表现在以下几方面：一是缺乏显著性。商标的显著性审查是商标注册及使用过程中非常重要的环节，不具有显著性的标志不得作为商标进行注册，具体包括仅有本商品的通用名称、图形、型号的，仅直接表示商品的质量、主要原料、功能、用途、重量、数量及其他特点的以及其他缺乏显著特征的。二是违反商标法的禁止性规定。比如同国旗国徽、中央国家机关名称相同或相近的，含有可能带有欺骗性或者民族歧视性的元素等，这类设计不能注册也不能作为商标使用。三是损害他人在先权利的法律风险。《商标法》第 32 条规定申请商标注册不得损害他人现有的在先权利，也不得以不正当手段抢先注册他人已经使用并有一定影响力的商标。

商标注册阶段的风险表现为：一是商标注册不及时。实践中，不少企业商标意识不强或为抢占市场先机，会先将设计好的标志投入作为商标使用，而后再注册商标。未经注册的商标，企业虽然可以使用，但对其不享有专用权。不仅如此，未经注册的商标还有被他人抢注的风险。二是缺乏防御性商标的布局安排。著名商标和驰名商标容易被仿冒，不良商家意图借助著名商标或驰名商标已凝聚的口碑和声誉，在相同或类似商品上使用仿冒商标，这种侵害著名商标或驰名商标的商标专有权的行为将使商标和企业受到损害。

商标使用阶段的风险主要有：一是未及时续展的法律风险。注册商标的有效期为 10 年，期满未办理续展手续的，注销其注册商标。许多企业没有专人管理注册商标，导致商标未及时续展而被注销。二是商标使用不当的法律风险。主要包括商标使用超过核定范围、擅自修改注册商标、不当使用驰名商标等。若存在上述情形，通常会导致行政处罚或侵犯他人商标。三是商标许可、转让中的法律风险。主要有核准、备案风险。根据《商标法》第 42 条的规定，转让注册商标的，转让人和受让人应当签订转让协议，并共同向商标局提出申请。转让注册商标经核准后，予以公告。受让人自公告之日起享有商标专用权。据此，注册商标转让只有在核准并公告后才发生效力。《商标法》第 43 条第 3 款规定，许可他人使用其注册商标的，许可人应当将其商标使用许可报商标局备案，由商标局公告。商标使用许可未经备案不得对抗善意第三人。可见我国对商标的许可使用采取的是登记对抗主义。四是“撤三”风险。根据《商标法》第 49 条第 2 款的规定，没有正当理由连续 3 年不使用注册商标的，任何单位或者个人可以向商标局申请撤销该注册商标。企业在受让注册商标时应充分考虑商标可能存在被“撤三”的风险，避免高价购买商标，又被撤销的情况发生。五是商标侵权的法律风险。商标侵权主要指《商标法》第 57 条规定的侵犯商标权的行为，包括未经商标注册人的许可，在同一种商品上使用与其注册商标相同的商标的；未经商标注册人的许可，在同一种商品上使用与其注册商标近似的商标，或者在类似商品上使用与其注册商标相同或者近似的商标，容易导致混淆的；销售侵犯注册商标专用权的商品的；伪造、擅自制造他人注册商标标识或者销售伪造、擅自制造的注册商标标识的；未经商标注册人同意，更换其注册商标并将该更换商标的商品又投入市场的；故意为侵犯他人商标专用权行为提供便利条件，帮助他人实施侵犯商标专用权行为的；给他人的注册商标专用权造成其他损害的。同时，根据《商标法》第 58 条的规定，将他人注册商标、未注册的驰名商标作为企业名称中的字号使用，误导公众，可能构成不正当竞争行为。

基于上述风险，企业需要开展商标合规管理制度安排。商标合规管理是指对企业所拥有的商标进行规范、监督和管理的过程。商标合规管理的目的是确保企业的商标使用符合法律法规和商标管理机构的要求，维护企业的商标权益和声誉。首先，在商标注册过程中，企业需要确保所申请的商标符合商标法的规定，包括不侵犯他人商标权、不与已有商标混淆等。企业需要进行商标搜索和评估，确保所申请的商标符合法律要求，避免申请被驳回或商标纠纷。其次，企业在使用商标时需要符合商标法规定的使用方式和范围。商标使用应与注册时指定的商品或服务相符合，不得进行滥用、随意转让或授权他人使用等违规行为。企业需要建立合规的商标使用制度，确保商标的正常使用和保护。同时，企业还需要定期维护商标的有效性，包括商标续展、备案变更等。再次，企业需要积极监测市场，发现可能的商标侵权行为，并采取相应的措施进行维权。最后，商标管理机构对商标使用进行监管，检查企业是否符合商标法的规定。企业需要主动配合商标管理机构的检查工作，确保商标使用合规，并及时处理任何发现的问题或违规行为。除此之外，为了确保商标合规管理的有效实施，企业需要进行内部员工的培训和教育，提高员工对商标合规管理的认识和重视程度，确保员工遵守相关规定和内部制度。总而言之，商标合规管理对于企业来说是十分重要的，可以确保商标权益的合法性和稳定性，避免商标纠纷和风险，维护企业的商誉和市场竞争力。

第五节 商业秘密合规管理

商业秘密包含各种类型的商业信息，无论是技术的、商业的还是财务的，这些商业信息不是公众所知的也不容易被相关公众确定，并且能给企业带来竞争优势（如未公开的财务信息、新产品计划、物料清单、价格计算方法、客户名单和简介、分销方式、食品饮料成分和化学配方等）。一般情况下，如果信息属于《与贸易有关的知识产权协定》第39条规定的被认定为重要的和秘密的信息，则其符合作为商业秘密予以保护的条件。相对于专利与商标这些传统的工业产权，商业秘密具有保护范围广泛、无须进行前置性法律确认、保护期限无时间限制等优势。在当今市场经济环境下，企业可能未必拥有专利，但绝大多数企业却拥有商业秘密，且不少专利的创意首先来源于商业秘密，越来越多的市场主体更偏好于使用商业秘密保护其技术信息与经营信息，因此，商业秘密在当今社会是企业的核心竞争力。[1] 企业商业秘密合规管理是指企业对其拥有的商业秘密进行规范、监督和管理的过程。商业秘密是指企业的技术信息、经营信息、客户信息等具有商业价值且不为公众所知的信息，商业秘密保护对企业的竞争力和长期发展至关重要。企业商业秘密合规管理的目的是确保企业的商业秘密得到妥善保护，防止泄露、不当使用或被他人侵权。

企业商业秘密合规管理包括以下几个方面：一是确定商业秘密范围。企业首先需要明确哪些信息属于商业秘密，并对其进行分类和标识。这包括技术方案、研发成果、经营数据、市场策略、客户清单等。二是建立保密制度。企业需要建立健全的内部保密制度，明确员工对商业秘密的保密义务和责任。这包括签署保密协议、制定保密规章制度、设置访问权限和安全措施等。三是安全措施和防范措施。企业需要采取一系列安全措施和防范措施，保护商业秘密的机密性和完整性。这包括加密技术、网络安全控制、实施访问控制和监控等。四是员工培训和教育。企业应该定期对员工进行商业秘密保护的培训和教育，提高员工的保密意识和法律意识。培训内容可以包括商业秘密的定义和范围、保密协议的签署和执行、网络安全意识等。五是处理商业秘密泄露和侵权事件。如果发生商业秘密泄露或者被他人侵权的情况，企业需要及时采取应对措施，包括调查、维权和法律诉讼等。六是定期审核和更新。企业应定期对商业秘密合规管理制度进行审核和更新，以保持其有效性和适应性。通过合规管理商业秘密，企业可以有效保护自身的核心竞争力和商业利益，防止商业秘密泄露对企业造成的损失和不良影响。此外，合规管理还有助于企业树立良好声誉，增强市场竞争力和可持续发展能力。

---

〔1〕 参见徐实：《企业数据保护的知识产权路径及其突破》，载《东方法学》2018年第5期。

第九章　企业数据与信息安全合规

大数据是由数量巨大、结构复杂、类型众多的数据构成的数据集合。维基百科认为，大数据具有6个“V”特点，即数据量大（Volume）、数据类型多（Variety）、处理速度快（Velocity）、应用价值大（Value）、获取与发送的方式自由灵活（Vender）、真实准确性（Veracity）。然而究其本质，大数据是由海量的信息组成的，数据是信息的载体，信息依托数据而外在表现，两者是表与里的映衬关系。因而对于企业在大数据时代的发展而言，其需要注重构建“运用数据安全”的对外数据安全合规与“保护信息安全”的对内信息安全合规两大合规体系。

第一节　企业数据与信息安全合规概述

一、企业数据与信息安全合规的内涵

（一）数据的定义

所谓数据，是指用于表示具有客观性事物的、未进行处理的最为原始的素材，将其经过归纳整合与认识分析后能够在一定程度上反映某种能够为人所利用的信息。在这个数字化时代，数据已然成为一种新型的资源，与物质、能源并称为人类社会发展的三大资源，与石油和黄金一样，具有无限的潜力和价值。数据是企业洞察市场、预测趋势、创新产品的基石，也是科研、社会分析等领域的支撑。从法律层面对其进行定位，《中华人民共和国数据安全法》（以下简称《数据安全法》）第3条第1款认为数据是指任何以电子或非电子形式对信息的记录。

从数据的特征而言，中国学界认为，数据的特征主要有客观性、普遍性、

无限性、传播性、动态性、依附性、共享性、可伪性、异步性、可计量性和实效性等。[1] 俄罗斯学者认为，数据具有不可割让性、独立性、不可分性、可复制性、组织形式性。在合规领域看来，数据的特征可分为表象特征和法律特征两大类：第一，表象特征。这是指仅通过外观便可观察到或可感知到的特点或属性。在此层位阶上，数据具有独立性、确定性、价值性。第二，法律特征。这是指某一事物或概念可以与法律相衔接。在此层位阶上，数据具有专属性、可复制性两大特征。

（二）信息的内涵

信息是指通过传递、处理和存储的方式，用于传达和表示特定内容或数据的符号系统。它可以是任何形式的数据，如文字、图像、声音、视频等。信息具有传递和交流的功能，能够传达知识、观点、事实、意义或指令。在信息理论中，信息可以通过衡量其不确定性或熵来进行度量。20 世纪 40 年代，信息的奠基人香农（C. E. Shannon）给出了信息的明确定义，其表明信息是用来消除随机不确定性的东西。随后，在科学、通信、计算机科学、心理学和哲学等领域，信息的概念认知被不断地进行延伸。在电子科学领域与计算科学领域，信息被认为是电子线路中传输的以信号作为载体的内容。

从物理学上来讲，信息与物质是两个不同的概念，信息不是物质，虽然信息的传递需要能量，但是信息本身并不具有能量。信息最显著的特点是不能独立存在，信息的存在必须依托载体。因而我国著名的信息学专家钟义信教授认为“信息是事物存在方式或运动状态，以这种方式或状态直接或间接的表述”。美国信息管理专家霍顿（F. W. Horton）给信息下的定义是：“信息是为了满足用户决策的需要而经过加工处理的数据。”简单地说，信息是经过加工的数据，或者说，信息是数据处理的结果。

根据对信息的相关研究成果，科学的信息概念可以概括如下：信息是对客观世界中各种事物的运动状态和变化的反映，是客观事物之间相互联系和相互作用的表征，表现的是客观事物运动状态和变化的实质内容。

---

[1] 参见朱谢群、郑成思：《也论知识产权》，载《科技与法律》2003 年第 2 期。

（三）企业数据与信息所包括的内容

企业数据与信息是指有关一个企业的各种数据、事实和资料。主要包括以下几个方面的内容。

1. 企业基本数据与信息

企业基本数据与信息是一个企业公司法律层面的“身份证”，主要内容包括以下方面。

（1）企业名称：企业在注册时所登记的名称。

（2）注册地址：企业在法律上注册的地址，用于营业执照和其他法定文件。

（3）法定代表人：企业法律上的代表人，负责代表公司行使权益和履行义务。

（4）成立日期：企业正式成立的日期，通常是在注册时确定。

（5）注册资本：企业在注册时投入的资金总额。注册资本可以是实缴资本或者认缴资本。

（6）企业类型：根据不同国家或地区的法律规定，企业可以是有限责任公司、股份有限公司、合伙企业等不同类型。

（7）股东信息：公司的股东及其持股比例。这些信息可能会根据公司类型和相关法规的要求而有所不同。

（8）经营范围：企业所从事的主要业务领域和经营范围。

（9）执照和许可证：企业获得的执照和许可证，如营业执照、行业许可证等。

（10）企业联系方式：包括电话号码、电子邮件地址、营业时间等，以方便与企业进行联系。

2. 企业组织结构信息

企业的组织结构是指企业内部各个部门、岗位以及它们之间的关系和层级，其主要包括企业内部的组织框架、职能分工和协作机制。根据企业的类型、规模以及行业特点，企业的组织结构包括以下几个主要方面，见表9-1。

表9-1　企业的组织结构表

组织结构	具体职责
部门划分	按照不同的职能或业务领域将组织划分为不同的部门，如市场部、销售部、人力资源部、财务部等
层级关系	企业内部的各个部门和岗位之间存在上下级的层级关系，形成垂直的管理链条
职权与责任	不同的部门和岗位拥有不同的职权和责任，用于明确各个部门和员工在组织中的角色和职责
决策机制	企业的组织结构决定了决策的方式和流程，包括权力下放、参与决策的层级和程序等
协作与沟通	不同部门和岗位之间的协作和沟通方式不同，包括横向协作、跨部门协调等
管理层和员工	管理层负责决策和管理，员工负责执行具体任务

3. 企业财务数据与信息

企业的财务数据与信息指的是企业在日常经营活动中所产生的各种财务数据和信息，对企业的管理和决策非常重要。准确地掌握财务数据和信息，有助于企业制订更好的经营计划、加强风险管理、提高生产效率和降低成本，保障企业的长期稳定发展。企业财务数据与信息主要包括以下几个方面，见表9-2。

表9-2　企业财务数据信息表

信息种类	财务数据信息
资产负债表	反映企业在某一特定日期的资产、负债和所有者权益等情况
利润表	反映企业在一定期间内收入、成本和利润等情况。利润表可以反映企业的盈利能力和经营业绩
现金流量表	反映企业在一定期间内现金流入和流出情况。现金流量表可以反映企业的现金流量状况和现金管理能力
财务指标	可从多个角度反映企业的财务状况和经营能力，如财务杠杆比率、流动比率、速动比率、应收账款周转率、存货周转率等
其他财务信息	除上述财务报表和财务指标外，企业的财务信息还包括各种财务记录和文件，如发票、凭证、账簿等

4. 企业产品数据或服务信息

企业的产品数据或服务信息是指企业所提供的具体产品或服务的详细描述，包括以下几个方面，见表9－3。

表9－3 企业产品数据服务信息表

信息种类	数据服务信息
产品描述	对企业所生产或销售的产品进行详细介绍，包括产品的名称、特点、功能、规格、外观等方面的信息
服务描述	对企业所提供的服务进行详细介绍，包括服务的种类、范围、流程、时效性等方面的信息
价格信息	产品或服务的定价策略和价格水平，包括单价、折扣、促销活动等信息
售后服务	企业在销售产品或提供服务后所提供的支持和服务，包括保修政策、维护、培训等
技术支持	企业为客户提供的技术咨询、培训、远程支持等方面的支持服务
质量保证	企业对产品或服务质量的保证和控制措施，包括质量标准、认证情况、售后服务等
客户案例	企业向客户展示过去成功的案例，以及客户对产品或服务的反馈和评价
市场竞争优势	企业产品或服务相对于竞争对手的优势，包括技术领先、品质保证、价格竞争力等
上市时间及地点	如果是产品，指产品的上市时间和销售渠道；如果是服务，指服务的可及范围和提供地点

5. 与企业关联的市场数据与信息

市场数据与信息是企业决策的重要依据之一，是更好地了解企业目标客户、竞争对手和市场趋势，制定更加有效的营销策略和市场推广计划的关键核心，主要包括以下几个方面。

（1）目标客户信息：企业所要面向的客户群体，包括客户的特点、需求、喜好等。

（2）竞争对手信息：企业在市场中所面临的竞争对手，包括他们的产品或服务、品牌定位、营销策略等方面的信息。

（3）市场趋势信息：市场中的宏观趋势，如市场容量、增长率、政策变化等方面的信息。

（4）渠道信息：市场中的销售渠道，包括直销、代理、网络销售等方面的信息。

（5）客户反馈信息：客户对企业产品或服务的评价和反馈，包括投诉、建议、意见等方面的信息。

（6）市场分析报告：企业对市场进行基于数据分析的研究报告，包括市场规模、增长率、趋势预测、竞争对手分析等方面的信息。

6. 企业知识产权信息

企业的知识产权信息是企业创新能力和竞争优势的体现，对于企业来说非常重要。其主要内容包括以下几个方面，见表9－4。

表9－4 企业知识产权信息表

信息种类	知识产权信息
商标	企业的商标注册信息、商标名称、商标图形等
专利	企业所拥有的专利的申请号、授权号、专利类型（发明专利、实用新型专利、外观设计专利等）、专利权人、专利权期限等
版权	企业创作的文学、艺术、音乐、软件等作品的著作权登记信息、著作权人、著作权期限等
商业秘密	企业的保密技术、商业计划、客户列表、市场调研报告等
域名	企业的域名注册信息、域名所有者、域名到期日期等
非专利技术	企业自主研发的技术、工艺、方法等非专利技术的信息

7. 企业社会责任信息

企业的社会责任信息通常包括企业在经营活动中对社会和环境所承担的责任和义务信息，具体包括以下几个方面，见表9－5。

表 9-5 企业社会责任信息表

信息种类	社会责任信息
社会公益活动	企业参与的慈善捐赠、公益活动、志愿者服务等，以及对教育、扶贫、环保等领域的支持和投入
环境保护措施	在生产经营过程中采取的环保措施，如节能减排、资源循环利用、减少污染排放等方面的信息
员工权益保障	企业员工的薪酬福利、劳动条件、安全保障、培训发展等方面的政策和实践
供应链管理	涉及企业对供应商的管理和监督，包括对供应链中环境、劳工权益等方面的责任管理
社会责任报告	定期发布的社会责任报告，包括企业在社会责任领域的战略规划、目标达成情况、相关数据指标等内容

（四）企业数据与信息安全合规

企业数据安全合规，是指企业关于数据的运用是否符合法律规定。随着时代的不断进步，我国的科学技术和数字经济迅速发展，其应用领域也在逐步扩大，数据已经成为现代企业中不可或缺的资产，不仅用于内部决策，还用于创新、市场推广以及客户关系的维护。当下经营和管理更加依靠数据的事实要求企业应当警惕数据合规风险，合理收集、合法运用数据，避免在数据使用中触及法律的底线。

在国家层面上，企业信息安全合规是指企业在处理、存储和传输企业信息时，遵守国家和地方制定的相关法律法规和标准，保护企业的信息安全。具体来说，企业需要符合《中华人民共和国网络安全法》、《中华人民共和国个人信息保护法》（以下简称《个人信息保护法》）等法律法规的要求，并建立相应的管理制度和技术措施，以确保信息的机密性、完整性和可用性。在国际层面上，企业信息安全合规是指企业遵守所处地区或行业制定的相关法律法规、行业标准和最佳实践，保护企业的信息资源免受未经授权的访问、使用、披露和破坏。不同国家和地区可能有不同的法律法规和标准，如欧盟的《通用数据保护条例》、美国的《加利福尼亚州消费者隐私法》（CCPA）等。企业需要根据所处国家和地区或行业的要求，建立相应的信息安全管理制度和控制措施，确保符合相关合规要求。

二、大数据时代企业数据与信息安全风险

目前，随着大数据时代的发展，商业信息的安全性关乎企业数字化发展和未来的商业模式及竞争力。一旦企业的核心数据信息运用不当，安全无法得到保障，企业不仅会面临巨大的经济损失，还可能遭受法律制裁、监管处罚、重大财务损失和声誉损失的风险。在风险来源上，企业数据与信息风险主要来源于网络攻击风险和数据泄露风险两大方面。

（一）网络攻击风险

随着黑客技术、病毒、勒索软件等网络攻击手段不断演变，企业面临着网络安全威胁。攻击者可能通过网络入侵企业的系统和网络，窃取敏感信息数据或破坏系统运行。

1. 分布式拒绝服务（DDoS）攻击：DDoS 攻击旨在同时向目标服务器发送大量请求，使其超负荷，导致服务不可用。攻击者通常使用大量的“僵尸计算机”或者利用漏洞感染其他设备来发动这种攻击。

2. 恶意软件：恶意软件包括蠕虫病毒、木马病毒和间谍软件等，它们可以通过电子邮件附件、恶意链接或者不安全的下载传播。一旦被感染，恶意软件可能窃取敏感信息、破坏系统或者提供远程访问权限给攻击者。

3. 社交工程：社交工程是一种欺骗性的攻击手段，攻击者通过伪装成信任的实体，如员工、客户或者合作伙伴获取敏感信息。这种攻击常常通过钓鱼邮件、电话诈骗或者虚假网站来进行。

4. 零日漏洞：零日漏洞是指已存在但尚未被厂商发现或修复的安全漏洞。攻击者可以利用这些漏洞入侵系统、获取权限或者执行恶意代码。

5. 结构化查询语言（SQL）注入：SQL 注入是一种针对应用程序的攻击，攻击者通过在输入字段中插入恶意的 SQL 代码来绕过应用程序的安全机制，从而获取敏感数据或者修改数据库。

6. 身份盗窃：身份盗窃是指攻击者获取他人身份信息，如用户名、密码、信用卡号等，以冒充其身份进行欺诈行为。这种攻击通常通过网络钓鱼、恶意软件或者侵入数据库等方式进行。

（二）数据泄露风险

企业管理的大量数据存储在各种系统和设备中，包括数据库、云存储、

移动设备等。数据泄露可能由内部人员的错误、外部攻击或供应链风险等引起（见表9－6）。泄露的数据可能包括用户个人信息、商业机密等敏感信息。

表9－6　数据泄露风险表

风险对象	数据泄露风险
人为失误	员工的疏忽、错误操作或者不当行为可能导致信息泄露。例如，圆通10亿条快递信息泄露，涉及寄（收）件人姓名、电话、地址等信息，数据被以1比特币的价格出售，验证发现信息属实，暴露了数据管理的漏洞
钓鱼攻击	通过伪装成可信实体来欺骗员工提供敏感信息的攻击方式。攻击者通常会发送看似合法的电子邮件、短信或者电话，引诱员工点击恶意链接、下载恶意附件或者提供登录凭证等
恶意内部人员	企业内部的员工、合作伙伴或者供应商可能滥用其权限，窃取或者泄露敏感信息
外部攻击	黑客或者网络犯罪组织可以使用各种技术手段来攻击企业网络，窃取敏感信息。例如，喜达屋酒店预订数据库遭黑客入侵，导致大量客人信息泄露，包括个人姓名、通讯地址、电话号码等敏感信息，事件导致万豪股价下跌
不安全的第三方服务提供商	企业可能与第三方服务提供商共享敏感信息，如果服务提供商的安全措施不足或者存在漏洞，企业的数据可能会因此泄露。例如，纽昂斯通讯（Nuance）作为语音识别软件的第三方提供商，为医疗机构提供医疗转录服务。由于系统漏洞，包括美国旧金山卫生局和加利福尼亚大学圣迭戈分校在内的客户信息泄露，曝光了4.5万份患者记录
物理安全问题	企业在管理和保护实体设备和存储介质时可能存在不足。例如，未经授权的人员可以访问服务器房间、设备丢失或被盗、移动存储介质未加密等

三、企业开展数据与信息安全合规的重要意义

企业开展数据与信息安全合规是保护企业利益、客户隐私和声誉的重要举措。通过建立健全的信息数据安全管理体系，企业可以降低信息数据安全风险，提高业务连续性和竞争力，同时能够满足法律法规的要求。党的二十大报告指出："法治社会是构筑法治国家的基础。"这一重要论述阐明了建设法治社会对于建设社会主义法治国家的根本性作用，数据与信息安全合规也

正是建设数字法治的题中之义，与法治国家的建设和个体企业的利益都息息相关。

企业开展数据与信息安全合规是国际与国家或地区间统一的法律要求。在大数据时代，企业的数字化运营已经成为时代的主流，许多国家和地区都制定了与数据和信息安全相关的法律法规，企业需要遵守这些法律法规，否则可能面临罚款、诉讼和声誉损失等风险。通过开展数据与信息安全合规，企业可以确保自己符合法律法规的要求，降低法律风险。

企业开展数据与信息安全合规可以帮助企业保护客户的隐私。在大数据时代，大量的个人和敏感信息被企业收集和处理，如果这些信息被泄露或被滥用，将给客户造成严重影响，并可能导致企业声誉受损。通过遵守数据与信息安全合规，企业能够采取适当的措施来保护客户隐私，增强客户的信任和忠诚度。

企业开展数据与信息安全合规可以防止企业数据与信息泄露和损坏。数据与信息安全合规有助于企业防止核心数据信息泄露和损坏。商业数据与信息是企业最重要的资产之一，如果商业信息泄露或受到破坏，将对企业的业务连续性和竞争力造成严重影响。通过遵守数据与信息安全合规，企业可以建立健全的商业数据与信息保护措施，包括加密、备份、访问控制等，以确保商业数据与信息的机密性、完整性和可用性。

企业开展数据与信息安全合规可以避免企业的经济损失。数据与信息安全事件可能导致企业遭受巨大的经济损失。例如，网络攻击、勒索软件、数据泄露等都可能导致企业面临财务损失、法律诉讼、赔偿费用等。通过开展数据与信息安全合规，企业可以减少数据与信息安全事件的发生概率，并及时采取措施来降低损失。

企业开展数据与信息安全合规可以维护声誉和竞争力。数据与信息安全合规有助于维护企业的声誉和竞争力。在现代社会，数据与信息安全问题备受关注，消费者更加关注企业如何保护他们的个人信息，合作企业也更加关注合作企业如何保护企业数据信息，以确认其合作实力。通过遵守数据与信息安全合规，企业可以树立良好的形象，增强竞争力，并吸引更多的客户和合作伙伴。

第二节 企业数据与信息安全合规的基本思路

一、企业数据与信息安全合规体系的建构原则

（一）合目的性原则

在企业设立数据与信息合规体系的基本要求上，企业在设立数据与信息合规管理部门时，要根据企业经营的业务性质、地域范围、监管要求等来设置相应的数据与信息合规管理机构，数据与信息合规管理机构的规模要与数据与信息合规管理任务相匹配；在数据与信息安全合规涉及的范围上，要与企业的经营范围相适应，符合企业设立数据与信息安全合规体系的基本目的。

（二）必要性原则

企业设立数据与信息安全合规体系本身是为了企业的数据与信息安全，但依据必要性原则，企业需要依据自身的规模设立不同的数据与信息合规框架体系，以满足企业生存成本的基本需求和基本需要。对于一些大企业而言，其有足够的能力去构建一套完善的数据与信息合规体系，可以在原有的公司架构之上设置合规管理组织架构，以满足公司对于企业数据与信息合规的需求。对于小企业而言，其并没有足够的能力去构建完善的合规体系，法律也并不会对此予以苛求，可以将企业原有的法律部门、财务部门等联合起来承担一部分合规管理职责，以实现对数据与信息安全的保障。

（三）自治性原则

企业作为市场的主体，其内部员工和管理层在一定范围内拥有自主决策和自我管理的权利。这种权利通常是通过一系列制度和规则来实现的，以确保公司的正常运转和发展。企业在进行数据与信息安全合规体系的构建中需要满足自治性原则的要求，也即公司应该建立一套健全的管理制度和流程，明确企业员工的权利和义务。企业还应该设立独立的数据与信息合规实施监督机构，持续改进企业数据与信息合规管理体系，从而确保管理层和基层员工的数据与信息处理行为在法律法规规定的自治性原则范围内。

（四）明确性原则

企业订立的数据与信息安全合规方针方案应当明确：企业数据与信息合

规管理体系的范围；与企业组织规模、性质、复杂性有关，以及与企业数据与信息合规体系运行环境有关的体系运用与体系环境；数据与信息合规与其他职能，如治理、风险、审计和法务的结合程度；数据与信息合规融入企业运行方针、程序、过程的程度；数据与信息合规团队的独立和自治程度；管理和报告数据与信息合规事项的责任确定；企业管理内部和外部数据与信息利益相关方的关系；数据与信息合规所要求的企业行为和问责的标准；企业数据与信息不合规的内外后果。

（五）使用性原则

企业订立的数据与信息合规方针可以被作为文件化数据与信息使用，需要以通俗易懂的语言书写，便于所有员工容易地理解原则和目的，可以被翻译为其他语言且在企业内部能够明确传达。在企业内部，所有员工可随时对数据与信息合规方针使用并发表意见。在企业外部，数据与信息合规方针也应便于相关方获取。

（六）关联性原则

企业订立的数据与信息合规方针需要与企业的价值观、目标和战略保持一致，且在程序上需要通过企业机构的批准，符合企业的基本程序。企业数据与信息合规方针在实施过程中，应当按照国家对于合规的基本要求进行更新，方针所设定和要求的合规责任和实施水平以及相关合规体系提供的评估措施需要与时俱进。方针应当适合于企业活动所产生的合规义务。在企业方针定位上，其不应是孤立的文件，应当由其他企业性章程文件支持，包括企业运行方针、程序和过程。

二、企业数据与信息安全合规体系的关键板块与主要场景

企业数据与信息资产的维护全流程是企业进行企业数据与信息安全合规体系的主要适用场景。于企业数据与信息资产具体化分布层面上，企业数据与信息安全合规体系适用的主要场景包括企业数据与信息和商业秘密保护、网络数据与信息安全、数据与信息合规审计、企业员工培训、第三方数据与信息风险管理。

（一）企业数据与信息和商业秘密保护板块

企业数据与信息和商业秘密是公司重要的资产内容，企业需要确保其客

户和企业员工的商业数据与信息和个人数据与信息得到妥善保护，遵守相关的《公司法》《数据安全法》《个人信息保护法》等数据与信息和商业秘密法律。企业也需要按照相应的法律法规的基本要求，建立企业内部的企业信息与数据和商业秘密保护政策、安全措施和流程，从而确保企业信息与数据和商业秘密的合法处理。

（二）网络数据与信息安全板块

企业资产由实体化资产转变为网络资产、数据资产与数字资产是当今科技社会发展的主流。于企业外部环境而言，企业面临着不断增长的网络威胁和攻击风险，需要采取措施来保护自己的网络数据与信息资产。于内部而言，企业正常的经营需要符合网络安全合规的基本规定，建立和实施有效的防火墙、入侵检测和防御系统、加密和身份验证措施，以及安全策略和流程来应对针对企业数据与信息资产的网络攻击。

（三）合规审计和报告板块

企业需要依照法律规定进行定期的合规审计，以确保其数据与信息系统和业务操作符合相关的法规和标准，如 ISO 27001 信息安全管理体系标准。此外，一些行业可能还有特定的合规要求，如金融行业的支付卡行业数据安全标准（PCI DSS）和医疗保健行业的美国《健康保险可移植性与责任法》（HIPAA）。企业需要生成合规报告并向监管机构或客户提供证明。涉及个人信息处理业务的企业还需满足《个人信息保护法》中对于合规审计的基本要求以及在可能出现风险时所需要承担的合规审计义务（依照《个人信息保护法》第 64 条的规定，履行个人信息保护职责的部门在履行职责中，发现个人信息处理活动存在较大风险或者发生个人信息安全事件的，可以按照规定的权限和程序对该个人信息处理者的法定代表人或者主要负责人进行约谈，或者要求个人信息处理者委托专业机构对其个人信息处理活动进行合规审计。个人信息处理者应当按照要求采取措施，进行整改，消除隐患）。

（四）员工培训和意识板块

企业应该进行数据与信息安全培训和意识提升，确保员工了解数据与信息安全政策、最佳实践和操作流程，减少员工的错误操作和不当行为，提高企业整体数据与信息安全水平。

（五）第三方风险管理板块

企业在与供应商、合作伙伴和客户共享数据与信息数据或交易合作时，需要评估和管理第三方的安全风险，包括订立合适的合同和协议，确保第三方符合数据与信息安全要求，并进行定期的风险评估和审计。

三、企业数据与信息安全合规的制度建设

（一）数据与信息安全合规管理的组织架构

完善的数据与信息安全合规管理架构是有效开展数据与信息合规管理工作的前提条件，也是明确数据与信息安全合规主体职责的重要凭证。企业数据与信息安全合规管理的组织架构应当依据公司性质分含下列几个职级结构。

1. 企业治理层

企业党委（党组）要充分发挥把方向、管大局、促落实的领导作用，推动数据与信息合规要求在企业得到严格遵循和落实，不断提升依法合规经营管理水平。企业也应当严格遵守党内法规制度，将企业数据与信息安全合规导向落实在党委（党组）领导下，按照有关规定履行相应职责，推动相关党内法规制度有效贯彻落实。

董事会要充分发挥定战略、作决策、防风险作用，审议批准数据与信息合规管理基本制度、体系建设方案和年度报告等，研究决定企业数据与信息合规管理重大事项，推动完善企业数据与信息合规管理体系并对其有效性进行评价，决定合规管理专门部门设置及职责。

2. 企业管理层

企业经理层要发挥谋经营、抓落实、强管理作用，拟订数据与信息合规管理体系建设方案，经董事会批准后组织实施；同时拟定数据与信息合规管理基本制度，批准年度数据与信息安全计划等，组织制定数据与信息合规管理具体制度；组织应对重大数据与信息合规风险事件，指导监督各部门和所属单位进行数据与信息合规管理工作。

企业的数据与信息安全主要负责人作为推进数据与信息合规建设的第一责任人，需要切实履行依法数据与信息合规经营管理者、组织者、推动者和实践者的重要职责，积极推进数据与信息合规管理各项工作。

企业应当设立合规委员会，统筹协调数据与信息合规管理工作，定期召

开会议，研究解决数据与信息安全重点难点问题。

企业应当结合实际设立首席合规官，对企业主要负责人负责，领导合规管理部门组织开展相关工作，指导所属单位加强数据与信息合规管理。

3. 企业执行层

企业业务及职能部门作为承担数据与信息合规管理主体责任的首要主体，需要建立健全本部门数据与信息合规管理制度和流程，开展数据与信息合规风险识别评估，编制数据与信息风险清单和应对预案；定期梳理重点领域数据与信息合规风险，将数据与信息合规要求纳入岗位职责；负责本部门经营管理行为的数据与信息合规审查；及时报告数据与信息合规风险，并组织或者配合开展应对处置；组织或者配合开展数据与信息安全违规问题调查和整改。

企业应当在业务及职能部门设置数据与信息安全合规管理员，由业务骨干担任，接受合规管理部门数据与信息安全业务指导和培训。

企业的审计部门及安全部门需要落实企业赋予的审计义务和安全责任义务，对企业数据与信息合规进行监督和评估。

（二）企业数据与信息安全合规运行制度

企业数据与信息安全合规运行制度是为了保障企业的数据与信息资产安全，确保企业符合法律、法规以及行业标准要求而建立的一套规范和管理机制，从而形成数据与信息安全合规闭环，强化数据与信息安全合规的有效性。依据合规性文件要求，企业数据与信息安全合规运行制度应当包括以下机制。

1. 企业数据与信息合规风险识别评估预警机制

企业需要全面梳理经营管理活动中的数据与信息合规风险，建立并定期更新数据与信息合规风险数据库，对数据与信息风险发生的可能性、影响程度、潜在后果等进行分析评估，对典型性、普遍性或者可能产生严重后果的数据与信息风险及时识别并预警。

2. 企业数据与信息合规审查机制

企业应当将企业数据与信息合规审查机制作为必经程序嵌入企业日常经营管理流程，相应重大数据与信息合规审查意见应当由首席合规官签字，对决策事项的数据与信息合规性提出明确意见。业务及职能部门、合规管理部门依据各部门的职责权限完善数据与信息合规的审查标准、流程、重点等，定期对数据与信息合规审查情况开展评估并设计数据与信息风险预案。

3. 数据与信息风险应对及汇报机制

企业发生数据与信息合规风险，相关业务部门及职能部门应当及时采取数据与信息风险应对措施，并按照规定向合规管理部门报告，对造成或者可能造成企业重大资产损失或者严重不良影响的，应当由首席合规官牵头，合规管理部门统筹协调，相关部门协同配合，及时采取措施妥善应对并向有关部门汇报以避免风险扩大。

4. 数据与信息安全违规问题整改机制

企业应当结合自身经营情况，通过健全数据与信息安全规章制度，优化涉数据与信息业务流程，修补数据与信息安全风险漏洞，提升依法企业数据与信息合规经营管理水平。

5. 数据与信息违规举报机制

企业应当设立风险违规举报平台，公布举报渠道，保护举报人数据与信息，就数据与信息违规情形予以调查处理，对因数据与信息违规造成企业资产损失或造成不良后果的，应当移交责任追究部门，涉及违法乱纪的，按照规定移交相关部门。

6. 数据与信息违规行为追责问责机制

企业应当完善数据与信息违规行为追责问责机制，明确责任范围，细化问责标准，针对问题和线索及时开展调查，按照有关规定严肃追究违规人员责任，并将违规行为性质、发生次数、危害程度等作为考核评价、职级评定等工作的重要依据。

7. 数据与信息合规多部门协调机制

企业应当结合实际建立健全数据与信息合规管理和法务管理、内部控制、风险管理等的协同运作机制，加强统筹协调，避免交叉重复，提高管理效能。

8. 数据与信息合规评价机制

企业应当定期针对涉数据与信息业务合规管理情况开展专项评价，强化评价结果运用，加强企业数据与信息评价反馈机制。

（三）企业数据与信息安全合规保障制度

企业数据与信息安全合规保障制度是企业正常经营的根本，是企业为了确保数据与信息安全，遵守相关法律法规和标准要求而建立的一系列数据与信息安全合规保障制度和措施。为确保企业能够全面保护企业数据与信息安全，企业需要从内到外进行数据与信息安全合规的保障体系构建。

构建步骤与详细内容如下所述：

第一步：风险评估。企业需要对其数据与信息资产进行全面的风险评估，识别可能存在的安全威胁和漏洞，确定企业关键数据与信息和关键系统。

第二步：律法对接。企业依据风险评估结果研究适用于企业的数据与信息安全相关的法律法规并编制成册，明确企业对于数据与信息安全合规的要求和目标。

第三步：职责分工。企业依据风险评估、合规要求与运行机制建立责任分工体系，确保数据与信息风险的应对工作能够有效进行。

第四步：人员培训。企业要开展针对员工的数据与信息安全培训和意识教育活动，提高员工对数据与信息安全的认知和保护意识，减少内部安全风险。

第五步：内外监测。企业要定期对数据与信息系统进行安全审计和监测，发现和解决潜在的安全问题，定期邀请第三方专业机构对企业的数据与信息安全合规情况进行审查，确保企业符合相关法律法规和标准要求。

第六步：文化管理。企业合规部门要将数据与信息合规文化建设融入企业文化建设全过程，通过培育合规文化来强化企业合规管理，稳健企业正常经营，保证企业能够合规发展，防范数据与信息风险。

第十章　企业税务合规

企业税务合规是企业合规计划的重要组成部分，正如第一章所述，企业合规是指在市场经济中，企业公司的经营活动需要“依法经营，照章纳税”。自然，企业税务合规风险的评估与识别及其风险防范，就成为企业税务合规的内在逻辑与基本任务。毋庸置疑，企业税务合规风险防范效果如何，与企业生存与发展的风险大小、可持续久暂与质量高低等因素紧密相关，同时与所在国家经济社会的整体繁荣与兴旺息息相关。因此，科学理性地进行企业税务合规风险评估与识别和防范，就成为本章探究和介绍的主要内容和重点。

第一节　基本概念

一、企业税务合规界定

关于企业税务合规的内涵，其一般是指“税务主体履行税务合规义务的行为和状态”[1]。这既是指企业履行实体税法规定之纳税义务的行为和状态，也是指企业履行程序税法规定之纳税义务的行为和状态，具体是指企业能遵守税法相关规定，依法履行纳税义务，及时准确地完成税务申报、缴纳税款、备案等税务行为的过程和状态。此外，企业税务合规既是企业社会责任的重要内容之一，也是企业维护自身形象、保持健康可持续发展的重要保证。

企业合规是指企业作为“行为主体的行为须符合法规，符合规定”。狭义而言，企业税务合规是指企业重要涉税行为符合相关的税法规定。税法是指国家制定的关于重大征纳税利害社会行为“应该且必须”如何之权力规

〔1〕 贾焕银：《税收法治视野中的民法典实施》，载《审计观察》2021 年第 8 期。

范，主要凭借和依靠国家暴力强制与行政强制两大力量发挥作用，调节征纳税人之间重大涉税利害社会行为和状态。广义而言，企业税务合规是指企业涉税利害社会行为既符合国家的税法规范，也符合税收道德规范及其行业或企业内部的涉税规章与规定。税收道德规范是指社会制定的一切征纳税利害社会行为"应该"如何之非权力规范，主要凭借或依靠舆论强制与教育强制两大力量，调节一切征纳税行为主体的所有涉税利害社会行为和状态。此外，企业税务合规包括三大要素，即企业税务合规的主体、内容与标准。

二、企业税务合规风险界定

众所周知，风险是指"未来的不确定性"，而风险所导致的"不确定性"，既有负面的，也有正面的。只是在企业风险管理实务中，人们更多关注的是其负面效应，主要是指行为主体面临的信誉、经济等损失的可能性。学者马晓静认为，企业税务合规风险是指企业在纳税义务履行过程中因"未能准确遵守税收相关法律法规以及其他监管规定，导致企业面临信誉损失、财务损失以及法律制裁的可能性"[1]，具体是指企业因未能"遵守税法法规，依法按规定履行纳税义务、及时、准确地完成税务申报、缴纳税款、备案等税务行为"而导致的"企业面临信誉损失、财务损失以及法律制裁的可能性"。换言之，企业税务合规风险意味着——企业自身形象与经济利益会受到相应的损害，无法保证企业的低风险、可持续与高质量发展。狭义而言，企业税务合规风险既包括因未能及时、完全、准确地履行实体税法义务而导致的企业面临信誉损失、财务损失以及法律制裁的可能性等涉税法律风险，也包括企业因未能及时、完全、准确履行程序税法义务而导致的企业面临信誉损失、财务损失以及法律制裁的可能性等涉税法律风险。广义而言，企业税务合规风险既包括企业因未能及时、完全、准确地履行法定税法义务而导致的企业面临信誉损失、财务损失以及法律制裁的可能性等法律风险，也包括企业因未能及时、完全、准确地履行"德定"涉税义务而导致的企业面临信誉损失、财务损失以及法律制裁的可能性等道德风险。

---

〔1〕 马晓静：《电商直播行业税务合规风险防范研究》，载《财会研究》2022年第12期。

第二节　企业税务合规类型

一、根据税法渊源体系划分

根据税法渊源体系划分，企业税务合规可分为以下种类：

第一，企业税务宪法型合规，是指企业重大涉税利害社会行为符合宪法规定的纳税义务与权利，即企业能及时、准确地履行宪法规定的纳税义务，同时能享有相应的权利。

第二，企业税务税收法律型合规，是指企业重大涉税利害社会行为能符合税收法律（实体法与程序法）的规定，即企业能及时、准确地履行税收法律规定的纳税义务，同时能享有相应的权利。

第三，企业税务行政法规型合规，是指企业重大涉税利害社会行为能符合税收行政法规之规定，即企业能及时、准确地履行税收行政法规规定的纳税义务，同时能享有相应的权利。

第四，企业税务地方性法规、自治条例和单行条例、规章型合规，是指企业重大涉税利害社会行为能符合税收地方性法规、自治条例和单行条例、规章之规定，即企业能及时、准确地履行税收地方性法规、自治条例和单行条例、规章规定之纳税义务，同时能享有相应的权利。

第五，企业税务之税法解释型合规，是指企业重大涉税利害社会行为能符合税法解释之规定，即企业能及时、准确地履行税法解释之规定要求的纳税义务，同时能享有相应的权利。

第六，企业税务国际税收条约、协议型合规，是指企业重大涉税利害社会行为能符合国际税收条约、协议之规定，即企业能及时、准确地履行国际税收条约、协议之规定所要求的纳税义务，[1] 同时能享有相应的权利。

二、根据税收实体法制度划分

企业税务合规分类可根据税收实体法制度进行。学者徐孟洲、徐阳光在

---

〔1〕 参见徐孟洲、徐阳光：《税法》（第4版），中国人民大学出版社2012年版，第33－34页。

其著作《税法》（第 4 版）中认为，税收实体法制度是由流转税法、所得税法、财产税法、行为税与特定目的税法、资源税法和其他实体税法六大类构成，据此可将企业税务合规分为以下六种类型。

第一，企业税务流转税法型合规，是指企业重大涉税利害社会行为符合流转税法之“规”，即企业能及时、准确地履行增值税、消费税、营业税、关税等税法规定的纳税义务，同时能享有相应的权利。

第二，企业税务所得税法型合规，是指企业重大涉税利害社会行为符合企业所得税法、个人所得税法等“规”，即企业能及时、准确地履行企业所得税法、个人所得税法所规定的纳税义务，同时能享有相应的权利。

第三，企业财产税法型合规，是指企业重大涉税利害社会行为符合财产税法之“规”，即企业能及时、准确地履行房产税法、契税法等规定的纳税义务，同时能享有相应的权利。

第四，企业行为税与特定目的税法型合规，是指企业重大涉税利害社会行为符合行为税与特定目的税法之“规”，即企业能及时、准确地履行行为税与特定目的税法规定的纳税义务，同时能享有相应的权利。

第五，企业资源税法型合规，是指企业重大涉税利害社会行为符合资源税法之“规”，即企业能及时、准确地履行耕地占用税、城镇土地使用税、土地增值税法等规定的纳税义务，同时能享有相应的权利。

第六，企业其他实体税法型合规，是指企业重大涉税利害社会行为符合其他实体税法之“规”，即企业能及时、准确地履行其他实体税法之纳税义务，[1] 同时能享有相应的权利。

但在《税法》（第 7 版）中，徐孟洲、徐阳光则对国家税收实体法的认识有了新的分类，即认为税收实体法由七大类型构成，因此，企业重大涉税利害社会行为符合增值税法、消费税法、关税法、个人所得税法、企业所得税法、财产与行为税法（房产税法、契税法、车辆购置税法、车船税法、印花税法、城市维护建设税法、烟叶税法）、环境资源与土地税法（环境保护

〔1〕 参见徐孟洲、徐阳光：《税法》（第 4 版），中国人民大学出版社 2012 年版，第 38 页。

税法、资源税法、城镇土地使用税法、土地增值税法、耕地占用税法）等[1]七大类型，即能及时、准确地履行这七大类型实体税法规定之纳税义务，也能享有相应的权利。可见，企业税务合规的类型划分也是动态变化的，根据不同，划分的类型也就不同。

三、根据税收征收管理法律制度划分

根据税收征收管理法律制度（程序法），企业税务合规可划分为如下类型：

第一，税务管理制度类合规，即企业重大涉税利害社会行为符合税务登记、账簿和凭证、发票、税务检查与稽查制度类的纳税义务规定，同时能享有相应的权利。

第二，税款征收制度类合规，即企业重大涉税利害社会行为符合税款征纳主体、纳税申报、税款征收方式、征纳主体在税款征收中的权力（利）与义务、税款的退还和追征制度类的纳税义务规定，同时享有相应的权利。

第三，税务代理制度类合规，即企业重大涉税利害社会行为符合税务代理制度类的纳税义务规定，同时享有相应的权利。

第三节　企业税务合规风险类型与成因分析

企业税务合规风险类型划分与风险成因分析紧密相连。企业税务合规风险类型不同意味着企业税务合规风险的成因也不同，因此，化解和防范企业税务合规风险的策略与方法也就不同。学者顾恬认为，税务风险主要来自政策遵从风险、准确性核算风险、税收筹划风险与交易风险四个方面。[2] 但从上述企业税合规类型的分析可知，企业税务合规风险类型还有很多，成因也十分复杂。

---

〔1〕 参见徐孟洲、徐阳光：《税法》（第7版），中国人民大学出版社2019年版，第295－302页。

〔2〕 参见顾恬：《我身边的税务内控——合规与节税》，载《才智》2010年第12期。

一、税法渊源视域企业税务合规风险与成因分析

从税法渊源体系看，企业税务合规风险有以下类型和原因：

第一，企业税务宪法型合规风险，是指企业重大涉税利害社会行为因不符合宪法规定所导致的企业面临信誉损失、财务损失以及法律制裁的可能性等风险。此类风险发生的原因在于企业违背了宪法的涉税规定，企业未能及时、准确地履行宪法规定的纳税义务。

第二，企业税务税收法律型合规风险，是指企业重大涉税利害社会行为因不符合税收法律（实体法与程序法）所导致的信誉损失、财务损失以及法律制裁的可能性等风险。此类风险发生的原因在于违背了税收法律的涉税规定。

第三，企业税务行政法规型合规风险，是指企业重大涉税利害社会行为因不符合税收行政法规所导致的信誉损失、财务损失以及法律制裁的可能性等风险。此类风险发生的原因在于违背了税收行政法规的涉税规定。

第四，企业税务地方性法规、自治条例和单行条例、规章型合规风险，是指企业重大涉税利害社会行为因不符合税收地方性法规、自治条例和单行条例、规章合规类风险所导致的信誉损失、财务损失以及法律制裁的可能性等风险。此类风险发生的原因在于违背了税收地方性法规、自治条例和单行条例、规章的涉税规定。

第五，企业税务税法解释型合规风险，是指企业重大涉税利害社会行为因不符合税法解释之“规”所导致的信誉损失、财务损失以及法律制裁的可能性等风险。此类风险发生的原因在于违背了税法解释的涉税规定。

第六，企业税务国际税收条约、协议型合规风险，是指企业重大涉税利害社会行为因不符合国际税收条约、协议之“规”所导致的信誉损失、财务损失以及法律制裁的可能性等风险。此类风险发生的原因在于违背了税收国际税收条约、协议的涉税规定。

毋庸讳言，税法渊源视域的税法体系优劣与位阶高低，直接决定一个国家和社会企业群体税务风险的大小、强弱、广狭与久暂等，也影响这个国家经济社会发展质量之高低。质言之，一个国家和社会的税法体系越优良，位阶越高，不仅这个国家和社会总体企业税务风险越小越短暂，而且具体企业

的税务风险也越小越短暂，这有助于具体企业的低风险、可持续和高质量健康发展。

二、税收实体法视域企业税务合规风险与成因分析

从税收实体法制度看，企业税务合规风险与成因有以下六类：

第一，流转税法型企业税务合规风险，是指企业重大涉税利害社会行为因不符合流转税法之“规”所导致的信誉损失、财务损失以及法律制裁的可能性等风险。此类风险发生的原因在于违背了流转税法的规定，具体是指企业因未能及时、准确地履行增值税法规定的纳税义务所导致的企业税务合规风险。

第二，所得税法型企业税务合规风险，是指企业重大涉税利害社会行为因不符合企业所得税法之“规”所导致的信誉损失、财务损失以及法律制裁的可能性等风险。此类风险发生的原因在于违背了所得法的规定，即企业未能及时、准确地履行企业所得税法、个人所得税法所规定的纳税义务所导致的企业税务合规风险。

第三，财产税法型企业税务合规风险，是指企业重大涉税利害社会行为因不符合财产税法之“规”所导致的信誉损失、财务损失以及法律制裁的可能性等风险。此类风险发生的原因在于企业违背了财产税法的规定，即企业未能及时、准确地履行财产税法等规定的纳税义务所导致的企业税务合规风险。

第四，行为税与特定目的税法型企业税务合规风险，是指企业重大涉税利害社会行为因不符合行为税与特定目的税法之“规”所导致的信誉损失、财务损失以及法律制裁的可能性等风险。此类风险发生的原因在于企业违背了行为税与特定目的税法的规定，即企业未能及时、准确地履行企业行为税与特定目的税法规定的纳税义务所导致的企业税务合规风险。

第五，资源税法型企业税务合规风险，是指企业重大涉税利害社会行为因不符合资源税法之“规”导致的信誉损失、财务损失以及法律制裁的可能性等风险。此类风险发生的原因在于企业违背了资源税法的规定，具体是指企业未能及时、准确地履行耕地占用税、城镇土地使用税、土地增值税法等规定的纳税义务所导致的企业税务合规风险。

第六，其他实体税法型企业税务合规风险，是指企业重大涉税利害社会行为因不符合其他实体税法之“规”所导致的信誉损失、财务损失以及法律制裁的可能性等风险。此类风险发生的原因在于企业违背了其他实体税法的规定，即企业未能及时、准确地履行其他实体税法的纳税义务所导致企业税务合规风险。比如，漏税、偷税、避税和犯罪[1]所导致的企业面临信誉损失、财务损失以及法律制裁的可能性等风险。

如前所述，由于税收实体法的认识与分类的变化，企业税务合规风险还可以划分为以下七大类型，即企业重大涉税利害社会行为因不符合增值税法、消费税法、关税法、个人所得税法、企业所得税法、财产与行为税法（房产税法、契税法、车辆购置税法、车船税法、印花税法、城市维护建设税法、烟叶税法）、环境资源与土地税法（环境保护税法、资源税法、城镇土地使用税法、土地增值税法、耕地占用税法）等税法规定所导致的信誉损失、财务损失以及法律制裁的可能性等风险，发生此类风险的原因在于违背了上述实体税法的规定，即企业未能及时、准确地履行上述实体税法的纳税义务所导致企业税务合规风险。同样，税收实体法制度之优劣及其位阶高低，不仅影响这个国家和社会总体企业税务风险之大小、强弱、广狭与久暂等，也影响这个国家和社会每个具体企业税务风险之大小、强弱、广狭与久暂等，进而影响具体企业生产与发展的可持续与质量高低。

三、税收征收管理法律视域企业税务合规风险与成因分析

从税收征收管理法律制度（程序法）视域看，企业税务合规风险及产生原因如下所述：

第一，税务管理制度类企业税务合规风险，即企业重大涉税利害社会行为因不符合税务登记、账簿和凭证、发票、税务检查与稽查的制度类规定所导致的信誉损失、财务损失以及法律制裁的可能性等风险。发生此类风险的原因在于企业违背了上述税务管理制度类的规定，即企业未能及时、准确地履行上述程序税法规定之纳税义务所导致企业税务合规风险。

---

[1] 参见高金平、高鹏：《企业税务风险管理存在的问题及应对之策》，载《注册税务师》2020年第12期。

第二，税款征收制度类企业税务合规风险，即企业重大涉税利害社会行为因不符合税款征纳主体、纳税申报、税款征收方式、征纳主体在税款征收中的权力（利）与义务、税款的退还和追征等制度类规定所导致的信誉损失、财务损失以及法律制裁的可能性等风险。发生此类风险的原因在于违背了税款征纳主体、纳税申报、税款征收方式、征纳主体在税款征收中的权力（利）与义务、税款的退还和追征等制度类的规定，即企业未能及时、准确地履行上述税款征收制度类纳税义务所导致企业税务合规风险。

第三，税务代理制度类企业税务合规风险，是指企业重大涉税利害社会行为因不符合税务代理制度类的规定所导致的信誉损失、财务损失以及法律制裁的可能性等风险。发生此类风险的原因在于违背了上述税务代理制度类的规定，即企业未能及时、准确地履行上述税务代理制度类规定之纳税义务所导致企业税务合规风险。

同理，税收征收管理法律制度之优劣，也会从总体上影响一个国家和社会群体与具体企业税务合规风险之大小、强弱、广狭与久暂等。

四、其他视域企业税务合规风险与成因分析

既然企业税务合规类型会因划分根据与标准不同而不同，企业税务合规风险类型及其原因也不可能相同，即有多少种企业税务合规类型，便有多少种企业税务合规风险与原因。

第一，国内企业税务合规风险与国外企业税务合规风险。既有“走出去”企业税务合规风险，也有境外投资企业合规风险等，这些是不符合相关国家和地区税法规定所导致的信誉损失、财务损失以及法律制裁的可能性等风险。

第二，企业税务“大合规”风险与“小合规”风险。“小合规”风险仅指企业不符合反腐败合规管理规定所导致的信誉损失、财务损失以及法律制裁的可能性等风险；“大合规”风险是指企业不遵守所有层级的法律和规范、各部门法领域的法律和规范、不同国家和地区的管辖法律和规范、各层级公司和部门全合规、各经营管理领域全合规、全面合规风险管理、企业全员合规与企业合规文化、大合规组织、全面合规管理体系所导致的信誉损失、财务损失以及法律制裁的可能性等风险。

第三，企业税务合规“软”风险与“硬”风险。前者是指企业不符合“阻止非法涉税行为”之税法规定所导致的信誉损失、财务损失以及法律制裁的可能性等风险，后者是指企业不符合“趋向和正向价值规范”所导致的信誉损失、财务损失以及法律制裁的可能性等风险。

第四，不同行业企业税务合规风险，即不同行业企业不符合税法规定所导致的信誉损失、财务损失以及法律制裁的可能性等风险，此类企业合规风险原因带有鲜明的行业税务风险特点，因此，不同行业税务风险的化解与防范策略与对策注定不同。比如，按照国家标准化管理委员会等发布的《国民经济行业分类》，行业被划分为20个大类，97个小类，其中一个大类制造业便被分为30个小类。因此，相应行业所面对的税务合规风险挑战与对策就不可能完全相同。例如账外经营；虚假列支广告费、咨询服务费等成本费用；采取收款长期挂账，不按规定确认销售收入；虚开进项发票；虚开咨询服务费发票；销售人员以权谋私；集群注册空壳医药合同销售组织（CSO）、医药咨询服务公司（CSP）易被查处等。

第五，理想与现实类企业税务合规风险，即有共同与特定、绝对与相对、主观与客观等企业税务合规风险类型。具体有企业不符合理想税法规定所导致的信誉损失、财务损失以及法律制裁的可能性等风险，也有企业不符合现实税法规定所导致的信誉损失、财务损失以及法律制裁的可能性等风险，即前者所导致的企业税务合规风险多是未来的、普遍的、隐性的等，而后者所导致的企业税务合规风险多是当下的、特殊的、显性的等。因此，如何既能化解理想企业税务合规风险，又能化解和防范现实企业税务合规风险，便成为此类企业合规风险防范面临的最大挑战。

第六，企业税务合规抽象类风险与具体类风险。企业税务合规抽象类风险是指企业涉税利害社会行为因不符合抽象道德原则，诸如背离制度（道德与法）创建之终极目的——增进全社会与每个纳税人利益或福祉总量终极标准，人道自由最高道德原则，诸如平等、法治与限度一般自由原则和经济、政治、思想自由具体原则，以及公正根本道德原则（完全平等与比例平等原则）等所导致的信誉损失、财务损失以及法律制裁的可能性等风险。此类风险的存在是因为违背了抽象税收道德原则与税法原则。企业税务合规具体类风险是指企业涉税利害社会行为因不符合具体税法规定所导致的信誉损失、财务损失以及法律制裁的可能性等风险。此类风险的存在是因为违背了具体税收道德原则，特别是违背了现行税法的具体规定。无疑，前者企业税务合规风险的防范与化解，有助于降低或削减整个社会企业税务合规风险水平，促进整个社会全体企业的低风险、可持续、高质量生存与发展；后者风险的防范与化解，则仅仅有助于降低具体企业税务合规风险，促进具体企业的低风险、可持续、高质量生存与发展。

当然，企业税务合规风险还可根据其他标准，划分为不同的类型，比如，按照企业的所有制性质不同，便有国有企业类税务合规风险，也有民营企业类税务合规风险等。如果从风险分类看，企业税务合规风险还可划分为企业税务合规信誉损失风险、企业税务负担风险与税收违法风险等。[1] 总之，由于企业合规税务风险类型与产生的原因各种各样，企业税务合规风险防范和化解的策略与方法也不可能完全相同。事实上，导致企业税务合规风险的原因各式各样，但一般而言，多与合规主体对税务风险认识不足、风险管理重心滞后以及人才资源不足等因素有关。[2]

第四节 企业税务合规风险评估识别的一般途径与方法

就企业税务合规风险的界定而言，企业税务合规风险也有不同的类型。同样，有多少种不同的划分标准，就有多少种不同的企业税务合规风险类型。如果就企业税务合规风险的主要来源而言，就有狭义的企业税务合规税法风险与广义的企业税务合规道德风险两大类。如果就企业税务合规风险评价标准的抽象与具体而言，就有抽象的企业税务合规风险与具体的企业税务合规风险两大类，前者是指一个国家和社会总体的企业税务合规风险，即此类风险来源于税收道德与税法自身的优劣以及先进与落后，后者是指具体企业的税务合规风险。前者企业税务合规风险的防范，旨在全面提升整个社会企业税务合规水平，促进全社会财富创获活动的低风险、可持续、高质量发展；

---

〔1〕 参见兰徐：《企业税务风险管理浅析》，载《商展经济》2021 年第 23 期。

〔2〕 参见高金平、高鹏：《企业税务风险管理存在的问题及应对之策》，载《注册税务师》2020 年第 12 期。

后者企业税务合规风险的防范，旨在有效提升具体企业的税务合规水平，助力企业的低风险、可持续和高质量发展。而且，前者的企业税务合规风险多属于“隐性”大风险，即系统性风险；后者多属于“显性”小风险，即具体风险。鉴于此，本节主要介绍企业税务合规风险识别与评估、类型与成因，以及风险防范方法等内容。

企业税务合规风险评估与识别，乃是企业税务合规风险防范的必要前提。因为这意味着经过企业税务合规风险评估和识别，可发现企业税务合规风险点以及风险的大小与远近等，从而确定企业税务合规风险防范对策的轻重缓急及其投入的大小，提高企业税务合规风险防范的效率，真正有效促进全体或具体企业的低风险、可持续、高质量生存与发展。

一、企业税务合规风险评估的内涵

狭义而言，企业税务合规评价或评估是指税法价值判断、价值认识与价值意识，即评价者对企业主体那些具有重大涉税利害社会行为的价值判断、价值认识与价值意识。具体来说，企业税务合规评价或评估既有根据科学优良之税法对现行企业相关之税收立法、执法、司法、守法活动合法与否及其程度的价值评价，也有根据现行有效税法对企业具体涉税利害社会行为合法与否及其程度的价值评价，即企业税务合规评价或评估既是指对企业税务合规之“规”——税法（现行税收法律体系）本身优劣之价值评价——价值判断、价值认识与价值意识，也是指对企业重大涉税行为合法与否之价值评价——价值判断、价值认识与价值意识。广义而言，企业税务合规评价或评估是指税收道德价值判断、价值认识与价值意识，具体是指对企业主体一切涉税利害社会行为的道德价值判断、价值认识与价值意识。这既有根据科学优良理想税收道德原则对企业相关之税收立法、执法、司法、守法活动合德与否之评价，也有根据现实的税收道德原则和准则，对企业具体涉税利害社会行为合德与否及其程度的评价，即企业税务合规评价或评估既有对整个社会企业“税德”规范体系优劣之价值判断、价值认识和价值意识，也有对企业具体利害社会涉税行为善恶之价值判断、价值认识与价值意识。

就狭义而言，企业税务合规评价或评估是指企业或第三方组织或机构，根据税法相关规定，主要是根据实体税法与程序税法规定，结合本企业所在行业、发展阶段、所有制性质以及国别等特点，对自身涉税合规风险进行全面系统评估的活动，以便为随后制定相应的企业税务风险管理制度，确立企业税务合规风险防范的重点与策略奠定决策基础。

二、企业税务合规风险识别的内涵

鉴于“风险识别”是指在风险发生之前，人们运用各种方法系统、认识所面临之各类风险，以及风险事故可能发生的潜在原因等活动，企业税务合规风险识别是指在企业税务合规风险发生之前，运用各种方法系统辨识所面临的各类涉税风险，同时分析涉税风险事故可能发生的潜在原因与概率大小等活动。具体来说，企业税务合规风险识别既包含感知风险环节，也包含分析风险环节。企业税务合规感知风险环节的把握，旨在了解客观存在的各种企业税务合规风险，这是企业税务合规风险识别的基础，也只有通过企业税务合规的感知风险过程，才能进一步寻找导致企业税务合规风险事故发生的因素，拟订企业税务合规风险的防范计划，从而为企业税务合规风险管理决策提供科学理性的服务。事实上，企业税务合规感知风险环节的把握过程，也就是企业税务合规风险的评估与评价过程。而且，对企业税务合规风险环节的把握，重在及时发现和准确把握引起企业税务合规风险事故的各种主要因素。

必须指出的是，企业税务合规评估贯穿企业税务合规行动的全过程，既是指评价者要根据一定税收合规之“规”（税收道德与税法），对企业内外利益相关者涉税行为价值之评价，更是指对企业合规之“规”本身优劣善恶进行价值评价。事实上，企业税务合规评估是风险识别的基本途径与方法。实践中，企业税务合规风险评估与风险识别往往相辅相成，目的都在于提前发现企业税务合规风险之所在，能用最小的投入有效防范或削减企业税务合规风险，助力企业低风险、可持续、高质量地生存与发展。逻辑上，企业税务合规风险评估与识别要力求全面性、前瞻性与客观性，谨防片面性、表面性与主观性，以期能为此后的企业税务合规风险防范明确方向，确立重点，择优选择相应的对策，奠定坚实的税务合规风险科学决策基础。

三、企业税务合规风险评估与识别的一般途径和方法

目前企业合规研究者在企业合规评价的“可能性与有效性”及其具体方法、根据、程序和步骤等方面，并未达成基本共识。[1] 客观上，这会削减企业税务合规评价在企业合规行动计划及其风险识别中的积极作用。而且，明确企业税务合规评价的内涵、资格、标准、对象、根据等问题，乃是进行企业税务合规评价以及风险识别的逻辑前提。具体评估步骤与方法如下所述。

（一）要明确企业税务合规评估与风险识别的主体：谁来评估

要明确企业税务合规评估与风险识别的主体，狭义而言，就是要明确谁来评价？是“我”对他人企业重大涉税利害社会行为进行评估和风险识别，还是“我”对自己企业重大涉税利害社会行为进行评估和风险识别？明确企业税务合规评估与风险识别主体的意义在于，有助于明确企业合规风险评估与识别的主体责任，同时既可以为企业税务合规评估和风险识别明确方向，也可以为企业税务合规评估和风险识别明确重点与难点。问题在于，对他人企业重大涉税利害社会行为之税收合规评估与风险识别，既取决于企业税务合规评估和风险识别标准的优劣，也取决于对他人企业重大涉税利害社会行为事实如何之规律认识的真假。困难显然在于，对他人企业重大涉税利害社会行为事实如何之规律认识的真假。因此在对他人企业重大涉税利害社会行为进行企业税务合规评估和风险识别时，既要将重点放在对他人企业重大涉税利害社会行为事实如何之规律的真假认识方面，也要将重点放在对企业税务合规评估与风险识别标准的优劣选择方面，要力争用优良税收合规与风险识别标准（“税德”与税法）进行评估和识别。

（二）要明确企业税务合规评估和风险识别的对象：对谁的“什么”评估和识别

要明确企业税务合规评估与风险识别的对象，即对谁的“什么”进行税务合规评估与风险识别，即是对“税德”税法规范体系本身进行优劣评价与风险识别，还是对具体企业的重大涉税利害社会行为进行合规评估与风险识

---

[1] See Maurice E. Stucke, *In Search of Effective Ethics & Compliance Programs*, Journal of Corporation Law, Vol. 39, p. 775 (2014).

别？这既是企业税务合规评估与风险识别十分重要的一步，也是所有企业税务合规评估与风险识别活动的关键环节。因为对什么进行评价直接关系企业税务合规评估及其风险防范的方向与根本。或者说，评价者即将展开的企业税务合规评估与风险识别是针对抽象的“税德”税法规范，还是针对具体企业的重大涉税利害社会行为，其价值和意义是不同的。如果是对前者，企业税务合规评估与风险识别的价值与意义在于，可通过持续、科学、客观的评价或评估，不断地完善和健全一个社会的总体“税德”税法规范体系，促使所有规范越来越科学和优良，并逐步抵达最优；如果是对后者，企业税务合规评估与风险识别的价值和意义则在于，可通过持续、科学、客观的评价，不断促进企业内外利益相关者遵从和遵守“税德”税法规范，助力企业有效防范和化解税收法律风险与道德风险，可持续、高质量与健康地发展。

（三）要选择企业税务合规评估与风险识别的类型：对企业的“什么”评估和识别

要选择企业税务合规评估与风险识别的类型，即对企业的“什么”进行合规评估与风险识别，也即是对企业合规和风险主体的涉税品德善恶进行评价，还是对企业合规和风险主体的重大涉税利害社会行为善恶进行合规和风险识别评价？是对企业合规之“税德”规范进行道德评价和道德风险识别，还是对企业合规主体的“税德”品质进行道德评价和道德风险识别？是对企业合规之税法规范本身优劣进行评价和税法风险识别，还是对企业合规主体的税法品质进行善恶评价和税法风险识别？是对企业涉税合规之具体规范进行道德评价和道德风险识别，还是对企业涉税合规之具体规范进行税法评价和税法风险识别？简言之，评价者究竟是对企业的一切涉税利害社会行为进行“合德性”税收评价和道德风险识别，还是对企业一切涉税利害社会行为进行“合道性”的税收评价和税收风险识别，抑或对企业一切涉税利害社会行为进行“合法律”之税收评价和税法风险识别？是对企业重大涉税利害社会行为进行“合法”税收评价和税法风险识别？是对企业一切涉税利害社会行为进行“合道性”之合规评估与风险识别？等等。

（四）选定企业税务合规评估与风险识别的标准

选定企业税务合规评估与风险识别的标准，即依据哪种标准进行企业税务合规风险评估与识别，即是选择抽象原则和标准，还是选择具体原则和标准？因为不论评价的对象是企业合规之规（“税德”与税法），还是具体企业涉税利害社会行为，也不论是企业合规者的税收品德与品质，还是企业涉税利害社会行为，最终都要靠企业税务合规评估与风险标准来裁定和判断。逻辑上，用什么样的标准进行评估和识别，就可能得出什么样的结果，而且企业税务合规评估与识别标准的优劣，直接决定企业税务合规评估与风险识别结果的总体质效。例如，选择用现行税收法律法规进行“合法律”税务合规评估与风险识别是一种结果，选择运用优良税收原则和法律法规标准进行税收“合法”评价与风险识别则是另一种结果。同理，选择用现行税收道德标准进行“合道德”税收合规评价与风险识别是一种结果，选择运用优良税收道德标准进行企业税收“合道性”评价与风险识别则是另一种结果。这表明选择的评价与风险标准不同，则企业税务合规评估与风险识别的结果就不同。至少，企业税务合规评价的标准由低到高如下：符合现行税收法律法规（宪法、税收法律、税收行政法规、税收地方性法规、税收部门规章、税收地方规章及其税务征管具体办法）—符合现行社会治理法律—现行税收道德—符合现行社会治理道德—优良社会治理道德（良德），即企业税务合规评估与风险识别的结果存在由低到高的顺序为“合法律—合法—合德—合道”。

（五）确立企业税务合规评估与风险识别根据

要确立企业税务合规评估与风险识别的根据，即企业税务合规评估与风险识别是根据企业及其利益相关者的涉税行为动机，还是根据企业及其利益相关者涉税行为的效果？如果要对涉税企业主体的品德和品质进行评估与风险识别，就应根据企业主体在某一具体涉税行为中表现出的动机，即依据其在某一具体涉税行为中对行为目的与手段之预想，包括对其涉税行为之过程与结果的预想进行判断和评价。如果要对企业主体涉税行为进行价值评估与风险识别，则只能根据该企业主体涉税行为的实际效果——实际出现的该企业主体的实际纳税行为目的与行为手段，进行价值判断与风险识别，即根据该企业主体实际履行的纳税义务情况，进行税收合规判断与评价以及税务风险识别。

（六）要遵照科学的评价方法进行企业税务合规评估与风险识别

遵照科学的评价方法进行企业税务合规评估与风险识别，即按上述步骤、程序与方法进行企业税务合规评估与风险识别。这表明企业税务合规评估与风险识别要遵照“明确主体—弄清对象—选择类型—选定标准—确立根据”的步骤，对企业合规主体品德品质与涉税利害社会行为进行价值分析、比较和判断。例如，如果我们要对某个国家和社会企业群体的“税德”税法规范体系之优劣进行评估与风险识别，就要首先明确谁来评估与风险识别，评价谁的风险，接着要选定评价标准、终极标准、终极分标准（选择利益一致情况下的分标准，还是选择利益冲突情况下的分标准）、最高原则（诸如平等、人道、自由、法治、民主、异化等原则）、根本原则（公正：完全平等原则与比例平等原则）、重要规则（诸如诚信、便利、节俭等），然后进行税务合规主体合规水平与风险的评估与风险识别。如果要对某个具体企业税务合规评估与风险识别，除了遵照以上步骤和方法，关键是要明确现行税法规定和标准是什么，然后用这些标准和原则去比照、衡量具体企业税务合规水平之高低与风险之大小等。但无论如何，终极标准乃是最后的、位阶最高的、最权威的，其他原则、规则则是终极标准的具体展开，在为企业税务合规评估与风险识别的方便服务。

第五节　企业税务合规风险防范的具体途径与方法

一、狭义视域企业税务合规风险防范

狭义的企业税务合规风险防范即从企业税务合规风险防范的有效性与可持续性看，是理性科学的企业税务合规风险防范。

第一，要强化企业税务合规风险防范意识。因为企业税务合规风险防范意识的强弱、大小与久暂等，是企业税务合规风险防范行动的思想前提。企业税务合规风险防范意识越强越大越长久，则企业税务合规风险防范行动就越主动越自觉越强烈越长久；反之，企业税务合规风险防范行动就越被动越淡薄越短暂。因此，“要深刻意识到税收风险关键在于防控，而非补救，税收风险对企业而言不仅仅是补税罚款，更影响企业的实际收益、信用指标、资质评定、上市融资等方方面面，关乎企业能否健康持续发展”[1]，即从思

---

〔1〕高金平、高鹏：《企业税务风险管理存在的问题及应对之策》，载《注册税务师》2020 年第 12 期。

想上重视企业税务合规风险问题，乃是有效化解和防范企业税务合规风险发生的前提。因此，必须树立长期的企业税务合规风险防范意识，特别是要重视那些隐性的涉税风险问题，自觉克服税务合规风险评估与识别中的片面性、表面性与主观性现象，特别是要解决领导意志左右税务风险防范行动等问题。

第二，要全面检视本企业存在的税务合规风险问题，确定企业税务合规风险防范的重点，尽量消除税务合规风险防范风险的盲点。具体要注意结合本企业的实际，检视企业税务合规风险防范的薄弱环节。这既要全面掌握与本企业生存与发展紧密相关的实体税法中的权利与义务规定，特别是最新颁布的相关税收政策等规定，也要全面熟悉和掌握程序税法领域相关的重要涉税权利与义务规定。

第三，要结合企业实际，构建科学理性的企业税务合规风险防范制度机制，力争企业税务合规风险管理主体责、权、利之统一，保证企业税务合规风险防范活动的高效、可持续进行，真正发挥企业税务合规风险防范在企业合规行动进程中的重要作用。徐辰认为，“要建立健全企业内部税务管理风控框架”[1]。黄海峰认为，企业税务风险内部控制体系建设要坚持四大原则，即“牵制和授权的相关原则、全面合规的原则、协作合作的原则、成本效益原则与重点控制原则”[2]。

第四，要借助现代高新技术理论，提前发现企业税务合规风险点，及时削减和防范企业税务合规风险。因为互联网、大数据、人工智能、区块链等现代高科技工具一旦介入企业税务合规风险防范，或将具有人工不可替代的正效用。

第五，要借助第三方组织或机构专业人士的资源和力量，如借助企业税务合规师、税务律师等专业人士的智慧，提高企业税务合规风险防范的效率。

二、过程视域企业税务合规风险防范

就企业税务合规过程风险防范而言，需要注意以下三个方面：

第一，要及时修补本企业税务合规风险管理体制存在的漏洞，强化税务

〔1〕 徐辰：《在美中资企业税务合规及风险管理》，载《清华金融评论》2022 年第 2 期。
〔2〕 黄海峰：《基于内部控制的税务风险管理探析》，载《中国中小企业》2021 年第 8 期。

风险防范的薄弱环节，降低企业税务合规风险爆发的概率。

第二，要主动建立与税务机关及时沟通的工作机制，一旦发现企业的涉税问题，不要抱有侥幸心理，必须及时沟通，争取税务和司法机关的最大理解和宽大处理。

第三，要主动建立与第三方机构和专业人士经常沟通的工作机制，以便及时获取最新的税收规定信息与专业性的税务风险防范建议，预防新的税务合规风险点的产生，及时处理企业税务风险防范面临的新问题。

三、事后视域企业税务合规风险防范

就企业税务合规事后风险防范而言，关键要树立积极应对的态度，及时与相关税务机关和司法部门沟通，争取合规谅解，降低企业税务合规风险的信誉成本与经济成本等。因为企业与税务机关的及时有效沟通与协调，“有利于企业向税务机关进行请示、汇报、情况说明等，以达到申辩目的”〔1〕。潘龙也赞同“首违不罚”的观点，认为“首违不罚”是行政处罚法增设亮点之一，“既是顺应了时代发展的行政视角转变：从善政走向善治的需要，也是回应了执法实践中积极探索的立法需求”〔2〕。事实上，已有地方政府以文本形式落实这一理念，比如，《海南省人力资源和社会保障厅关于印发〈海南省人力资源和社会保障领域实施包容免罚清单〉的通知》（已失效）中就规定，对用人单位轻微违法行为决定不予处罚的，采取“一案三书”（用人单位守法诚信承诺书、劳动保障监察建议书、不予行政处罚决定书）的形式处理。〔3〕

当然，为保证企业税务合规风险特殊预防功能的实现，第一，“须于前端防控作出回应以补足”，因为企业合规旨在由企业制定合规制度，以防控

〔1〕 李杰：《企业税务合规的构建》，载《法制与社会》2021年第10期。

〔2〕 潘龙：《合规行政监管激励机制与“首违不罚”融合路径探索》，载上海市法学会编：《上海法学研究》集刊2022年第13卷。

〔3〕 责令用人单位限期改正违法行为，在用人单位按要求改正，并自愿作出守法诚信承诺。参见《海南省人力资源和社会保障厅关于印发〈海南省人力资源和社会保障领域实施包容免罚清单〉的通知》，载海南省人力资源和社会保障厅官网2021年10月27日，http：//hrss. hainan. gov. cn/hrss/gfxwj/202110/9d9da5f6fecf48939d0d3100cc0c2291. shtml。

经营运行中可能产生的法律风险以避免违法行为的发生。第二，要积极与新闻媒体机构和从业人员沟通，争取社会各界的理解与宽容，降低企业税务合规风险的道德成本等。第三，要深刻反思现行企业税务合规制度中存在的问题，建立有效的企业税务合规风险奖惩机制，调动企业员工在税务风险防范中的积极作用，特别是要加强企业税务风险防范岗位人员的风险防范综合素质。

四、广义视域企业税务合规风险防范

就广义的企业税务合规风险防范而言，要有效防范企业税务合规风险，基本途径和对策在于，能从国家层面优化企业税收道德与税法体系，促进企业税收道德与税法体系的可持续科学化、客观化与现代化。

第一，国家层面企业税收道德与税法体系创新要有助于最大限度地增进全社会和每个人民的利益或福祉总量，能持续满足人民群众不断增长的美好生活需求。

第二，要尽快实现人道自由最高道德价值（平等、法治、限度与经济、政治与思想自由）在国家层面企业税收道德与税法体系的实质性“嵌入”，也就是社会主义核心价值观能实现在国家层面企业税收道德与税法体系的实质性“嵌入”。

第三，要尽快实现公正平等的根本原则（完全平等与比例平等）在国家层面企业税收道德与税法体系的实质性“嵌入”。

当然，也要加快诚信、便利与节俭等重要道德价值在国家层面企业税收道德与税法体系的实质性“嵌入”。

第十一章　企业劳动用工合规

第一节　企业劳动用工合规概述

一、企业劳动用工合规的概念

劳动者是企业最宝贵的财富，尊重劳动者是企业生存和发展的内在要求，也是企业自身应尽的责任。企业劳动用工合规，是指企业的劳动用工行为符合国家法律法规、外部监管政策及内部规章制度，切实维护企业和员工的合法权益。相比于其他领域的合规，劳动人事合规是企业的基础性合规领域，其不仅涉及内部员工自身利益的保障，也直接影响企业的生存和发展。[1]《中央企业合规管理指引（试行）》第13条和《中央企业合规管理办法》第18条，均把劳动用工领域的合规列为合规管理的重点领域。

随着社会的发展和改革的深化，我国的劳动法律法规发展迅速，以《中华人民共和国劳动法》（以下简称《劳动法》）为代表的法律法规相继出台。尤其是《劳动合同法》的颁布，具有划时代意义。其为构建和谐劳动关系、保障劳动者合法权益、促进企业长远发展提供了有力保障。《中华人民共和国劳动合同法》（以下简称《劳动合同法》）施行以来，劳动争议案件呈"井喷式"发展，客观上促使企业不断规范用工行为、强化劳动合同管理、完善规章制度等。（表11－1为我国现行有效的主要劳动法律法规）

---

〔1〕参见周万里主编：《企业合规讲义》（第2版），中国法制出版社2022年版，第416页。

表 11－1　我国现行有效的主要劳动法律法规

序号	名称	效力层级
1	《劳动法》	法律
2	《劳动合同法》	法律
3	《中华人民共和国劳动争议调解仲裁法》	法律
4	《中华人民共和国就业促进法》	法律
5	《中华人民共和国社会保险法》	法律
6	《劳动保障监察条例》	行政法规
7	《职工带薪年休假条例》	行政法规
8	《工伤保险条例》	行政法规
9	《女职工劳动保护特别规定》	行政法规
10	《社会保险费征缴暂行条例》	行政法规
11	《保障农民工工资支付条例》	行政法规
12	《企业职工带薪年休假实施办法》	部门规章
13	《劳务派遣暂行规定》	部门规章
14	《实施〈中华人民共和国社会保险法〉若干规定》	部门规章

二、企业劳动用工合规的必要性

劳动用工对每个企业都必不可少。在企业人力资源管理的过程中，建立劳动用工专项合规管理制度，实现企业经营和管理的人性化，避免受到行政处罚或者刑事处罚具有一定的必要性。

（一）劳动用工合规有利于建立稳定的劳动关系，维护社会的稳定

劳动关系属于一种特殊的社会关系，是指用人单位与劳动者之间的一种社会经济利益关系。劳动关系实质上关系着劳动者的生存利益，一旦发生企业侵害劳动者权益的行为，如果处理不好，很容易在劳动者和企业之间产生较大的冲突。与此同时，企业的某种行为可能波及多个劳动者，这种冲突一旦被激化，便可能演变为大型的群体性事件，加剧社会矛盾，在社会上形成舆论风暴，甚至引起社会动荡。为了切实维护劳动者的合法权益乃至社会稳定，我国政府设立了专门的劳动行政机关，对企业是否依法执行劳动法律法

规的情况进行监督检查。如果企业在某一领域违反了劳动法律法规的规定，将会面临比较严厉的行政处罚，甚至可能触犯刑事法律，承担刑事责任。

（二）劳动用工合规是对劳动者基本权益的维护

劳动者作为企业最基本的组成部分，在企业的生存和发展中起着非常重要、不可或缺的作用。劳动者是企业正常运转的基础，是企业不断进步的源泉和动力，企业给劳动者支付的工资报酬反过来通常也是劳动者生存和发展的基础与依靠。企业只有在劳动关系中切实维护好劳动者的合法权益，为劳动者提供合理的晋升渠道和发展空间，才能提高劳动者的积极性和工作热情，才能提高企业乃至社会的整体效率。

（三）劳动用工合规可以有效地规范企业的行为，预防企业违法犯罪

对于用人单位拖欠劳动者的劳动报酬的情况，如果用人单位存在主观故意，必然会采取不正当的手段来实现这一目标，如转移财产、潜逃藏匿等，这样将会严重侵犯刑法，从而使企业走上违法犯罪之路。因此，劳动用工合规可以有效地规范企业的行为，避免企业违法犯罪行为的出现。

第二节　企业劳动用工合规的主要内容与风险类型

一、企业劳动用工合规的主要内容

（一）企业制定内部劳动规章制度的规定

规章制度是企业管理的内部“法律”，是企业规范管理和经营自主权的需要，也是保障劳动者合法权益的规则。《劳动法》第 4 条规定：“用人单位应当依法建立和完善规章制度，保障劳动者享有劳动权利和履行劳动义务。”《劳动合同法》第 4 条则在此基础上作出了更为详细的规定：“用人单位应当依法建立和完善劳动规章制度，保障劳动者享有劳动权利、履行劳动义务。用人单位在制定、修改或者决定有关劳动报酬、工作时间、休息休假、劳动安全卫生、保险福利、职工培训、劳动纪律以及劳动定额管理等直接涉及劳动者切身利益的规章制度或者重大事项时，应当经职工代表大会或者全体职工讨论，提出方案和意见，与工会或者职工代表平等协商确定。在规章制度和重大事项决定实施过程中，工会或者职工认为不适当的，有权向用人单位

提出，通过协商予以修改完善。用人单位应当将直接涉及劳动者切身利益的规章制度和重大事项决定公示，或者告知劳动者。”根据该条规定，劳动行政部门在行使监督检查权时，应注意检查规章制度的内容和形式是否合法，规章制度的制作过程是否符合程序要求，是否保证了劳动者的知情权和参与权。对于用人单位制定规章制度违法的责任追究问题，《劳动合同法》第80条也作出了明确规定：“用人单位直接涉及劳动者切身利益的规章制度违反法律、法规规定的，由劳动行政部门责令改正，给予警告；给劳动者造成损害的，应当承担赔偿责任。”

（二）企业与劳动者订立劳动合同的规定

《劳动合同法》第10条规定：“建立劳动关系，应当订立书面劳动合同。已建立劳动关系，未同时订立书面劳动合同的，应当自用工之日起一个月内订立书面劳动合同。用人单位与劳动者在用工前订立劳动合同的，劳动关系自用工之日起建立。”该条对劳动合同的订立分为三个层次：第一，劳动者与用人单位建立劳动关系，书面劳动合同是必须要订立的。第二，对于已建立劳动关系，未同时订立书面劳动合同的，给予1个月的宽限期。第三，先订立劳动合同后建立劳动关系的，劳动关系成立于实际用工之日。

《劳动合同法》第12条规定：“劳动合同分为固定期限劳动合同、无固定期限劳动合同和以完成一定工作任务为期限的劳动合同。”其中，固定期限劳动合同，是指用人单位与劳动者约定合同终止时间的劳动合同。双方可以协商一致订立该种类合同。无固定期限劳动合同要复杂一些，是指用人单位与劳动者约定无确定终止时间的劳动合同。以完成一定工作任务为期限的劳动合同是一种特殊的合同，它是指用人单位与劳动者约定以某项工作的完成为合同期限的劳动合同。

（三）企业使用女职工和未成年工的特殊劳动保护规定

为了减少和解决女职工在劳动中因生理特点造成的特殊困难，保护女职工健康，国务院于2012年4月28日发布了《女职工劳动保护特别规定》，并于同日起施行。该规定强调：企业有义务加强女职工劳动保护，采取措施改善女职工劳动安全卫生条件，对女职工进行劳动安全卫生知识培训；企业应当遵守女职工禁忌从事的劳动范围的规定；企业应当将本单位属于女职工禁忌从事的劳动范围的岗位书面告知女职工。《女职工劳动保护特别规定》的附录中明确列举了女职工禁忌从事的劳动范围，对经期、孕期、哺乳期禁忌从事的劳动进行了细化，并由国务院安全生产监督管理部门会同国务院人力资源和社会保障行政部门、国务院卫生行政部门根据经济社会发展情况，对女职工禁忌从事的劳动范围进行调整。如果女职工正处于怀孕、分娩或者哺乳阶段，企业不得降低工资、予以辞退或者终止劳动合同。对于怀孕的女职工，要保障其享有法规规定的产假；对于流产的女职工，也要根据情况保障相应的产假。[1] 此外，企业应协助女职工办理产假期间的生育津贴。

原劳动部于 1994 年 12 月 9 日发布了《未成年工特殊保护规定》（劳部发〔1994〕498 号），该规定第 3 条列举了企业禁止未成年工从事的劳动范围，包括特定的高处作业、高温作业、低温作业等以及一定劳动强度的作业等。该规定第 4 条规定了未成年工患有某种疾病或具有某些生理缺陷（非残疾型）时，企业不得安排从事的劳动范围。

（四）关于工作时间和休息休假的规定

《劳动法》第 36 条至第 45 条规定了工作时间和休息休假，劳动行政部门有权对此进行检查和监督。首先，关于工作时间的问题。我国实行工时制，劳动者每日工作时间不超过 8 小时，平均每周工作时间不超过 44 小时。对实行计件工作的劳动者，企业应当根据工时制度合理确定其劳动定额和计件报酬标准。其次，关于休息时间的问题。企业应当保证劳动者每周至少休息 1 日。如果企业因生产特点不能满足上述工作时间和休息时间的限制，经劳动行政部门批准，可以采取其他工作和休息办法。由于生产经营需要，企业经与工会和劳动者协商后可以延长工作时间，一般每日不得超过 1 小时；因特殊原因需要延长工作时间的，可以在保障劳动者身体健康的条件下延长工作时间。除特殊情况外，每日不得超过 3 小时，每月不得超过 36 小时。这里的“特殊情况”是指发生自然灾害、事故或者因其他原因，威胁劳动者生命健康和财产安全，需要紧急处理的情形等。对于延长的工作时间，企业应当按照下列标准支付高于劳动者正常工作时间工资的工资报酬：正常工作日、休

---

〔1〕 根据《女职工劳动保护特别规定》第 9 条的规定，女职工生育享受 98 天产假，其中产前可以休假 15 天；难产的，应增加产假 15 天；生育多胞胎的，每多生育 1 个婴儿，可增加产假 15 天。女职工怀孕未满 4 个月流产的，享受 15 天产假；怀孕满 4 个月流产的，享受 42 天产假。

息日、法定节假日安排工作的，应当分别支付不低于工资的150%、200%、300%的工资报酬。最后，关于休假的问题。在法律规定的春节、元旦等节日，企业应当安排劳动者休假。对于带薪年休假问题，《职工带薪年休假条例》第3条规定："职工累计工作已满1年不满10年的，年休假5天；已满10年不满20年的，年休假10天；已满20年的，年休假15天。国家法定休假日、休息日不计入年休假的假期。"该条例还规定，企业确因工作需要不能安排职工休年休假的，经职工本人同意，可以不安排职工休年休假。对职工应休未休的年休假天数，企业应当按照该职工日工资收入的300%支付年休假工资报酬。

（五）企业参加缴纳社会保险费的规定

为了规范社会保险关系，维护公民参加社会保险和享受社会保险待遇的合法权益，使公民共享发展成果，促进社会和谐稳定，我国于2010年10月通过了《中华人民共和国社会保险法》（以下简称《社会保险法》），于2011年7月1日起施行。国家建立基本养老保险、基本医疗保险、工伤保险、失业保险、生育保险等社会保险制度，保障公民在年老、疾病、工伤、失业、生育等情况下依法从国家和社会获得物质帮助的权利。社会保险条款是劳动合同中不可或缺的内容，劳动合同中的相应内容应当符合劳动法的规定。根据《劳动法》和《社会保险法》的相关规定，凡是建立劳动关系的企业和劳动者都应当依法参加社会保险，缴纳社会保险费。保险的种类和保险的费用必须根据法律的规定确定，不能由劳动者与企业任意协商而决定。社会保险主要包括基本养老保险、基本医疗保险、工伤保险、失业保险、生育保险。

1. 基本养老保险

职工应当参加基本养老保险，由企业和职工共同缴纳基本养老保险费。无雇工的个体工商户、未在用人单位参加基本养老保险的非全日制从业人员以及其他灵活就业人员可以参加基本养老保险，由个人缴纳基本养老保险费。企业应当按照国家规定的本单位职工工资总额的比例缴纳基本养老保险费，记入基本养老保险统筹基金。职工应当按照国家规定的本人工资的比例缴纳基本养老保险费，记入个人账户。无雇工的个体工商户、未在用人单位参加基本养老保险的非全日制从业人员以及其他灵活就业人员参加基本养老保险的，应当按照国家规定缴纳基本养老保险费，分别记入基本养老保险统筹基金和个人账户。个人账户不得提前支取，记账利率不得低于银行定期存款利率，免征利息税。个人死亡的，个人账户余额可以继承。

2. 基本医疗保险

职工应当参加职工基本医疗保险，由企业和职工按照国家规定共同缴纳基本医疗保险费。无雇工的个体工商户、未在用人单位参加职工基本医疗保险的非全日制从业人员以及其他灵活就业人员可以参加职工基本医疗保险，由个人按照国家规定缴纳基本医疗保险费。

3. 工伤保险

职工应当参加工伤保险，由用人单位缴纳工伤保险费，职工不缴纳工伤保险费。社会保险经办机构根据用人单位使用工伤保险基金、工伤发生率和所属行业费率档次等情况，确定用人单位缴费费率。用人单位应当按照本单位职工工资总额，根据社会保险经办机构确定的费率缴纳工伤保险费。职工所在用人单位未依法缴纳工伤保险费，发生工伤事故的，由用人单位支付工伤保险待遇。用人单位不支付的，从工伤保险基金中先行支付。因工伤发生的下列费用，按照国家规定由用人单位支付：（1）治疗工伤期间的工资福利；（2）五级、六级伤残职工按月领取的伤残津贴；（3）终止或者解除劳动合同时，应当享受的一次性伤残就业补助金。

4. 失业保险

职工应当参加失业保险，由企业和职工按照国家规定共同缴纳失业保险费。企业应当及时为失业人员出具终止或者解除劳动关系的证明，并将失业人员的名单自终止或者解除劳动关系之日起 15 日内告知社会保险经办机构。失业人员应当持本单位为其出具的终止或者解除劳动关系的证明，及时到指定的公共就业服务机构办理失业登记。失业人员凭失业登记证明和个人身份证明，到社会保险经办机构办理领取失业保险金的手续。失业保险金领取期限自办理失业登记之日起计算。

5. 生育保险

职工应当参加生育保险，由用人单位按照国家规定缴纳生育保险费，职工不缴纳生育保险费。用人单位已经缴纳生育保险费的，其职工享受生育保险待遇；职工未就业配偶按照国家规定享受生育医疗费用待遇。所需资金从生育保险基金中支付。生育保险待遇包括生育医疗费用和生育津贴。

（六）企业与劳动者解除或者终止劳动合同的规定

劳动合同的解除是指在劳动合同期满之前终止劳动合同关系的法律行为。解除劳动合同既可以是合意解除合同，也可以是劳动者或者企业单方解除合同。合意解除，是指劳动者和企业协商一致解除劳动合同，既可能由劳动者提出，也可能由企业提出。劳动者单方解除包括预告解除和劳动者任意解除两种。预告解除，是指劳动者应当提前30日以书面形式通知用人单位解除劳动合同，试用期内提前3日通知即可。劳动者任意解除的情形包括用人单位未按照劳动合同约定提供劳动保护或者劳动条件、未及时足额支付劳动报酬、未依法为劳动者缴纳社会保险费等情形。企业单方解除劳动合同包括非过错性辞退、过错性辞退和经济性裁员。《劳动合同法》对三种辞退均规定了相应的适用情形。比如，过错性辞退包含劳动者在试用期间被证明不符合录用条件、严重违反用人单位的规章制度等情形。劳动合同的终止包括劳动合同期满，劳动者开始依法享受基本养老保险待遇，用人单位被依法宣告破产，用人单位被吊销营业执照、责令关闭、撤销或者用人单位决定提前解散等情形。

二、企业劳动用工合规常见风险防范

企业劳动用工合规风险，是指企业在劳动用工过程中因不合规行为引发承担法律责任、造成经济或者声誉损失以及其他负面影响的可能性。[1] 风险主要包括两种：一种是企业因违反劳动合同而承担的违约责任；另一种是企业未遵守劳动法律法规，面临被劳动保障行政部门检查监督的风险。企业劳动用工合规体系的建设主要是指如何规避后一种风险。企业违反劳动法律、法规、规章的，劳动保障行政部门可以根据危害程度对其处以责令改正、警告、罚款或者其他惩罚措施，构成犯罪的，依法追究违法者的刑事责任。

根据《劳动保障监察条例》第10条的规定，劳动保障行政部门实施劳动保障监察，对企业履行督促、监督、保障职责。企业应当重视劳动用工潜

---

〔1〕 参见《深圳市宝安区人力资源局关于印发〈深圳市宝安区企业劳动用工合规指引〉的通知》，载深圳市宝安区人力资源局官网2023年5月18日，http://www.baoan.gov.cn/barlzyj/gkmlpt/content/10/10595/mpost_10595392.html#22277。

在的风险，如果企业违反劳动保障相关的法律法规，劳动保障行政部门应通过行使法律法规赋予的相应处罚权责令企业进行改正，以维护劳动者的合法权益，也有利于企业的长远发展。

（一）企业制定内部规章制度时所面临的风险

制定规章制度既是企业的权利，也是企业的义务。企业规章制度包括劳动报酬、工作时间、休息休假、劳动安全卫生、职工培训、劳动纪律、劳动定额管理等组织管理本单位劳动的规范性文件。企业制定规章制度面临的风险有以下几点：（1）规章制度内容本身不合法。如果规章制度的条款本身违反法律的强制性规定，该条款无效，该规章制度没有约束力，劳动者可以不遵守；劳动保障行政部门会责令改正，给予警告；给劳动者造成损害的，应当承担赔偿责任；如果违法的规章制度损害劳动者权益，劳动者可以解除劳动合同，用人单位需要向劳动者支付经济补偿；如果用人单位使用违反法律规定的规章制度条款解除劳动关系，将会被认定为违法解除，用人单位需要向劳动者支付赔偿金。（2）规章制度未经民主程序确定，制定或修改涉及职工切身利益的规章制度或者重大事项未经职工（代表）大会讨论，与工会或者职工代表平等协商确定。（3）规章制度未向全体职工公示，或者告知职工，不应对职工产生效力。对此，建议采用纸质书面形式或电子文件形式向全体职工公示，对新入职员工也需履行告知义务。

（二）企业与劳动者订立劳动合同所面临的风险

企业与劳动者之间订立劳动合同是一项法律行为。劳动合同确立了企业和劳动者各自的权利和义务，是非常重要的法律文件。对此，企业主要有三个方面的法律风险：第一，在招聘阶段、劳动合同签订阶段和劳动合同更新阶段签订劳动合同不符合法律规定的程序；第二，企业未履行签订书面劳动合同的义务；第三，劳动合同的主要条款不符合法律对劳动合同条款的基本要求，即不合法、不完整、不清晰。

（三）企业对于工作时间和休息休假执行情况的风险

上班时间是劳动者向企业提供劳动力的时间，上班时间的标准是企业严格执行单位管理制度的重要工具。在劳动者上班时间上，企业须注意以下三点：第一，必须注意标准上班时间制所建立的标准，即企业所实施的基本上班时间制。第二，对于实行缩短工时制、不定期工时制和计件工时制的特殊行业和特殊岗位，应注意非标准工时制的规定。第三，休息休假属于休息时间系统，在该时间段内，劳动者可以免除履行劳动义务。

（四）企业支付劳动者工资和执行最低工资标准所面临的风险

企业向劳动者支付工资时面临的风险主要有以下几种：首先，注意工资的构成。工资由不同部分组成，不仅包括基本工资，还包括绩效工资、奖金、津贴、补贴、延长工作时间的特殊情况下支付的工资等，它们共同构成企业应当向劳动者支付的总工资。其次，不同形式的工资支付有不同的规定。工资不仅可以以小时工资的形式支付，还可以以计件工资的形式支付。最后，注意最低工资制度。最低工资是国家通过立法制定的强制性工资标准，是劳动者在法定工作时间或依法签订的劳动合同约定的工作时间内提供了正常劳动的前提下，用人单位依法应支付的最低劳动报酬。计算最低工资时，应包括基本工资、津贴、补贴，但不包括加班加点工资、特殊劳动条件下的津贴、以货币形式支付的住房补贴和用人单位支付的伙食补贴。我国实行最低工资保障制度，企业支付劳动者的工资不得低于当地最低工资标准。

（五）企业缴纳各项社会保险费所面临的风险

社会保险金的支付主体是法定的，不仅包括企业职工，也包括非企业职工的城乡居民。根据《社会保险法》《劳动合同法》的相关规定，用人单位和劳动者必须依法参加社会保险，缴纳社会保险费，企业必须承担为养老、医疗、失业、工伤、生育五种保险项目付款的义务。在参加各种社会保险和缴纳社会保险费的过程中，主要注意以下风险：第一，试用期间，企业未依法为员工缴纳社保费。《社会保险法》第58条、第86条规定，企业应该自用工之日起30日内为其职工向社会保险经办机构申请办理社会保险登记，如果企业没有按时足额缴纳社会保险费，自欠缴之日起，面临按日加收万分之五滞纳金的风险；逾期仍不缴纳的，面临处以欠缴数额1倍以上3倍以下罚款的风险。《劳动合同法》第19条第4款规定，试用期应包括在劳动合同期中。也就是说，企业在试用期间也必须为员工缴纳社保。第二，员工自愿放弃社保，签订放弃缴纳社保承诺书。为劳动者参加社会保险并依法缴纳社会保险金系用人单位的法定义务，该项义务不能由用人单位和劳动者通过约定变更或者放弃。一些企业不给员工缴纳社保费用，但是会给员工发一笔社保补助费，用现金代替社保缴纳，这亦是法律条文所不允许的。第三，不按规定的社会保险基数为员工缴纳社保，或未如实申报社会保险基数。社会保险基数简称社保基数，是指职工在一个社保年度的社会保险缴费基数。它是按照职工上一年度 1 月至 12 月的所有工资性收入所得的月平均额来确定的。社会保险缴费基数是计算用人单位及其职工缴纳社保费和职工社会保险待遇的重要依据。《社会保险费征缴暂行条例》第 10 条规定："缴费单位必须按月向社会保险经办机构申报应缴纳的社会保险费数额，经社会保险经办机构核定后，在规定的期限内缴纳社会保险费。缴费单位不按规定申报应缴纳的社会保险费数额的，由社会保险经办机构暂按该单位上月缴费数额的 110% 确定应缴数额；没有上月缴费数额的，由社会保险经办机构暂按该单位的经营状况、职工人数等有关情况确定应缴数额。缴费单位补办申报手续并按核定数额缴纳社会保险费后，由社会保险经办机构按照规定结算。"第四，降低员工"名义工资"，以发票报销形式降低社保缴费。在强大的金税系统背景下，想要开具正规有效的发票，都需要有真实的业务，否则，便属于虚开，企业存在涉税风险。企业想通过降低员工"名义工资"，增加员工费用报销的形式降低社保缴费基数，同时存在巨大的涉税风险与社保补缴的风险。

（六）企业与劳动者解除或者终止劳动合同所面临的风险

企业与劳动者解除劳动合同面临的风险：第一，合意解除须明确是谁提出解除。如果是企业提出解除，劳动者与企业协商一致解除合同，那么，企业需要向劳动者支付经济补偿金。第二，属于劳动者任意解除、企业非过错性辞退、经济性裁员、劳动合同终止情形，劳动合同解除通知书或终止通知书应当明确解除或终止的时间，企业需要向劳动者支付经济补偿金。第三，送达方式以直接送达为主，邮寄送达为辅，只有在上述两种方式均不能送达的情况下，才能采用公告方式送达。注意送达时保留送达证据。第四，企业违反劳动合同法的规定解除或终止劳动合同，劳动者有权要求企业继续履行合同或者按照经济补偿金的 2 倍要求赔偿金。值得注意的是，经济赔偿金的数额是经济补偿金的 2 倍；要求企业继续履行合同或者赔偿金二选一；企业支付了赔偿金的不再支付补偿金。

第三节 企业劳动用工常见合规风险防范

企业劳动用工的风险点较多，我们将所有风险概括为企业用工种类、入职阶段、在职阶段、离职阶段和争议阶段五个类别，并针对每个类别劳动用工的常见风险点和防范措施进行归纳和总结。

一、企业用工种类合规风险防范

（一）企业用工种类常见风险点

根据相关法律规定，用人单位除使用标准全日制劳动关系外，还可能采取非全日制用工、劳务派遣、实习用工等其他灵活用工方式，以增强用工灵活性或减少用工成本。不同用工种类的合规风险并不完全相同。第一，劳务派遣。企业使用劳务派遣用工，除所选择的劳务派遣公司需获得行政许可外，用工单位执行的劳务派遣岗位应属于临时性、辅助性、替代性岗位，如企业在主营岗位上使用劳务派遣，则将存在被行政处罚的风险。第二，非全日制用工。按照《劳动合同法》规定，非全日制员工每周工作时间不得超过 24 小时，工资支付周期不得超过 15 日，有些企业与员工签署了书面非全日制劳动合同，但选择按月发放工资，甚至每周工作时间超过 24 小时或对超过 24 小时的部分做加班处理，此存在被认定为全日制劳动关系的风险，一旦被认定为全日制劳动关系，企业需要负担带薪年休假、缴纳社保和公积金、离职补偿金等成本。

（二）风险防范措施

第一，在劳务派遣方面。企业应科学梳理工作岗位内容，提升岗位管理的规范性，确保依法在具有替代性、辅助性的岗位上使用劳务派遣员工。针对已经在岗从事关键工作岗位且工作成绩优秀，为企业作出突出贡献的劳务派遣员工，应加强相关制度规范，为劳务派遣员工提供转为直接用工的机会，提高劳务派遣员工的工作责任心，保障企业生产经营有序开展。第二，在非全日制用工方面。企业与员工可以订立口头协议，不用签订书面合同；不得约定试用期；任何一方可以随时通知对方终止用工；解除用工关系没有限制，不用支付经济补偿金；劳动报酬支付结算周期最长不得超过 15 日；用工单位应当为劳动者缴纳基本养老保险。第三，在全日制劳动用工方面。企业与员工必须签订书面劳动合同，双方解除合同有限制，涉及经济补偿等。不同用工的风险点及防范见表 11－2。

表 11－2　用工种类及风险防范

用工种类		形式/特点	风险点及合规建议
全日制	劳动用工	有固定期限	必须签订书面劳动合同，解除合同有限制，涉及经济补偿等
		无固定期限	
		以完成一定工作任务为期限	
	劳务派遣	属于人力资源外包，一般在具有临时性、辅助性、替代性的工作岗位上实施	适用范围较窄，用工单位使用退回劳务派遣单位的限制较多，连带责任风险不可控
非全日制		指用工单位以小时计酬为主，劳动者在同一用人单位一般每日工作时间不超过 4 小时，每周工作时间累计不超过 24 小时的用工形式。主要在餐饮、超市、社会服务等行业	可以订立口头协议，不用签订书面合同；不得约定试用期；任何一方可以随时通知对方终止用工；解除用工关系没有限制，不用支付经济补偿金；劳动报酬支付结算周期最长不得超过 15 日；用工单位应当为劳动者缴纳基本养老保险

二、劳动者入职阶段合规风险防范

劳动者入职阶段风险主要包括招聘条件与录用条件、劳动合同种类选择、劳动合同签订时间、试用期管理等方面的风险。

（一）招聘条件与录用条件的设置

1. 常见风险点

招聘和录用分别属于选择劳动者的基本资格条件和最终条件，两者存在如下合规风险：第一，在招聘条件的设置上，有关于如年龄、学历、职业资格、技术资格、工作经历等的限制。《中华人民共和国就业促进法》明确禁止性别等就业歧视。第二，在录用条件的设置上，有关于如工作态度、岗位技能、业绩指标等的限制。

2. 风险防范措施

首先，企业需要完善自身的制度，强化对规则的认同意识。企业应当严格规范招聘管理流程，不招用16周岁以下的童工，在招聘广告中，不应设有针对被招聘人员的容貌、身高、疾病、户籍、性别等的歧视性条件。其次，企业应当科学合理地设计招工和录用条件，做好员工的身份、工作履历等信息真实性的调查。最后，作为试用期期间解除合同的依据，除了不能违反法律禁止性规定，还需具有可操作性、宜考核等特点。

（二）劳动合同的选择及签订

1. 常见风险点

第一，在劳动合同种类选择方面。劳动合同包含固定期限劳动合同、无固定期限劳动合同和以完成一定工作任务为期限的劳动合同。每种劳动合同均有不同程度的合规风险。第二，在劳动合同签订的时间方面。对于企业未及时与员工签订劳动合同，或者员工入职后以各种理由拖延签订劳动合同的情形，其法律风险表现为员工要求企业支付未签劳动合同双倍工资，甚至拖延签订劳动合同1年以上，以致法律上视为员工与企业建立事实上的无固定期限劳动合同。

2. 风险防范措施

企业应及时与劳动者签订劳动合同，合理的选择签订劳动合同的种类，且劳动合同文本的内容应符合相关法律的要求，避免无效合同或无效条款的出现。如果属于和劳动者续签劳动合同的情形，应符合续签的相关规定。如果劳动者拒签劳动合同，企业应该果断与该劳动者解除劳动合同而不需要承担任何法律责任；如果企业的疏忽大意导致员工入职超过1个月未能签订劳动合同，企业可以与员工进行充分沟通，采取相应的补救措施，而不能不了了之。总之，在签订劳动合同的问题上，企业应积极主动。

（三）在试用期的管理及录用条件方面

1. 常见风险点

第一，试用期管理方面。试用期是企业与劳动者互相考核的期限，是一种双方双向选择的表现，企业面临的常见风险有试用期内不签劳动合同、单独签订试用期劳动合同、自行设定试用期、考核不合格延长试用期、续订合同再次约定试用期、试用期工资低于法定标准、试用期离职要求支付培训费等。第二，试用期录用条件方面。例如，企业设定的录用条件有歧视性要求，企业存在侵权赔偿风险；员工入职前被企业取消录用，对企业来讲存在缔约过失赔偿风险等。

2. 风险防范措施

首先，企业遵守相关的法律规定，加强企业用工方面的法律、法规等规范性法律文件的学习，同时加强企业人力资源管理部门自身的规章制度的完善，杜绝歧视性或不合规录用行为的发生。其次，在法律框架之内合理的设置试用期长度，对员工的培训杜绝有偿培训，可以在试用期进行必要企业文化、管理制度、岗位准则等方面的基础培训。

三、劳动者在职阶段合规风险防范

劳动者在职阶段的风险主要包括劳动合同变更、企业规章制度的制定、加班管理、工伤处理等方面的风险。

（一）劳动合同变更的风险点及风险防范

1. 常见风险点

劳动合同变更共分为协调变更、依约变更和依法变更三种情形。每种情形都可能存在相应的风险，例如，在协调变更类型方面，没有采用书面的形式；在依约变更类型方面，劳动合同或者规章制度没有明确变更条件、内容、程序等；在依法变更类型方面，不符合法定条件，如不能胜任工作、客观情况变化等。

2. 风险防范措施

根据《劳动合同法》的规定，需履行协商一致的程序。企业如未经协商一致擅自执行变更合同，容易导致产生劳动争议，员工事后主张补发工资或要求撤销公司作出的变更合同决定存在较大的胜诉可能性。因此，企业应依法变更劳动合同内容，全面履行自身义务。当需要变更劳动合同时，需要企业与劳动者双方协商一致，且变更后的劳动合同应双方各执一份，保证合法性。

（二）企业规章制度制定风险点及风险防范

1. 常见风险点

根据《劳动法》第 4 条的规定，用人单位应当依法建立和完善规章制度，保障劳动者享有劳动权利和履行劳动义务。可见制定和完善规章制度是企业的法定义务，如果缺失规章制度，用人单位后续对员工进行管理将缺乏依据，亦容易导致纠纷和风险。第一，内容不合法。规章制度内容不符合我国法律、法规、规章、地方性法规等。第二，程序不合法。例如，未设有职工代表大会，未提交职工代表大会讨论。第三，没有事先公示或告知劳动者。

2. 风险防范措施

规章制度是企业的“宪法”，企业应当规范自身规则制度的建设。第一，规范劳动用工规章制度建设，包括劳动时间、劳动报酬、保险福利、教育培训等方面。第二，内容不得违反法律法规、公序良俗等。企业规章制度规定了劳动者的权利义务，是企业内部治理的规范，不仅要符合相关法律的要求，具有合法性，其内容还应具有合理性。第三，程序合法。根据《劳动合同法》的规定，企业劳动规章制度的制定需要经过民主程序。充分征求员工的意见和建议是确保制度合法性和有效性的重要步骤。

（三）加班管理方面的风险点及风险防范

1. 常见风险点

我国目前实行三种工作时间制度，分别是标准工时制、综合计算工时制和不定时工时制，每种工时制的合规风险有一定的差别。第一，工作时间安排超出法定上限损害劳动者的身体健康，如安排员工连续 7 天不间断工作或者每月加班时数超过 36 小时；第二，企业执行特殊工时制未获得劳动行政部门的许可或审批；第三，企业强制安排员工加班或安排加班未依法补休或支付加班费；第四，企业通过规章制度排除员工的休假权利；第五，企业规定的休假标准低于法定标准或对休假程序设置过于严苛的规定。

2. 风险防范措施

第一，加班应与工会和劳动者协商，除法定情形外不得强制劳动者加班。第二，加班时间不得超过法定限制。第三，用人单位应当建立考勤制度，考勤表经劳动者核对后签字确认。第四，用人单位应当建立加班审批制度，设置相关审批流程，如《加班申请单》《加班确认单》等，防止“泡加班”情形。第五，用人单位支付加班费应在工资表中单独列明，避免双方因加班费支付问题引起争议。

四、劳动者离职阶段合规风险防范

离职阶段的风险主要包括劳动合同解除与终止、离职程序管理方面的合规风险。

（一）劳动合同解除与终止的风险点及风险防范

1. 常见风险点

劳动关系的结束主要包含劳动合同解除与劳动合同终止两种情形，两者均存在不同程度的合规风险。一是用人单位单方规定或与劳动者约定法定解除条件以外的解雇条件，该等做法由于没有法律依据，无法得到仲裁机构或法院的支持；二是用人单位执行单方解除或终止劳动合同缺乏法定必要条件或无法举证证明解除的事实理由；三是用人单位解除或终止劳动合同未履行法定程序；四是用人单位应当支付经济补偿金或代通知金而未支付的情形。

2. 风险防范措施

首先，企业必须明确《劳动合同法》的各项规定，按照明确的法律依据进行劳动合同的解除。对于不能随意解除劳动合同的条款，应该予以重点关注。在这个过程中，企业还必须保留足够的材料以作为劳动者不符合岗位要求或者给企业带来重大损失的佐证。其次，企业在解除和终止劳动合同的时候还必须按照《劳动合同法》的规定足额支付给劳动者相应的经济赔偿金。同时，对于一些履行随附义务也不应该随着合同的解除或者终止而停止，需要单位开具证明的、移交档案的、转移社保资料的等都需要企业配合处理。[1]

劳动合同解除与终止的合规风险及防范见表11－3。

〔1〕 参见郝猛：《谈企业劳动合同管理的法律风险与防范》，载《统计与管理》2016年第8期。

表 11－3 劳动合同解除与终止的合规风险分类示意表

<table>
<tr><th>解除、终止类型</th><th>合规文书类型</th><th>合规送达要求</th><th>合规建议</th></tr>
<tr><td>合意解除</td><td>劳动合同解除协议</td><td>无</td><td rowspan="4">(1) 合意解除须明确是谁提出解除（涉及经济补偿情形）；
(2) 解除或终止的文书应明确解除或终止时间与经济补偿事宜；
(3) 送达方式以直接送达为主，邮寄送达为辅，只有在上述两种方式均不能送达的情况下，才能采用公告方式送达。注意送达时保留送达证据</td></tr>
<tr><td>单位单方解除</td><td>劳动合同解除通知书</td><td>过错性辞退：随时送达；
非过错性辞退：提前 30 日送达（或支付 1 个月工资代通知）</td></tr>
<tr><td>劳动者单方解除</td><td>辞职通知书</td><td>试用期内提前 3 日提出，其他期间提前 30 日书面形式通知</td></tr>
<tr><td>劳动合同终止</td><td>劳动合同终止通知书</td><td>劳动合同终止前送达</td></tr>
</table>

（二）离职程序管理风险点及风险防范

1. 常见风险点

离职程序管理风险主要表现：离职前未与员工书面确认年假、工资、加班费、奖金等是否结清，导致与离职员工产生争议；未依法为离职员工出具离职证明给员工造成损失，可能导致承担赔偿责任；离职前未明确告知员工离职后是否需履行竞业限制义务，可能产生纠纷；等等。

2. 风险防范措施

一是书面确认年假、工资、奖金等结清与否的情况；二是为离职员工出具离职证明；三是对于需要履行竞业限制义务的员工，明确告知该义务。

五、劳动争议阶段的合规风险防范

（一）劳动争议的常见风险点

劳动争议是指劳动关系的双方当事人（劳动者和用人单位）因执行劳动法律、法规或者履行劳动合同所发生的纠纷。判断一项争议是否属于劳动争议可分为两步：首先，判断争议的主体是否为劳动者和用人单位；其次，判断其争议的内容是否与劳动关系、劳动合同、职位等相关。

实践中涉及劳动争议的常见风险点有：劳动争议界定、劳动争议仲裁与劳动争议诉讼等。

（二）风险防范措施

一是准确理解劳工争议的内涵、性质、特征。通常而言，属于劳动争议的情形，劳动仲裁机构有管辖权，不属于劳动争议的情形，劳动仲裁机构无管辖权。前者常见情形有劳动者与用人单位在履行劳动合同过程中发生的纠纷，劳动者与用人单位之间没有订立书面劳动合同，但已形成劳动关系后发生的纠纷，劳动者因为工伤、职业病请求用人单位依法承担给予工伤保险待遇的争议等。后者常见情形有劳动者请求社保经办机构发放社保金的纠纷、劳动者与用人单位因住房改革产生的公有住房转让纠纷、家庭或者个人与家政服务人员之间的纠纷、农村承包经营户与受雇人之间的争议等。二是准确理解劳动仲裁、诉讼的关键要素，主要包括各自的时效、启动的条件与期限等问题。三是发生劳动争议后，积极应对，妥善维护自身权益。如正确表明态度、依法举质证、善于运用法律规定应诉抗辩等。[1]

[1] 参见刘婷：《新形势下如何有效防范与应对劳动争议风险》，载《现代企业》2019年第12期。

下编

企业合规风险责任论

第十二章　企业合规风险及其法律责任分析

第一节　企业合规风险

常见的企业合规风险有：一是法律合规风险。企业在经营过程中，需要遵守国家法律法规、行政规章和司法解释等，否则将面临法律风险。例如，企业在市场推广活动中存在虚假宣传、价格欺诈等行为，可能被消费者或竞争对手起诉，导致法律纠纷和赔偿责任。二是金融合规风险。企业在金融领域的经营活动中，需要遵守银行、证券、保险等金融监管机构的规定，否则将面临金融合规风险。例如，企业未按照规定报备资金流动情况，或未按时履行还款义务，可能被金融监管机构处以罚款、吊销执照等处罚。三是知识产权合规风险。企业在研发、生产和销售过程中，需要遵守知识产权法律法规，保护自身的知识产权，并避免侵犯他人的知识产权。例如，企业未经授权擅自使用他人的专利技术或商标，可能面临知识产权侵权诉讼，承担赔偿责任。四是环境合规风险。企业在生产经营过程中，需要遵守环境保护法律法规，保护环境资源，否则将面临环境合规风险。例如，企业未按照规定处理废水废气，导致环境污染，可能被环保部门处以罚款、停产整顿等处罚。五是劳动合规风险。企业在雇佣员工和管理劳动关系过程中，需要遵守劳动法律法规，保障员工权益，否则将面临劳动合规风险。例如，企业未按照规定支付工资、提供合理的劳动保护条件，可能被劳动监管部门处以罚款、赔偿劳动者损失等处罚。六是数据安全合规风险。随着信息技术的发展，企业在数据收集、存储和处理过程中，需要遵守相关的数据保护法律法规，保护用户的个人信息安全，否则将面临数据安全合规风险。例如，企业未采取必要的安全措施，导致用户个人信息泄露，可能面临用户的起诉和赔偿责任。

一、企业经营风险与企业合规风险比较

企业经营风险是指企业在经营过程中面临的各种不确定性因素，可能对企业的正常经营活动产生不利影响，甚至威胁到企业的生存和发展。企业经营风险是企业管理中不可避免的一个方面，了解和识别各种经营风险是企业合规的重要前提。

企业经营风险可以根据不同的分类标准进行划分，下文将介绍几种常见的分类方式。

（1）外部环境风险，包括宏观经济风险、行业竞争风险、政策法规风险等。宏观经济风险指的是宏观经济环境的不确定性因素，如经济周期波动、通货膨胀等；行业竞争风险指的是企业所处行业的竞争程度和竞争对手的影响；政策法规风险指的是政府政策和法律法规的变化可能对企业经营产生的影响。

（2）内部管理风险，包括人力资源管理风险、财务管理风险、运营管理风险等。人力资源管理风险指的是企业在人员招聘、培训、激励等方面可能面临的问题；财务管理风险指的是企业财务管理中可能存在的问题，如资金周转不畅、财务报表不准确等；运营管理风险指的是企业在生产、供应链、物流等方面可能面临的问题。

（3）市场风险，包括市场需求风险、市场价格风险、市场营销风险等。市场需求风险指的是企业所处市场需求的不确定性，如市场需求下降、消费者偏好变化等；市场价格风险指的是产品或服务价格的不确定性，如原材料价格波动、竞争对手价格战等；市场营销风险指的是企业在市场推广、品牌建设等方面可能面临的问题，例如，2016 年，中国手机市场竞争激烈，一些国内手机品牌由于未能及时调整战略，市场份额大幅缩水，甚至退出市场。

（4）技术风险，包括技术创新风险、技术应用风险、信息安全风险等。技术创新风险指的是企业在技术研发和创新方面可能面临的问题，如技术转型困难、技术更新速度快等；技术应用风险指的是企业在技术应用过程中可能面临的问题，如系统故障、技术难题等；信息安全风险指的是企业在信息系统和数据安全方面可能面临的问题。

（5）法律风险，包括合同风险、知识产权风险、劳动法律风险等。合同

风险指的是企业在合同签订和履行过程中可能面临的问题，如合同纠纷、违约风险等；知识产权风险指的是企业在知识产权保护和运营方面可能面临的问题，如侵权诉讼、知识产权泄露等；劳动法律风险指的是企业在劳动用工管理方面可能面临的问题，如劳动合同纠纷、劳动争议等，例如，2013 年，苹果公司的供应商富士康因工人自杀事件而引发了广泛关注，给苹果公司带来了声誉风险和道德压力，迫使其加强对供应链的监管和合规管理。

以上仅是企业经营风险的一些常见分类，实际上，企业经营风险是多种因素综合作用的结果，不同企业在不同行业和环境下面临的风险也会有所差异。

企业合规风险与企业经营风险都是企业在运营过程中可能遭遇的风险类型，但它们关注的侧重点和来源有所不同。不可否认其二者之间具有重叠之处。首先，二者都属于企业风险管理的范畴：无论是合规风险还是经营风险，都需要企业进行识别、评估和管理，以降低潜在的负面影响。其次，二者影响企业的可持续发展：如果这两种风险处理不当，都可能对企业的长期发展造成阻碍，甚至导致企业倒闭。此外，二者具有以下几种不同。

一是风险来源不同：合规风险通常来源于外部法律法规的变化、政策调整或行业规定的更新等，要求企业必须遵守相关规定以避免受到处罚或损失。经营风险则主要来源于企业内部的决策失误、市场变化、竞争对手行为、供应链问题等，涉及企业日常经营活动的各个方面。

二是关注焦点不同：合规风险关注的是企业是否遵循了所有相关的法律、法规和行业标准，以及如何避免因违规而遭受法律制裁、罚款或声誉损害。经营风险关注的是企业在追求利润最大化的过程中可能遇到的各种商业挑战和障碍，如市场需求变化、产品缺陷、财务问题等。

三是管理方法不同：合规风险管理通常需要建立一套完善的内部控制系统，包括合规培训、审计检查、风险评估等，以确保企业行为的合法合规。经营风险管理则需要更为综合的策略，包括市场分析、财务规划、危机应对计划等，以应对不断变化的商业环境。

二、企业财务风险与企业合规风险比较

企业财务风险是指企业在经营过程中面临的与财务相关的各种不确定性

和潜在的经济损失。这些风险可能来自内部因素，如管理不善、资金不足等，也可能来自外部因素，如市场波动、政策变化等。

企业财务风险的分类可以从不同的角度进行，下文将介绍几种常见的分类及相应的例子。

（1）市场风险，是指市场供求关系、价格波动等导致企业投资价值下降或者经营业绩受到影响的风险。例如，某企业生产的产品市场需求下降，导致销售收入减少；某企业投资股票市场，但市场行情不佳，导致投资损失。

（2）履约风险，是指在与其他实体（如客户、供应商、金融机构等）进行交易时，对方不能或不愿履行合同义务而导致的经济损失。例如，某企业的客户无法按时支付货款，导致企业资金链断裂；某企业与供应商签订合同后，供应商无法按时交货，导致企业生产计划受阻。

（3）资金风险，是指企业在资金筹措、运用和管理过程中面临的各种不确定性和潜在的经济损失。例如，某企业资金周转不畅，导致无法按时支付员工工资；某企业投资项目出现亏损，导致资金链断裂。

（4）汇率风险，是指在进行跨国经营活动时，汇率波动导致的经济损失。例如，某企业将资金兑换成外币用于海外投资，但汇率波动导致兑换成本增加；某企业从海外供应商进口原材料，但汇率波动导致采购成本增加。

（5）法律风险，是指在经营过程中，法律法规变化、合同纠纷等导致的经济损失。例如，某企业未能及时了解相关法律法规的变化，导致违反法律规定而受到罚款；某企业与合作伙伴签订的合同存在漏洞，导致合同纠纷产生。

（6）经营风险，是指在经营过程中，管理不善、战略错误等导致的经济损失。例如，某企业管理层决策失误，导致企业投资项目亏损；某企业未能及时调整经营策略，导致市场份额下降。

与企业经营风险相比，企业财务风险跟企业合规风险更需要跨部门合作。管理这两类风险通常需要企业内多个部门的协同工作，例如法务、财务、审计和合规部门等。同时，企业财务风险与企业合规风险也存在以下几种不同。

一是风险来源不同：合规风险主要来源于法律法规的变化、政策调整或行业标准的更新等外部因素，要求企业必须遵守相关规定以避免法律制裁、罚款或声誉损害。财务风险则主要来源于企业内部的财务活动，如资金管理、投资决策、信贷政策等，以及外部经济环境的变化，如市场波动、利率变动、汇率波动等。

二是关注焦点不同：合规风险关注的是企业是否遵循了所有相关的法律、法规和行业标准，以及如何避免因违规而遭受的法律后果。财务风险关注的是如何保持企业财务的稳定性和盈利能力，包括资金流动性、资本结构、投资收益等。

三是管理方法不同：合规风险管理通常需要建立一套完善的内部控制系统，包括合规培训、审计检查、风险评估等，以确保企业行为的合法合规。财务风险管理则需要采用财务分析和金融工具，如对冲策略、资本管理、保险等，以保护企业免受财务损失。

企业合规风险、企业经营风险和企业财务风险之间存在密切的关系，它们是一个企业面临的最主要的三种风险。

企业合规风险是指企业在经营过程中可能违反相关法律法规、行业规定或内部规章制度而面临的风险。合规风险可能涉及劳动法、环境保护法、知识产权法等多个方面，企业如果不合规经营，将面临法律制裁和声誉损害等风险。合规风险的存在直接影响到企业的经营风险和财务风险。

企业经营风险是指企业在市场竞争中面临的各种不确定性和挑战。这些风险可能包括市场需求变化、竞争压力、技术创新、供应链中断等。如果企业无法及时应对这些风险，就可能导致销售下滑、利润减少甚至经营困境。而合规风险的存在会进一步加剧企业的经营风险，因为合规问题可能导致企业受到法律制裁或业务受限，从而影响企业的正常经营。

企业财务风险是指企业在财务管理过程中可能面临的各种风险。这些风险包括资金流动性风险、信用风险、汇率风险等。合规风险和经营风险的存在都会直接或间接地影响到企业的财务状况和财务风险。例如，合规问题可能导致企业面临罚款、赔偿等费用支出，进而影响企业的财务健康。而经营风险的存在可能导致企业经营不善，进而影响到企业的盈利能力和财务状况。

综上所述，企业合规风险、企业经营风险和企业财务风险之间存在紧密的联系。企业需要重视合规风险管理，有效应对经营风险，同时加强财务风险管理，以确保企业的可持续发展和稳定经营。

三、企业合规风险与企业法律风险比较

企业合规风险与企业法律风险之间存在密切的联系和区别。在理解这两个概念之前，我们首先需要明确“合规”和“法律风险”的含义。企业合规是指企业在经营活动中遵守法律、法规、规章、政策、行业标准等各种规范要求的过程，涉及企业在各个方面的运营中，包括但不限于财务、税务、人力资源、环境保护、知识产权等方面的合规要求。企业合规的目的是确保企业在经营过程中遵循法律法规，维护企业的声誉和信誉，降低法律风险和经营风险。企业法律风险是指企业在经营活动中可能违反法律法规、侵犯他人权益或受到法律制裁的风险，指企业可能面临的各种法律纠纷、诉讼、罚款、损失等风险。企业法律风险具体包括但不限于合同纠纷、知识产权纠纷、劳动纠纷、环境违法等。

企业合规风险与企业法律风险之间的联系主要体现在以下几个方面。

（1）法律规范：企业合规的核心是遵守法律法规，而企业法律风险是违反法律法规的后果。企业合规风险与企业法律风险之间的联系在于，企业合规的目标是规避法律风险，确保企业在法律框架内合法经营。

（2）风险预防：企业合规风险管理的核心是预防风险的发生，而企业法律风险管理的核心是降低风险的影响。企业合规的目标是通过制定合规政策、流程和措施，预防违法行为的发生，从而降低企业面临的法律风险。

（3）内控机制：企业合规风险管理需要建立健全的内控机制，确保企业各个环节的合规性。而企业法律风险管理也需要依靠内控机制，通过合规审查、合同管理、风险评估等手段降低法律风险。

尽管企业合规风险与企业法律风险存在密切的联系，但它们之间也存在一些区别。

（1）范围不同：企业合规涵盖了企业各个方面的合规要求，包括财务、税务、环境保护、知识产权等。而企业法律风险更加侧重于违反法律法规、侵犯他人权益等方面的风险。

（2）目标不同：企业合规的目标是确保企业在经营过程中合法合规，维护企业的声誉和信誉，降低法律风险和经营风险。而企业法律风险的目标是降低违法行为的影响，减少法律纠纷、诉讼、罚款等风险。

（3）管理方式不同：企业合规风险管理需要建立健全的合规制度和流程，加强内部培训和监督，确保各个环节的合规性。而企业法律风险管理更加侧重于法律事务的处理和法律风险的评估，需要依靠专业的法律团队进行管理和应对。

综上所述，企业合规风险与企业法律风险之间存在密切的联系和区别。企业在进行风险管理时，要关注合规性，合规性是企业能否在法律框架内合法经营的基础，也是企业可持续发展的关键要素之一。

在进行企业合规的过程中，风险分析是必不可少的一环。风险是指企业在经营过程中可能面临的各种不确定性和潜在的损失。企业应当通过风险分析，识别出潜在的风险因素，并采取相应的措施进行预防和应对，以降低风险的发生概率和影响程度。风险分析的过程包括风险识别、风险评估、风险控制和风险监测等环节。

首先，企业需要对其业务活动进行全面的调研和了解，识别出可能存在的合规风险。其次，对识别出的风险进行评估，分析其潜在影响和可能带来的法律责任。再次，企业应采取相应的控制措施，包括制定合规政策和制度、加强内部控制、培训员工等，以降低风险的发生概率。最后，企业应定期进行风险监测和评估，及时调整风险控制措施，保持合规性。在风险分析的过程中，法律责任是一个重要的考量因素。企业应当了解相关法律法规对其业务活动的规定，并明确自身的法律责任。如果企业在经营过程中违反法律法规，可能面临法律责任的追究，包括行政处罚、民事赔偿以及刑事责任等。因此，企业在进行风险分析时，需要重点关注可能带来的法律责任，并采取相应的措施进行防范和规避。

综上所述，企业在进行风险管理时，既要关注合规性，也要重视法律责任。风险分析是企业合规的重要环节，通过识别、评估、控制和监测风险，企业可以降低合规风险的发生概率和影响程度。同时，企业应当明确自身的法律责任，并采取相应的措施进行防范和规避，以确保合法经营并避免法律风险的发生。

第二节 企业合规的风险来源

一、外部来源

（一）我国的相关法律规范

企业合规风险外部来源之一是本国法律规范。本国法律规范是指一个国家或地区制定的法律、法规、规章等文件，用于规范和管理企业的行为。这些法律规范对企业的合规要求进行了明确的规定，企业必须遵守这些规定，否则可能会面临法律责任和风险。我国法律规范的内容非常广泛，涵盖了各个领域的法律要求。以下是一些常见的内国法律规范及其对企业合规风险的影响。

首先，劳动法是企业合规的重要法律规范之一。劳动法规定了劳动者的权益和保护措施，要求企业必须合法雇用员工，并提供合理的工作条件和福利待遇。如果企业违反劳动法的规定，可能会面临劳动争议、劳动仲裁或劳动法庭的起诉，甚至可能被处以罚款或者其他刑事责任。其次，环境保护法同样是重要的法律规范之一。环境保护法要求企业在生产经营过程中必须遵守环境保护的相关规定，包括废物处理、污染物排放、资源利用等方面的要求。如果企业违反环境保护法的规定，可能会面临环境监管部门的处罚，如罚款、停业整顿等，也可能面临被公众质疑和声誉损害。最后，知识产权法也是企业合规风险的重要来源之一。知识产权法规定了企业在创新和知识产权保护方面的权利和责任。企业必须合法使用和保护他人的知识产权，并采取措施防止自身的知识产权被侵犯。如果企业侵犯了他人的知识产权，可能会面临知识产权纠纷和赔偿责任，同时可能受到行政部门的处罚。

此外，金融法、消费者权益保护法、反腐败法等也是企业合规风险的重要来源。金融法要求企业在金融交易和资金管理方面遵守相关规定，否则可能会面临金融监管部门的处罚和调查。消费者权益保护法要求企业提供安全、合格的产品和优质的服务，如果企业违反了相关规定，可能会面临消费者的投诉和索赔。反腐败法则要求企业在商业往来中遵守反腐败的规定，如果企业涉嫌行贿或受贿，可能会面临刑事调查和法律制裁。

综上所述，本国法律规范是企业合规风险的重要来源。企业必须了解和遵守相关法律规定，建立健全的合规制度和流程，以降低合规风险。同时，企业还需要密切关注法律法规的更新和变化，及时调整自身的合规措施，确保企业的经营活动合法合规。只有在法律框架内运营，企业才能获得可持续发展的机会。

（二）商业规范和伦理规范

企业合规风险外部来源中，商业规范和伦理规范是非常重要的一部分。商业规范是指企业在经营活动中应遵循的一系列规则和准则，包括行业标准、市场竞争规则、财务报告准则等。伦理规范则是指企业在道德和伦理方面应遵守的原则和价值观，包括诚信、公正、责任等。商业规范和伦理规范的遵守对企业的发展和声誉至关重要。然而，由于各种原因，企业在遵守商业规范和伦理规范方面可能面临一定的风险。下面将详细介绍商业规范和伦理规范的风险来源，并举例说明。

第一，商业规范的风险来源之一是行业标准的变化。随着科技的发展和市场的变化，行业标准也在不断更新和调整。企业如果不能及时了解和适应新的行业标准，就可能面临违反规定的风险。例如，在食品行业，食品安全标准的要求不断提高，如果企业没有及时调整生产工艺和质量控制措施，就可能面临产品质量问题和法律责任。

第二，商业规范的风险来源之一是市场竞争规则的变化。市场竞争是企业经营的基本环境，但竞争规则也在不断变化。例如，反垄断法的实施对企业的市场行为提出了更高的要求，如果企业没有及时调整自己的市场策略和行为准则，就可能面临反垄断法的违规风险。

第三，商业规范的风险来源还包括财务报告准则的变化。财务报告是企业对外披露财务状况和经营成果的重要手段，但财务报告准则也在不断演变。例如，国际财务报告准则（IFRS）的引入，对企业的财务报告提出了更高的要求。如果企业没有按照新的财务报告准则编制报表，就可能面临虚假陈述和违规披露的风险。

第四，伦理规范的风险来源之一是道德风险。伦理规范要求企业在经营活动中遵循诚信、公正和责任等原则，但在现实生活中，有些企业可能因为追求利益最大化而违反了这些原则。例如，一些企业可能采取欺诈手段来获得竞争优势，或者在生产过程中忽视环境保护和员工权益。这些行为不仅会影响企业的声誉，还可能面临法律诉讼和社会谴责的风险。

第五，伦理规范的风险来源还包括员工行为的风险。员工是企业的重要资源，但员工的行为也可能对企业造成伦理风险。例如，一些员工可能因为个人利益而泄露企业的商业机密，或者在与客户交往中违反了道德准则。这些行为不仅会损害企业的利益，还可能导致法律纠纷和信任危机。

综上所述，商业规范和伦理规范的风险来源包括行业标准的变化、市场竞争规则的变化、财务报告准则的变化，以及道德风险和员工行为的风险。企业在面对这些风险时，应加强对商业规范和伦理规范的了解和遵守，并建立健全的内部控制和监督机制，以降低风险发生的可能性。

（三）企业规章制度

企业规章制度是企业内部制定的一系列规范和标准，旨在规范企业的运作和行为，确保企业在法律法规和道德准则的框架内进行。然而，如果企业的规章制度存在缺陷或不完善，就会带来一系列合规风险。

首先，企业规章制度可能存在模糊或不明确的规定，导致员工对行为规范的理解存在差异。例如，某企业的规章制度对礼品接受的限制可能没有具体规定金额的上限，这就可能导致员工在处理商业往来时存在误解，进而可能涉及贿赂等违法行为。其次，企业规章制度可能存在与法律法规不一致的情况。例如，某企业的规章制度明确规定员工在工作期间不得使用社交媒体，但这与《劳动法》规定的员工合理使用互联网的权利相悖，可能引发劳动纠纷。再次，企业规章制度可能存在过于严苛或过于宽松的情况，这些都会带来合规风险。过于严苛的规章制度可能限制了员工的创新和发展空间，影响员工的工作积极性和满意度，进而可能导致员工不遵守规章制度，或者以违规的方式完成工作。而过于宽松的规章制度则可能导致员工行为的不规范和不合规，增加企业面临的法律风险。最后，企业规章制度的执行和监督也是合规风险的重要来源。如果企业在规章制度的执行和监督方面存在疏漏或不力，就会导致员工对规章制度的遵守程度降低，从而增加合规风险。例如，某企业规章制度明确规定员工每月需要提交工作报告，但企业没有建立有效的监督机制，导致员工对这一要求的重视程度不高，进而可能导致工作不规范或延误。

综上所述，企业规章制度的缺陷或不完善可能导致合规风险的增加。为了降低合规风险，企业应当重视规章制度的制定和修订工作，确保规章制度与法律法规一致、明确具体、合理适用，并建立有效的执行和监督机制。只有这样，企业才能更好地规范员工行为，降低合规风险，保障企业的可持续发展。

（四）外国法律法规及国际规则

企业合规风险外部来源还包括外国法律法规及国际规则。随着全球化的进程，企业在跨国经营中面临着越来越多的外国法律法规和国际规则的约束。这些法律法规和规则的不同与繁杂，给企业带来了合规风险。

首先，外国法律法规的不同是企业合规风险的重要来源之一。不同国家的法律体系和法律文化存在差异，企业在跨国经营中需要遵守不同国家的法律法规。例如，中国企业在海外投资时需要遵守当地的劳动法、环境法等法律法规，而这些法律法规与中国的相关法律可能存在差异，企业需要进行调整和符合。另外，不同国家对于知识产权保护、反垄断等方面的法律法规也存在差异，企业需要了解并遵守这些规定，否则可能面临法律风险。其次，国际规则的制定和执行也对企业合规风险产生影响。国际组织和国际协定制定了一系列国际规则，对企业的跨国经营活动进行约束。例如，《联合国反腐败公约》《联合国工业与人权指导原则》等国际规则，要求企业在经营过程中遵守反腐败、人权保护等方面的规定。此外，国际贸易组织制定的贸易规则、国际金融组织制定的金融监管规则等，也对企业的合规要求提出了具体要求。

企业需要了解并遵守这些外国法律法规和国际规则，否则可能面临国际声誉损失、法律诉讼等风险。举例来说，外国法律法规和国际规则对于企业的反腐败合规要求十分重要。在中国，反腐败法律法规体系日益完善，企业需要遵守刑法、反腐败法等相关法律法规。此外，在国际经营中，企业还需要遵守其他国家的反腐败法律法规，如美国《反海外腐败法》、英国《贿赂行为法》（UKBA）等。同时，《联合国反腐败公约》也对企业提出了一系列的反腐败要求。企业如果未能遵守这些法律法规和国际规则，可能面临政府调查、法律诉讼、经济损失等风险。另一个例子是企业在知识产权保护方面的合规风险。不同国家对于知识产权的保护程度和方式存在差异，企业在跨国经营中需要了解并遵守当地的知识产权法律法规。例如，中国企业在海外市场经营时，需要遵守当地的专利、商标、著作权等知识产权法律法规。同时，世界知识产权组织（WIPO）制定的《与贸易有关的知识产权协定》（TRIPs）也对企业的知识产权保护提出了具体要求。企业如果未能妥善保护自身的知识产权或侵犯他人的知识产权，可能面临知识产权纠纷、法律诉讼等风险。

综上所述，外国法律法规及国际规则是企业合规风险的重要来源。企业在跨国经营中需要了解并遵守不同国家的法律法规，同时需要遵守国际规则的要求。只有合规经营，企业才能够降低法律风险、保护自身利益。

二、内部来源

（一）企业

来自企业自身的风险仅指企业自身产生的内部风险。企业自身风险来源主要指的是企业内部因素引发的合规风险。这些因素可能涉及组织架构、管理制度、内部流程、员工行为等方面。下面将详细描述几个常见的企业自身风险来源，并举例说明。

1. 组织架构不合理

企业的组织架构是实现合规管理的基础，如果组织架构不合理，将导致合规风险的增加。例如，企业可能存在职责不清、权责不分、授权不当等问题，导致合规管理的漏洞和混乱。

2. 管理制度不健全

企业的管理制度是规范员工行为和业务流程的重要依据。如果管理制度不健全，将给企业带来合规风险。例如，企业可能缺乏完善的内部控制制度，导致资金管理、采购管理、财务管理等环节容易出现违规行为。

3. 内部流程不规范

企业的内部流程是保证合规管理的重要环节。如果内部流程不规范，将增加合规风险的发生概率。例如，企业可能存在审批流程不严格、信息传递不畅、监督制约机制不完善等问题，导致合规管理的漏洞和失效。

4. 员工行为不合规

员工是企业合规管理的执行者，如果员工行为不合规，将给企业带来合规风险。例如，员工可能存在贪污受贿、泄露商业机密、违反劳动法律法规等行为，给企业的声誉和利益带来损害。

5. 内部文化不健康

企业的内部文化是塑造员工价值观和行为准则的重要因素。如果内部文化不健康，将增加合规风险的发生概率。例如，企业可能存在以结果为导向、不重视合规、追求个人利益等不良文化氛围，导致员工对合规要求的忽视。

（二）企业法定代表人与高级管理人员

企业合规风险来源之一是与企业法定代表人和高级管理人员相关的风险。企业法定代表人和高级管理人员在企业中扮演着重要的角色，他们的行为和决策直接影响着企业的合规状况。以下是一些与企业法定代表人和高级管理人员相关的合规风险及其举例。

1. 违反法律法规风险

企业法定代表人和高级管理人员在日常经营中可能会违反相关的法律法规，从而导致合规风险。例如，一家企业在生产过程中未按照环保法律法规进行处理和排放废物，导致环境污染问题，可能会面临法律责任。

2. 财务欺诈风险

企业法定代表人和高级管理人员可能会通过操纵财务报表等手段进行欺诈行为，从而给企业带来合规风险。例如，一位高级管理人员可能会虚报企业的收入和利润，以获取更高的绩效奖金，这种行为可能被视为财务欺诈，给企业造成重大损失。

3. 内幕交易风险

企业法定代表人和高级管理人员可能会利用其职位和信息优势进行内幕交易，从而违反证券相关法律法规。例如，一位高级管理人员可能在掌握了即将公布的重要信息后，利用这些信息进行股票交易，获取非法利益，这种行为可能会被监管机构追究法律责任。

4. 职务侵占风险

企业法定代表人和高级管理人员可能会利用其职务之便，侵占企业的财产或资源，从而导致合规风险。例如，一位企业法定代表人可能会将企业的资金转移到个人账户上，或者将企业的资产转让给亲友，以谋取个人利益，这种行为可能触犯刑法和公司法。

5. 违反劳动法规风险

企业法定代表人和高级管理人员可能会违反劳动法规，如拖欠员工工资、不提供合法的社会保险等，从而给企业带来合规风险。例如，一家企业可能未按照劳动法规定支付员工的加班费，导致员工维权并要求企业承担相应的法律责任。

综上所述，企业法定代表人和高级管理人员在企业合规中扮演着重要的角色，他们的行为和决策直接影响着企业的合规状况。因此，企业需要加强对企业法定代表人和高级管理人员的管理和监督，并建立健全内部控制机制，以降低与他们相关的合规风险。同时，相关的法律法规也需要不断完善，以提高企业合规的水平。

（三）普通企业员工

普通企业员工是企业中最基层的员工群体，他们直接参与企业的日常运营。作为企业合规的一环，普通员工在合规风险方面扮演着重要的角色。他们的行为和决策可能会对企业的合规状况产生直接影响，因此需要对普通员工的合规风险进行深入分析。普通员工作为企业合规风险的来源，主要体现在以下几个方面：

1. 法律意识不足

普通员工在日常工作中可能对法律法规的了解不够全面，对涉及企业合规的法律要求和责任认识不够清晰。例如，他们可能不了解企业在劳动法、环保法、消防法等方面的合规要求，从而容易出现违法行为。

2. 不规范操作

普通员工在工作中可能存在不规范操作的情况，这会增加企业的合规风险。例如，他们可能没有按照规定的程序和标准进行操作，或者未严格执行企业的安全操作规程，从而导致安全事故的发生。

3. 信息安全风险

普通员工在处理企业信息时，可能存在信息泄露和滥用的风险。例如，他们可能会将敏感信息外泄给竞争对手，或者滥用企业的内部信息谋取私利，从而给企业带来重大损失。

4. 财务风险

普通员工在企业的财务管理中，可能存在财务违规行为的风险。例如，他们可能会私自挪用企业资金，虚报或隐瞒财务信息，从而损害企业的财务健康和声誉。

5. 合规培训不足

普通员工在合规培训方面可能存在不足，缺乏对合规政策和规定的全面理解和掌握。他们可能对企业的合规要求存在模糊认识，从而无法正确地应对合规风险。

以上仅是普通员工作为企业合规风险来源的一些方面，具体情况还需根据不同行业和企业的特点来具体分析。

企业应该重视对普通员工的合规风险进行管理和控制，采取相应的培训和监督措施，提高员工的合规意识和能力，减少合规风险的发生。举例来说，普通员工在日常工作中可能存在违反劳动法的情况。比如，他们可能会加班超过法定工时，或者没有按照规定享受年假和带薪休假。这些行为可能会导致员工的权益受损，也会给企业带来劳动争议和法律风险。总之，普通员工在企业合规风险中扮演着重要的角色。企业应该加强对员工的合规培训和管理，提高员工的合规意识和能力，从而减少合规风险的发生。同时，企业应该建立健全内部控制机制，加强对员工行为的监督和管理，及时发现和纠正违规行为，确保企业的合规运营。

（四）第三方主体及其他

企业合规风险来源主要包括内部和外部因素。在这里，我们将重点讨论第三人及其他因素，即不包含企业和企业员工的合规风险。第三人及其他因素包括与企业有关的外部实体和环境，如供应商、合作伙伴、客户、竞争对手、政府监管机构等。这些因素可能对企业的合规性产生负面影响，增加合规风险的发生概率。

以下是一些常见的第三人及其他因素的例子：

1. 供应商合规风险

企业的供应链管理涉及多个供应商，如果某个供应商在生产过程中存在违规行为，如使用不合规材料或违反劳工法规等，可能会对企业的合规性造成负面影响。例如，苹果公司曾因其供应商在中国违反劳动法规而受到批评。

2. 合作伙伴合规风险

企业与其他企业或个人进行合作时，合作伙伴的合规性也是一个重要考量因素。如果合作伙伴存在违规行为，如商业贿赂或侵犯知识产权等，可能会牵连到企业，导致合规风险的增加。例如，德勤会计师事务所因其与安然公司的合作而受到严重的声誉和法律风险。

3. 客户合规风险

企业的客户也可能存在合规风险。如果企业的客户涉嫌从事非法活动，如洗钱、欺诈或其他违法行为，企业可能会因与其有业务往来而受到法律责任。例如，全球银行巨头汇丰银行曾因其客户涉嫌洗钱而受到重罚。

4. 竞争对手合规风险

竞争对手的合规性也是企业需要关注的因素之一。如果竞争对手存在违规行为，如不正当竞争、商业诽谤或侵犯知识产权等，可能会对企业的合规性产生负面影响。例如，三星电子曾因与苹果公司之间的专利侵权纠纷而受到法律制裁。

5. 政府监管合规风险

政府监管机构对企业的合规性进行监督和检查。如果企业未能遵守相关法规和标准，可能会面临罚款、行政处罚或其他法律责任。例如，大众公司因在汽车尾气排放测试中作弊而面临巨额罚款和声誉损失。

除了上述因素，还有其他一些可能对企业合规性产生负面影响的因素，如社会舆论、自然灾害、经济环境等。这些因素可能导致企业面临合规风险的增加，需要企业采取相应的措施来降低风险。总之，第三人及其他因素是企业合规风险的重要来源。企业需要认识到这些因素的存在，并采取相应的预防和控制措施，以确保企业的合规性和风险管理水平。只有这样，企业才能在竞争激烈的市场环境中保持可持续发展。

第三节　企业合规的法律责任

对于中国企业合规领域而言，目前的法律责任类型主要包括行政责任、刑事责任和民事责任。

一、行政责任

行政责任是指企业在行政管理活动中违反法律、法规、规章、规范性文件等行政法规定而应承担的法律责任。企业在日常运营中，必须遵守各项行政法规定的要求，否则将面临行政责任的追究。行政责任的类型多种多样，下面将对其中的几种常见类型进行扩展，并举例说明。

（一）行政处罚责任

行政处罚是行政机关依法对违反行政法规定的企业采取的一种强制措施，旨在维护社会公共利益和保护市场秩序。行政处罚责任是企业违反行政法规定后所应承担的法律责任。常见的行政处罚包括罚款、没收违法所得、责令停产停业、吊销许可证等。例如，某企业未按照规定办理环境保护手续，导致环境污染，环保部门可以对该企业进行罚款，并责令停产整顿。

（二）行政责任追究

行政责任追究是指企业违反行政法规定后，行政机关依法对相关责任人进行追究的法律责任。行政责任追究可以包括警告、记过、降职、撤职、开除等措施。例如，某企业负责人在工作中违反了安全生产法规定，导致事故发生，相关行政机关可以对其进行行政责任追究，如撤职或开除。2024 年 5 月 21 日国务院公布《国有企业管理人员处分条例》，自 2024 年 9 月 1 日起施行。该条例共 7 章 52 条，其中第 25 条第 5 项规定，国有企业管理人员不履行或者不依法履行安全生产管理职责，导致发生生产安全事故，造成不良后果或者影响的，依据《中华人民共和国公职人员政务处分法》第 39 条的规定，予以警告、记过或者记大过；情节较重的，予以降级或者撤职；情节严重的，予以开除。显然，目前主流观点对于责任人的追究主要限定于国有企业、事业单位、政府机关单位这样具有一定公益性及公共管理职责的机关，这其中不乏追究难度以及具体实施的考虑，行政责任的追究范围的扩大化应根据实际情况逐步推行。

（三）行政监管责任

行政监管责任是指行政机关对企业进行监督管理的责任。行政机关有权对企业的经营活动进行监督检查，确保企业的合规运营。如果企业未能履行合规义务，行政机关可以采取相应的行政监管措施，如责令整改、限期改正等。例如，某企业在生产过程中存在安全隐患，相关行政机关可以责令其立即改正，并进行定期检查。

（四）行政强制执行责任

行政强制执行责任是指行政机关依法对企业采取强制措施，强制执行法律法规的规定。行政强制执行责任可以包括强制拆除、强制关闭、强制清理等。例如，某企业在建筑过程中违反了城市规划法规定，相关行政机关可以采取强制拆除措施，将违法建筑拆除。

（五）行政赔偿责任

行政赔偿责任是指行政机关因行政行为侵犯企业合法权益而应承担的法律责任。行政机关在行使职权过程中，如果侵犯了企业的合法权益，应当向企业作出赔偿。例如，某企业在政府招标过程中被违法排除，导致经济损失，该企业可以向行政机关提起行政赔偿诉讼，该行政机关应当向企业作出损害赔偿。

总之，行政责任是企业在行政管理活动中违反法律法规所应承担的法律责任。不同的行政法责任类型对应着不同的违法行为和相应的法律后果。企业在日常运营中，应当严格遵守行政法规定，避免违法行为的发生，以免承担相应的行政责任。做好企业合规工作可以有效地避免企业面临行政责任的风险。下面将从几个方面介绍如何通过做好企业合规工作来避免行政责任：

首先，企业应建立健全合规管理体系。合规管理体系是企业合规工作的基础，它包括制定合规政策、规章制度，明确合规责任和权限，建立合规培训和监督机制等。通过建立合规管理体系，企业能够对各项合规要求进行全面管理和监控，及时发现和纠正合规风险，从而避免因合规问题而面临行政责任。

其次，企业应加强对法律法规的学习和研究。企业合规工作的核心是对法律法规的遵守，只有深入了解和掌握相关法律法规，才能做到合规经营。因此，企业应建立健全法律法规学习和研究机制，通过定期组织培训、开展专题研讨等方式，提高员工对法律法规的理解和适应能力，减少因对法律法规的不了解而导致的合规风险。

再次，企业应建立健全内部控制机制。内部控制是企业合规工作的重要手段，它能够帮助企业识别、评估和管理合规风险。企业应建立健全内部控制制度，包括风险管理、内部审计、内部监督等方面的制度和机制，通过内部控制的有效运作，及时发现和纠正合规风险，避免因合规问题而面临行政责任。

又次，企业应加强与政府监管部门的沟通与合作。政府监管部门是企业合规工作的重要合作伙伴，企业应主动与监管部门建立良好的沟通渠道，及时了解和掌握相关政策、法律法规和要求，主动配合监管部门的工作，及时报告合规情况，积极参与行业自律和规范制定，避免因与监管部门的矛盾而面临行政责任。

最后，企业应加强对合规风险的监测和预警。合规风险是企业合规工作中的重要问题，企业应建立健全风险监测和预警机制，通过建立合规风险评估体系、定期开展风险评估和风险防控工作，及时发现和应对潜在的合规风险，避免因合规问题而面临行政责任。

综上所述，通过做好企业合规工作，企业可以有效地避免面临行政责任的风险。企业应建立健全合规管理体系，加强对法律法规的学习和研究，建立健全内部控制机制，加强与政府监管部门的沟通与合作，加强对合规风险的监测和预警。只有全面推进企业合规工作，才能有效地避免行政责任。

二、刑事责任

企业合规涉及的法律责任类型之一是刑事责任。刑事责任是指企业在违反法律规定的情况下所承担的刑事责任。企业在经营过程中，如果违反了刑法相关规定，将面临刑事责任的追究。

刑事责任具有以下几个特点：

（1）公共性：刑事责任是对违反刑法规定的行为进行惩罚，其目的是保护社会公共利益，维护社会秩序和法律尊严。

（2）个别性：刑事责任是对具体个体的违法行为进行追究，要求对具体的犯罪事实、犯罪主体和犯罪后果进行认定和量刑。

（3）无偿性：刑事责任是对犯罪行为进行惩罚，不涉及经济赔偿，与民事责任有所区别。

（4）法定性：刑事责任必须以法律明文规定为依据，对犯罪行为和犯罪事实进行认定，并依法进行量刑和处罚。

三、民事责任

对于企业合规中的民事责任，目前在中国法律体系中并没有明确的规定，这使得企业合规民事责任的可行性值得我们深入分析。

在这个问题上，我们可以从以下几个方面进行探讨：

首先，从法律的角度来看，企业合规民事责任的可行性存在一定的合理性。民法是调整私人法律关系的法律分支，其目的是保护个人权益和社会公共利益。而企业合规的核心是确保企业在经营活动中遵守法律法规，保护各方的权益。因此，将民事责任引入企业合规领域，可以更加全面地保护各方的合法权益，提高企业遵守法律的意识和能力。企业合规民事责任的范围应该包括对于违反法律法规造成的损害进行赔偿的责任。例如，如果企业在产品生产过程中使用了不合格的原材料，导致消费者使用产品后出现健康问题，那么企业应当承担相应的民事责任，包括赔偿消费者的医疗费用、精神损失等。

其次，企业在合同履行过程中未按照约定履行义务，也应当承担相应的民事责任，包括赔偿合同方因此遭受的经济损失等。

再次，企业合规民事责任的范围应该涵盖对于环境保护和劳动权益的保护。例如，如果企业在生产过程中违反环境保护法律法规，导致环境污染或者生态破坏，那么企业应当承担相应的民事责任，包括修复环境、赔偿受损方的损失等。对于劳动权益的保护方面，如果企业违反劳动法规，侵犯员工的合法权益，那么企业应当承担相应的民事责任，包括赔偿员工的经济损失、精神损失等。

最后，企业合规民事责任的范围还应该包括对于不正当竞争行为的惩罚。如果企业在市场竞争中采取不正当手段，损害了其他企业的合法权益，那么企业应当承担相应的民事责任，包括赔偿被侵权企业的经济损失、恢复被侵权企业的声誉等。

综上所述，企业合规民事责任的可行性在法律的框架下是有合理性的。其范围应该包括对于违反法律法规造成的损害进行赔偿的责任、对于违反合同约定造成的损害进行赔偿的责任、对于环境保护和劳动权益保护的责任，以及对于不正当竞争行为的惩罚的责任等。通过引入民事责任，可以更好地保护各方的权益，促进企业遵守法律的意识和能力。

第四节　企业合规法律责任的承担

一、企业合规法律责任的承担主体

（一）企业

企业合规法律责任的承担主体主要是指企业本身。在现代商业社会中，企业作为经济活动的主体，承担着各种法律责任。企业合规是指企业在经营过程中遵守相关法律法规、行业规范和社会道德的要求，确保企业活动的合法性和规范性。

企业承担合规法律责任的重要性不言而喻。首先，合规有助于企业建立良好的声誉和形象。遵守法律法规和行业规范，能够树立企业的诚信形象，提高企业的竞争力和市场信任度。其次，合规可以有效降低企业面临的法律风险。通过遵守法律规定，企业能够减少违法行为所带来的法律纠纷和诉讼风险，保护企业的合法权益。最后，合规有利于企业的可持续发展。合规经营可以促进企业的规范运作，提高企业的管理水平和效率，为企业的长期发展打下坚实基础。

企业合规法律责任的承担主体包括企业本身、企业单独承担的法律责任以及企业与其他主体共同承担的法律责任。

首先，企业本身应承担的法律责任主要包括以下几个方面：

（1）合规责任：企业应确保其经营活动符合相关法律法规和行业规范，包括但不限于环境保护、劳动法规、消费者权益保护等方面的合规要求。

（2）安全责任：企业应采取必要的措施确保员工、客户和其他相关方的人身安全和财产安全，如提供安全培训、设立安全制度和应急预案等。

（3）信息披露责任：企业应按照相关法律法规的要求及时、准确地向投资者、监管机构和社会公众披露与其经营活动相关的信息。

（4）知识产权责任：企业应尊重他人的知识产权，不侵犯他人的专利、商标、著作权等权益。

其次，有些法律责任应由企业单独承担，这包括以下内容：

（1）契约责任：企业在与他人签订合同时应履行合同约定的义务，如按时支付货款、提供合格的产品或服务等。

（2）产品责任：企业应对其生产、销售的产品负责，确保产品符合相关安全标准，如出现产品缺陷造成损害，企业应承担相应的法律责任。

（3）环境责任：企业应对其生产活动对环境造成的污染和破坏承担责任，包括污染防治、废弃物处理等方面的法律责任。

最后，有些法律责任应由企业与其他主体共同承担，这包括以下几个方面：

（1）劳动关系责任：企业与员工之间的劳动关系涉及多方利益，企业应与员工共同承担劳动关系相关的法律责任，如支付工资、提供劳动保护等。

（2）合资合作责任：在合资合作项目中，企业与其他合作方共同承担合资合作相关的法律责任，如合同履行、利益分配等。

需要注意的是，以上仅是一般情况下的责任划分，具体责任的承担主体还需根据法律法规、合同约定和实际情况来确定。企业在合规过程中应加强对法律责任的认识和理解，确保合规经营，避免违法风险的发生。同时，企业还应建立健全内部合规制度和流程，加强员工培训，提高合规意识，以确保企业能够有效承担相应的法律责任。

（二）企业法定代表人与高级管理人员

企业合规法律责任的承担主体中，企业法定代表人与高级管理人员应当承担一定的法律责任。他们作为企业的代表和决策者，在企业合规过程中承担着重要的角色和责任。

首先，企业法定代表人作为企业的法定代表，应当对企业合规负有直接的法律责任。企业法定代表人是企业的法律主体，代表企业行使权利和履行义务。其应当确保企业的经营活动符合法律法规的要求，包括但不限于税法、劳动法、环境保护法等。如果企业违反法律法规，造成损害或违法行为，除去企业法人本身，企业法定代表人应当承担相应的法律责任。

其次，高级管理人员作为企业的决策者和管理者，也应当承担一定的法律责任。高级管理人员在企业运营中具有决策权和管理权，他们的决策和管理行为直接影响企业的合规情况。高级管理人员应当积极履行职责，制定和执行合规制度和规范，确保企业的合规运营。如果高级管理人员疏于履职，未能有效管理和监督企业合规，导致企业违法违规，他们应当承担相应的法律责任。

承担责任的形式可以是连带责任、补充责任或其他类型的责任，具体取决于违法行为的性质和情况。连带责任是指企业法定代表人和高级管理人员对企业违法行为承担共同的法律责任，即企业法定代表人和高级管理人员共同承担违法行为所导致的法律后果。补充责任是指高级管理人员对企业违法行为承担补充的法律责任，即在企业法定代表人承担责任的基础上，高级管理人员还需承担额外的法律责任。这种责任的形式有其合理的理由。

企业法定代表人作为企业的法定代表，应当对企业的经营行为负有最终责任。高级管理人员作为企业的核心管理者，应当对企业的合规情况负有直接责任。他们的决策和管理行为直接影响企业的合规运营，因此需要承担相应的法律责任，以确保企业合规。举例来说，如果某企业在环境保护方面存在违法行为，如排放污染物超过国家标准，导致环境污染和生态破坏，企业法定代表人和高级管理人员都应当承担相应的法律责任。

综上所述，企业法定代表人和高级管理人员应当承担一定的法律责任，形式可以是连带责任、补充责任或其他类型的责任。他们作为企业的代表和决策者，在企业合规过程中应当积极履行职责，确保企业的合规运营。这样的责任分配有其合理的理由，以保障企业合规和社会公共利益的实现。

（三）普通企业员工

企业合规法律责任的承担主体中，普通企业员工应当承担的法律责任有以下几个方面：

首先，普通企业员工应当遵守国家法律法规和企业内部规章制度。作为企业的一员，员工必须遵守国家法律法规，包括但不限于劳动法、刑法、消费者权益保护法等，同时要遵守企业内部的规章制度，如员工行为准则、保密协议等。员工的行为必须符合法律和企业的规定，否则将承担相应的法律责任。其次，普通企业员工应当保护企业的商业秘密和知识产权。企业的商业秘密和知识产权是企业的核心竞争力和重要财产，员工必须保守商业秘密，不得泄露给外部人员或竞争对手。同时，员工还要保护企业的知识产权，不得侵犯他人的专利、商标、著作权等权益。如果员工泄露商业秘密或侵犯知识产权，将承担法律责任，并可能给企业造成巨大损失。例如，某公司的销售人员在与客户谈判时，向竞争对手泄露了公司的商业机密，导致竞争对手获取了公司的核心技术，给公司造成了巨大的经济损失。根据《刑法》的规定，泄露商业秘密属于侵犯商业秘密罪，销售人员将面临刑事责任的追究，并可能被判处刑罚。最后，普通企业员工应当维护企业的声誉和形象。企业的声誉和形象是企业在市场竞争中的重要资产，员工的言行举止直接影响到企业的形象。员工在工作中应当遵守职业道德，不得从事违法违规的行为，不得发布虚假信息或恶意诋毁他人。如果员工的行为损害了企业的声誉和形象，将承担相应的法律责任，并可能面临法律追责。

总之，普通企业员工在企业合规中承担着重要的法律责任。他们必须遵守国家法律法规和企业内部规章制度，保护企业的商业秘密和知识产权，维护企业的声誉和形象。只有通过员工的共同努力，企业才能够实现合规经营，保持良好的市场竞争地位。

（四）第三方主体及其他相关方责任

企业合规法律责任的承担主体涉及多个方面，其中一部分法律责任应由第三方主体及其他相关方承担。本部分将详细阐述这些责任，并给出相应的理由和例子。

首先，第三方主体承担的责任包括以下三个方面：

（1）监督责任：第三方主体如监管机构、行业协会等应对企业进行监督，确保其合规运营。例如，金融监管机构应对银行、保险公司等金融机构进行监管，确保其遵守相关法律法规。

（2）审计责任：会计师事务所等第三方机构应对企业的财务报表进行审计，确保其真实、准确。例如，上市公司的财务报表需要由独立审计机构进行审计，以保证信息的可靠性。

（3）咨询责任：法律、税务等专业咨询机构应向企业提供合规方面的咨询，帮助企业制定合规政策和措施。例如，企业在制定员工福利政策时，可以咨询专门的人力资源咨询机构，以确保合规性。

其次，其他相关方承担的责任包括以下三个方面：

（1）合作伙伴责任：企业的合作伙伴如供应商、分销商等也应承担一定的合规责任。例如，供应商应确保其产品符合相关法律法规的要求，分销商应确保其销售渠道合规。

（2）雇员责任：企业的雇员在工作中应遵守相关法律法规和企业的合规

规定，否则应承担相应的法律责任。例如，雇员在处理企业机密信息时应遵守保密义务，如泄露机密信息则需承担法律责任。

（3）投资者责任：投资者在投资企业时应关注企业的合规情况，如果发现企业存在违法违规行为，应及时采取措施，否则也有可能承担连带责任。例如，投资者在投资上市公司时，应关注其财务报表的真实性，如果发现存在虚假陈述，投资者可以追究相关责任。

以上是第三方主体及其他相关方应承担的一些法律责任。这些责任的承担主体不仅有助于提高企业合规水平，也有助于维护市场秩序和公共利益。同时，这些责任的明确分工也有利于各方在合规方面发挥各自的专业优势，形成合力，共同推动企业合规的落实。

二、企业合规法律责任的分割

企业合规法律责任是指企业在经营过程中违反相关法律法规、规章制度和商业道德应承担的责任。在企业合规中，除企业法人本身以外，不同主体承担着不同的法律责任。这些主体包括企业法定代表人、高级管理人员、员工和其他相关方。

首先，企业法定代表人作为企业的法定代表，承担着最重要的法律责任。企业法定代表人应当确保企业遵守法律法规，制定并实施合规制度，对企业的合规状况负有监督和管理责任。如果企业违反法律法规，企业法定代表人将承担相应的法律责任，包括行政处罚、民事赔偿等。其次，高级管理人员作为企业的决策者和执行者，对企业合规负有重要责任。他们应当积极参与合规管理，制定合规策略和措施，并确保其有效执行。如果高级管理人员违反法律法规或者疏于合规管理，将面临法律责任，如行政处罚、刑事责任等。员工作为企业的执行者，也承担着重要的合规法律责任。他们应当遵守企业的合规制度和规定，执行合规要求，不得从事违法违规行为。如果员工违反法律法规或者企业合规制度，将承担相应的法律责任，如纪律处分、赔偿责任等。除了上述主体，其他相关方也可能承担一定的合规法律责任。例如，供应商、合作伙伴、顾问等与企业有业务往来的外部方，如果他们在与企业的交往中违反法律法规或者合同约定，可能会面临相应的法律责任。

划分承担企业合规法律责任的不同主体，具有以下意义：首先，明确责任分工。不同主体承担不同的法律责任，有助于明确各方在企业合规中的职责和义务，避免责任模糊和推诿扯皮的情况发生。其次，促进合规管理。各主体承担相应的法律责任，可以激励他们积极参与合规管理，提高合规意识，促进企业合规水平的提升。最后，保护企业利益。通过划分合规法律责任，可以保护企业的合法权益，减少违法违规行为对企业造成的损失，维护企业的声誉和信誉。举例来说，某公司的高级管理人员未能履行合规管理责任，导致公司在产品质量上存在问题，违反了相关法律法规。在这种情况下，高级管理人员将承担相应的法律责任，包括行政处罚和民事赔偿。与此同时，公司的员工也可能因为未能按照公司的合规要求执行工作而承担一定的法律责任，如受到纪律处分或者赔偿责任。

总之，不同主体承担企业合规法律责任是为了明确责任分工、促进合规管理和保护企业利益。只有各主体都履行好自己的法律责任，企业才能更好地遵守法律法规，保持合规运营。

第十三章　企业道德合规及其风险与防范

第一节　企业道德合规概述

一、企业道德合规内涵

市场经济是一种相对高效率的经济模式，但市场经济模式本身并不完善，制度上存在的缺陷使其隐含着道德风险，许多经济行为主体过度追求经济利益，使市场经济活动中出现许多的“离德行为”。企业作为市场经济形态中最主要和最活跃的行为主体不可避免地受到“离德行为”的感染，推进企业道德合规建设在我国现代企业发展中具有极其重要意义。

准确理解企业道德合规内涵，首先对“道德”这一概念进行解析。在汉语中“道德”是一个组合词，即由“道”和“德”构成。就“道”字而言，《辞海》将其概括为16种语义，但主要是道路、法则和宇宙本体三种；韩非子在《解老》中认为“道者，万物之所然也，万理之所稽也”，将“道”引申为宇宙万物生成变化的总法则，由此“道”逐渐引申出正确规则之义。就“德”字而言，其含义颇多。甲骨文中的“德”字写作“徝”，金文中的“德”字写作“悳”，前者是正直行为之意，后者是正直心性之意。后来两种写法统写为“德”，“德”同时含有正直行为和正直心性的含义。目前所知最早的“道”“德”联合使用，是《史记·夏本经》所记载的距今约4000年前的皋陶之语：“信其道德，谋明辅和。”可见“德”与“道”存在极为密切的关系，二字联合使用后形成的“道德”既有“德行与德性的规范”之意，也有“符合规范的德行和德性”之意。[1] 简言之，在中国文化中，“道德”意指依靠社会舆论和人的内心信念来维持和调整人们相互关系的行为规范总和。

道德活动的主体，可以是单独的个人，也可以是多数人组成的团体（比如企业），企业道德是一种团体道德。企业道德所调节的是企业与国家、企业与企业、企业与个人、外部的与该企业交往的个人和内部的每个成员的关系，所规范和约束的是企业的行为。[2] 基于此，企业道德可以界定为，在一定的社会制度和条件下，企业及其成员在长期的生产经营活动中，所逐渐形成的组织道德规范和行为准则的总和。[3]

企业合规发端于美国并逐渐风靡全球，并成为现代公司治理体系的重要组成部分。因时势而勃发的中国合规，在目前成为实践热点。企业合规之“规”，包含法律法规、国际条约、监管规定、商业惯例、行业准则、道德规范等“硬法”规范和“软法”规范。质言之，根据“规”的类别，企业合规包含两层含义：第一层为阻止诸如洗钱、内幕交易、贿赂、会计和银行欺诈等违反制定法规定的行为；第二层即要求员工遵守制定法规则之外的行为准则、伦理规范等，是企业承担道德责任、社会责任的应然要求。目前，对企业合规含义阐述的主流观点为，企业为有效防范、识别、应对可能发生的合规风险所建立的一整套公司治理体系。[4] 企业合规是企业依法依规经营、防控合规风险的一种自我治理方式。因此，可以把企业道德合规界定为，企业经营管理过程中要符合道德规范，并建立有效防范、识别、应对可能发生的企业道德风险所建立的一整套公司治理体系。为此，企业首先要建设一种公司文化，教育和动员员工遵循道德规范而行事，其次通过风险评估、督导、审计和适当的纪律来发现和阻止“离德”行为。

---

〔1〕 参见李建华：《伦理与道德的互释及其侧向》，载《武汉大学学报（哲学社会科学版）》2020 年第 3 期。

〔2〕 参见谢洪恩、杨林兴：《企业道德初探》，载《理论与改革》1991 年第 3 期。

〔3〕 参见高立胜：《略论企业道德的内涵、特征与作用》，载《社会科学辑刊》1992 年第 6 期。

〔4〕 参见陈瑞华：《企业合规的基本问题》，载《中国法律评论》2020 年第 1 期。

二、企业道德合规特征

（一）企业道德合规是针对预防企业道德风险而建立的内部治理体系

企业风险通常是指未来的不确定性对企业实现其经营目标的影响。企业只有构建良好的运营机制才能最大限度地达至企业价值增值的目标，然而企业经营过程中难免会遇到各种风险。道德风险就是企业风险的组成部分之一，主要包括企业作为群体或法人的道德风险和企业内部的道德风险。企业的所有决策和行动都是朝着企业既定的经营目标努力的，而道德风险引起的风险则是朝着相反的方向用力，其结果可能会导致直接的经济损失或者涉及企业形象、声誉等方面的间接损失。而企业道德合规建设目标就是要针对企业可能面临的道德风险建立事前的预防机制和事后的补救机制，以最大限度地避免或减少企业运营过程所带来的损失。

（二）企业道德合规之“规”是具有非强制性特征的规范

企业合规之“规”，包含法律法规、国际条约、监管规定、商业惯例、行业准则、道德规范等“硬法”规范和“软法”规范。企业经营管理过程中遵守法律法规、监管规定、国家条约、行业准则等规定，是企业不可推卸的义务，是不可逾越的行为边界，即企业没有不遵规的自由选择权。企业道德规范形成于社会共同实践或企业的经营实践，它运用善恶、荣辱、公正与偏私等道德范畴，通过社会舆论和内心信念等，来影响企业及其成员的观念与行为。对企业来说，遵守道德规定是一种道义使命，具有一定的自主选择权，可以凭借意志自由自愿选择“遵德”或“离德”。

（三）企业道德合规是企业文化建设一部分

企业文化也称为“组织文化”，是指企业在一定的社会文化环境影响下，在长期的生产经营活动中形成的经过企业领导主动倡导培育和全体员工的积极认同、实践与创新所形成的整体价值观念、信仰追求、道德规范、行为准则、经营特色、管理风格以及传统和习惯的总和。[1] 企业道德作为企业文化的基本要素，是企业文化活力之根、动力之源。企业合规的价值和生命力在于合规的有效性，而合规文化就是合规有效性的实质标准。合规文化其实为

---

〔1〕参见李少惠、崔吉磊编著：《企业文化》，上海财经大学出版社2013年版，第8页。

守法文化，在组织层面，合规文化的核心不是外在的合规制度或机制，而是由企业守法态度、守法价值观形成的组织风气（组织氛围）；在个人层面，合规文化则表现为守法的意识和习惯。[1] 培育合规文化，尤其要注重道德合规建设，推动合规意识、廉洁自律等深入人心，这有助于企业实现“自律”和“他律”结合。

三、企业道德合规必要性

企业道德和企业合规有着密切的关联。起初，企业合规仅仅是一个道德治理问题，即企业自我管理、自我建章立制。行政监管部门或刑事执法机关，对于企业合规都没有作出法律规定。随后，企业违法违规情况的愈加普遍和严重，西方国家在行政法和刑事法中规定了企业合规内容。[2] 可以说，企业合规既是法律治理问题，也是道德治理问题。随着合规实践进一步深化，一些西方企业和国家也非常重视道德在合规中的地位。西方许多企业将合规管理部门称为“道德与合规部”，将该部门负责人称为“首席道德与合规官”，将企业合规体系称为“道德与合规体系”。2010 年，美国《组织量刑指南》再次修订，将原来的首席合规官改为“首席道德与合规官”，提高了道德在合规管理中的地位和作用。[3] 本部分认为，道德规范是企业合规之“规”的组成要素，企业道德合规是企业合规的重要组成部分。

企业合规作为企业内部自我管理方式，从企业生存和发展角度来说，可以减少损失，实现可持续发展。从外部层面而言，企业合规可以克服行政监管中外部监管的局限性。遵循这一逻辑，从内外层面分析企业道德合规的必要性。

（一）内部层面

1. 企业道德合规建设可促进企业合规机制建立

企业合规管理依托于一套体系化机制，主要包括合规组织体系、合规义

---

〔1〕参见张远煌、秦开炎：《合规文化：企业有效合规之实质标准》，载《江西社会科学》2022 年第 5 期。

〔2〕参见陈瑞华：《企业合规的基本问题》，载《中国法律评论》2020 年第 1 期。

〔3〕参见崔永东：《合规治理的法律意义与道德意义》，载《中国社会科学报》2022 年 5 月 18 日，第 4 版。

务体系、风险防范体系、风险监测体系、违规矫正体系、合规评价体等。实践经验表明，仅有一种形式化的合规管理机制，不足以保证合规计划的有效运行。有效的合规计划至少意味着全体员工遵守商业行为准则，合规团队独立、高效地监控企业的合规风险，合规风险得到有针对性的预防，企业内部的违法违规事件一旦发生，能得到及时有效的预警和识别，企业能够及时建章立制、堵塞制度漏洞，承担责任的自然人能被及时发现和惩处，而那些对发现违规事件有贡献的举报者不仅不能受到打击报复，反而能得到适当的保护和奖励。[1] 如前所述，合规计划的有效实施，需要一种以企业道德为核心的企业文化来支撑，这种文化鼓励、引导企业高管和普通员工依法依规进行经营和管理。企业道德作为一种企业规范文化形式，对于企业及其成员的行为具有一定的规范、约束作用，它依靠社会舆论、风俗习惯、榜样感化和内心信念，规范企业及其员工行为。企业道德合规旨在使企业成员在内心形成共同的合规道德观念、情感和信念，自觉按照合规要求行事，使其形成“我要合规”的内在意识，实现“外部强制”到“内部自律”的转变。

2. 企业道德合规建设可以构建良好企业内外部关系

企业是一种从事生产、流通或其他服务性经济活动，实行独立自主经营的经济组织。寻求经济效益最大化是企业存在的根本目的，这是企业经济性质的体现。企业追求经济效益过程中必然与社会产生方方面面的关系，包括企业与内部雇员、所有者、经营者的关系，企业与外部消费者、供应商、银行、政府的关系等，这是企业社会性的体现。企业与这些不同主体之间存在一定利益关系，协调好与它们之间的利益关系，是企业生存的基础和发展的动力。企业与这些主体之间形成的社会关系，究其内容既包含法律意义的，也有道德意义上的。例如，企业与员工之间是相互依存的利益共同体，企业对员工有雇工的权利，也有为员工提供健康、安全的工作环境的道德义务；企业对消费者有提供产品和服务的权利，也有不伤害消费者的道德义务等。企业如果只顾自身的法律权利而忽视道德上的责任和义务，可能会为了利润不顾员工的生死，经常让他们超负荷加班加点；为了扩大销售量而制造虚假

---

〔1〕 参见陈瑞华：《论企业合规的中国化问题》，载《法律科学（西北政法大学学报）》2020年第3期。

广告蒙骗消费者；为了企业短期的利润指标而不顾对环境的污染；[1] 等等。企业出现这些问题后，会受到员工、消费者、新闻媒体和社会公众的批评。企业声誉将会受到严重影响，对企业经营和发展将造成不可估量的损失。

3. 企业道德合规建设对企业生产、管理和经营活动的保证和维护作用

现代市场经济是一种规范经济、信誉经济、文明经济、法治经济，要求企业必须依法经营，积极承担道德责任和社会责任。企业道德作为一种无形资本，同技术、资金、劳动、管理等一样对企业可持续发展至关重要。首先，企业道德观念和规范制约和影响着企业的宗旨、目标和制度等的制定、实施及变革。企业的经营宗旨、生产目标和规章制度等的制定和实施，不但受到企业的性质、生产力发展水平等因素的制约，也受到企业道德的影响，也就是说，企业道德也对其产生一定的道德价值导向作用。其次，道德是企业核心竞争力的内生变量。在微观层面上，从道德对企业核心竞争力中科技、营销、制度和文化等诸多要素的积极影响来看，道德也能够成为企业核心竞争力的内生变量。这表现为道德有助于提升企业的科技力、道德有助于提高企业的营销力、道德有助于增强制度力、道德有助于形塑文化力。[2] 最后，道德有助于企业与国际企业管理接轨。从国际上看，世界进入动荡变革期，国际竞争越来越体现为制度、规则和法律之争。随着企业经营的各项风险不断上升，企业合规管理已从此前符合法规硬性要求的“被动行为”转变为保护自身利益的“主动行为”，合规管理内容不仅是以风险评估与防控为主，而且成为企业战略规划的重要组成部分。构建中国特色企业合规治理体系，打造与国际接轨的合规管理制度，培育符合国情的合规文化势在必行。[3]

（二）外部层面

企业合规对企业而言是内部自我治理的一种方式，对于外部监管者（政府及执法部门）而言，则是一种规范企业运营的监管制度。作为一种监管制度，旨在防止企业违反法律和确保其对外部权威的服从。合规作为他山之石，仅依靠企业自主自愿和自身发力，难以建立有效的合规机制。需要政府运用

---

〔1〕 参见曹凤月：《企业道德责任的三重依据》，载《哲学动态》2007 年第 2 期。
〔2〕 参见张志丹：《道德：企业核心竞争力的内生变量》，载《南京社会科学》2011 年第 7 期。
〔3〕 参见贾宝元：《培育合规文化助推高质量发展》，载《法人》2023 年第 7 期。

监管行为之功效，从外在制度予以“逼迫”。当然，政府的合规管理是为了维持市场经济秩序，也是为了履行法律规定的市场监督管理职能。随着政府监管实践的发展，不可避免地存在一些深层次问题：第一，过度依赖行政主导存在潜在风险。合规管理囿于自上而下的行政主导推进，在监管机关与相对人之间形成“命令—服从”关系，存在行政压力有余而企业动力激发不足的问题。第二，合规管理政府监管的制度供给不足。我国目前缺乏专门法律法规对企业合规管理的政府监管进行规范，具体规定散见于部门规章及规范性文件，严重影响了政府监管的有效性。[1] 基于此，企业道德合规之功能得以显现，即填补法规规则及执行机制的空白，通过价值观、信念等文化因素的培育，激发企业“我要合规”的内生动力。

第二节　企业道德风险概述

一、企业道德风险界定

风险，是指一种特殊的不确定性，是给人们造成危害，带来损失的潜在因素。它有两重含义，一是一种可能性或不确定性；二是一种两面性，可能意味着损失或可能意味着失败。目前，国内外主要集中在经济学领域进行关于道德风险问题的研究，通常将道德风险界定为“从事经济活动的人在最大限度地增进自身效用时作出不利于他人的行动”，或者“通俗点说，道德风险是经济活动中的损人利己、为富不仁行为”。在哲学的层面上，道德风险是指：主体行动的道德不定性及其社会后果的不定性。[2] 企业在运营过程中，必然遇见诸如环境风险、交易对手风险、信息风险、道德风险等各式各样风险。企业道德风险作为企业经营过程中所面临的一种伦理风险，它是指个人或组织在参与市场经济活动中，为了获取自身利益而作出的损害他人利益的不道德行为，最终对他人和自己造成危害的可能性。广义的企业道德风险主要包括企业作为群体或法人的道德风险和企业内部的道德风险，狭义的

---

〔1〕 参见崔瑜：《论企业合规管理的政府监管》，载《行政法学研究》2021 年第 4 期。

〔2〕 参见郭晔：《论道德风险与道德创生》，载《南京师大学报（社会科学版）》2003 年第 6 期。

企业道德风险仅指企业内部道德风险。本节的企业道德风险主要指企业作为群体或法人的道德风险。

二、企业道德风险形成机理

企业道德风险是内外部因素共同导致的结果，内部因素主要是企业自身的组织架构问题，外部因素主要表现为信息不对称、监管制度运行不畅。

（一）内部因素：企业内部组织结构层面的缺陷

从企业内部组织架构角度分析企业道德风险归因，存在几种代表性观点：一是引发企业不道德行为的七大组织障碍，主要表现为劳动分工、决策权限分散、传统的等级命令制、对组织中角色的强制性行为预期、工作小组的内聚性、无明确的优先权、通过适当的公关抵制外界舆论的干涉；二是企业特定的组织结构条件和企业成员的道德水准是企业非伦理行为的特殊原因，将企业非伦理行为纯粹归咎于个人，是“过分限制了问题的范围”[1]。基于此，企业道德风险内部制度归因可以总结为两点：第一，企业的组织制度难以激发企业进行道德风险行为；第二，企业内部组织架构不足以对道德风险行为形成约束和抑制。

（二）外部因素：信息不对称和监管制度运行不畅

信息不对称是企业冒道德风险的必要条件。从信息经济学的角度来看，企业道德风险属于委托代理问题。企业与顾客之间存在潜在的委托代理关系，顾客委托企业生产所需产品，企业接受顾客的委托进行生产。若买卖双方信息完全对称，冒道德风险生产劣质产品的企业就会被市场淘汰。而正是市场制度本身存在信息不对称问题，才使卖方容易产生道德风险。信息不对称是市场经济的固有特征，无法消除。

此外，有的地方政府职能缺位、公共服务缺失、社会监管缺乏是企业道德风险形成的重要因素。存在部分地方政府重经济建设，轻社会建设的现象。社会管理中职能缺位和越位依然并存，监管留有较多的盲点、盲区。一些传统的管理理念、手段和方法，已经不再适应新的社会形势。一直以来，部分

---

[1] 参见沈芳兰：《企业道德风险分析——基于经济伦理学的观点》，载《湖北经济学院学报（人文社会科学版）》2012年第9期。

政府片面追求经济增长指标，在基础教育、医疗卫生、社会保障等公共产品的提供方面，在食品药品安全、工矿企业生产、市场经济秩序等的监管方面，或职能缺位，或供给不足，或发展滞后。[1] 因此，监管失职使大量有害产品流入市场，违反了市场竞争的公平原则，对部分违规行为的处理起不到震慑的作用，违反了惩恶的正义原则。

三、企业道德风险的类别

（一）政策性道德风险

政策性道德风险是指企业违反国家法律法规和政策规定从事经营活动或谋求某些特殊权利的活动。其基本特征是违反国家法律法规和政策。例如，利用贿赂获取不正当利益；恶意隐瞒收入和应税行为以偷逃税款；从事国家禁止的生产经营活动，或生产国家禁止生产的产品和质量低劣、有毒有害产品；未能认真贯彻执行劳动法，实施侵犯劳动者权益行为等。以上行为会形成企业对国家政策或法律法规逃避的惯性，严重损害法律法规和政府的权威性和严肃性。

（二）市场性道德风险

市场性道德风险是指企业违反市场竞争规则，以损害竞争对手利益的不正当手段获取最大化利益的行为，并主要表现为垄断和不正当竞争行为。例如，不守信用，任意毁约，转嫁责任和经营风险，逃避债务等，这些行为妨碍了良好的市场竞争秩序的建立和市场经济体制的完善，是我国目前市场经济体制建设的最大障碍之一。

（三）公益性道德风险

公益性道德风险是指企业违反公共利益，从事危害自然环境，妨碍可持续发展的生产经营活动。这种风险突出地表现在对社会公德或自然环境的破坏上，如乱采滥伐、过度利用自然资源，大量排放废物、制造环境污染等。[2]

---

〔1〕 参见康鸿：《当前中国社会风险与危机事件多发的根源》，载《人文杂志》2012 年第 1 期。
〔2〕 参见李玉梅：《论企业道德风险及其法律防治》，载《改革与战略》2009 年第 9 期。

第三节 企业道德风险的法律防范

道德风险的产生是企业内部和外部主客观因素共同作用的结果，在防范措施上要做到内外兼顾。企业合规对企业而言是内部自我治理的一种方式，对于外部监管者（政府及执法部门）而言，则是一种规范企业运营的监管制度。因此，企业道德风险法律防范的视域下，侧重于从外在制度建构与完善方面进行企业道德风险治理。制度具有行为导向功能，文明的制度为人类行为提供合理、权威、稳定的权利义务模式，将人们的行为导向社会合意的轨道，实现社会生活的有序化。基于此，企业道德风险的法律防范应从制度完善角度进行切入。

一、建设公平竞争的企业道德环境

企业存在的直接目的在于盈利，它的一切行为皆是围绕利润最大化进行的。履行道德责任需要耗费大量的企业成本，特别是对于一些面临生存危机的企业，它们既要在不熟悉的市场环境进行深度潜水，又必须面对内外的竞争。这种情况下，企业不得不首先考虑生存问题，在某种程度上不可避免地忽视对道德责任的关注，甚至牺牲社会道德责任来满足自身生存需要，从而产生相应的道德风险。面对企业道德建设内部动力不足的情况，要求企业坚守道德“自律”，并试图通过信念和良知的道德自律来维护社会秩序和规范人们的行为显然是极不现实的。

第一，要完善法律规范体系。市场经济是信誉经济、规范经济、法治经济，需要以法律规范来约束各市场主体行为。要使企业主动加强道德建设，规避或减少道德风险的产生，需要推进基本道德立法，借助含纳道德内涵和道德精神的强制性法律规范（他律），加以规范企业的道德行为和提升企业的道德境界。另外，还须及时完善诸如《反垄断法》《反不正当竞争法》等市场管理法律体系，构建良好市场秩序，促进有效竞争格局行为。这在一定程度上也能减少企业道德风险的产生概率。

第二，严格执法，强化监督奖惩力度。提高监管水平，加大行政执法力度，将企业社会责任相关法律落到实处。这样才能遏制住企业的侥幸心理，提高其违法违规成本，有效降低企业社会责任的缺失现象，维护良好市场秩序。但行政干预要注意“度”的掌控，不能干预企业具体微观事项，否则将会产生合法性风险。

此外，随着我国市场经济体系不断完善，包括道德在内的合规将会成为企业核心竞争力，合规管理体系的有效性将成为企业选择商业伙伴的重要考量因素。换言之，在合规竞争的市场机制下，企业会因不合规而丧失诸多商业机会。营造良好法治营商环境，建立健全合规竞争市场机制，无疑会有效减少企业道德风险的产生。

二、建设道德内核的企业文化环境

文化建设是企业的灵魂，是推动企业得以稳定发展的核心所在。如前所述，企业文化是指企业在一定的社会文化环境影响下，在长期的生产经营活动中形成的经过企业领导主动倡导培育和全体员工的积极认同、实践与创新所形成的整体价值观念、信仰追求、道德规范、行为准则、经营特色、管理风格以及传统和习惯的总和。企业文化对企业及员工行为具有约束和规范作用，也对企业整体和成员的价值及行为具有导向作用。引导企业建设以道德为核心的企业文化建设，能够很好抑制防企业道德风险的产生。在建设企业有效合规的背景下，企业合规文化建设更是具有重要地位。引导企业开展以道德为核心内容的企业文化建设，可以理解为引导企业开展包括道德在内的合规文化建设。

目前，我国形成了两种企业合规管理模式。第一种为“日常性合规管理模式”，这是指企业在没有违法、违规或者犯罪的情况下，根据常态化的合规风险评估结果，为防范企业潜在的合规风险，开展合规管理体系建设；第二种为“合规整改模式”，又被称为“应对危机的合规计划”，企业在面临行政执法调查、刑事追诉或者国际组织制裁的情况下，针对自身在经营模式、管理方式、决策机制等方面存在的漏洞和隐患，进行有针对性的制度修复和错误纠正。[1] 因此，引导企业开展以道德为核心的文化建设，需要结合这两种模式进行。首先，在“日常性合规管理模式”方面，使文化建设作为日常

〔1〕 参见陈瑞华：《有效合规管理的两种模式》，载《法制与社会发展》2022 年第 1 期。

性合规管理的内容之一，监管部门在对企业进行监督、考核和行政指导时，应当把是否建立以道德为核心内容的企业文化作为达到监管要求和通过监管验收的指标。其次，在“合规整改模式”方面，具言之，在企业合规整改中，把包括道德在内的合规文化、有效合规的重要标准，并列为合规整改计划和合规管理体系的评估重点。为此，需要探索多元合规文化建设评估方式，例如，构建合规文化的双重评估体系、建设合规文化的长期跟踪监督制度等。

三、发挥行业协会的道德自律功能

随着社会主义市场经济的发展，我国各种各类的行业协会、商会纷纷成立，并对社会主义市场经济的形成发挥了积极的作用。行业协会作为自治性的民间组织，具有行业管理职能、内部服务职能、会员维权职能、企业与政府之间的沟通职能等。行业协会的社会价值主要表现在对行业进行规范、开展行业内部协调、提升行业服务、对外代表行业、对内惩戒行业、开展行业调解等，是行业内部具有道德自律性的组织。基于此，发挥行业协会的自律功能对预防企业道德风险具有重要作用。就中国上市企业履行社会责任的现状来看，绝大多数企业对社会责任认知仅停留在慈善和捐赠阶段；企业积极捐助的同时环境污染、质量安全、员工生产安全等不道德社会责任行为频发。企业将社会责任简单等同慈善捐赠等经营成本。

具体而言，行业社会组织至少可以在以下几个方面开展道德自律建设：第一，将同业经营者组织起来，发挥其熟悉本行业技术标准、业务流程等，借由内部的沟通与协调，制定出一般性的行业道德规范指南，以期引导行业规范有序发展，最终实现行业道德自律。第二，提供包括道德内容的培训服务。行业社会组织的职能部门和专业人员可以建立一个即时更新信息库，向行业成员传达最新的企业社会责任政策与要求，并可以定期为行业成员提供相应培训服务。第三，行业社会组织可以定期对行业成员开展企业道德责任履行方面的有效性评价，并为评价良好的企业提供更多优惠政策。第四，开展企业道德建设及风险预防的研究。可充分利用行业协会平台优势、专业优势、资源优势等，针对实践中企业“离德”现象开展研究，究其原因，为政府制定相关政策提供支撑。

第十四章　企业违法犯罪风险及其治理

第一节　企业违法犯罪概述

企业违法犯罪指的是企业在经营活动中违反国家相关法律法规的行为。一般来说，企业的违法行为所违反是国家的各种行政法、民法规范；企业的犯罪行为所违反的刑事法规范。企业本身不具有实在躯体，但在现代各国法律体系中被普遍视为“法律拟制之人”，在法律层面上也被视为如同自然人一般的独立人格存在。虽然企业的违法行为与犯罪行为均表现为对相关法律规范的违反以及法秩序的蔑视，但行政法、民法规范与刑事法规范毕竟属于不同类型的法律规范，二者具有显著差异。在企业合规管理的语境下，“法”的内涵被扩张至一切规范性的事物，甚至包括道德等社会性软规范。但能直接引起企业责任的规范，至少是源自企业外部的强制规范，故有实质性价值的“法”内涵，至多能够扩张至行业规范。

一、企业违法

企业违法是企业在经营、管理中对有关的法律、法规、行业规定等外部行为规范制度的违反。应区分企业对其内部存在的公司章程、规章制度违反的性质，企业对其章程、规章制度的违反有时也会违反相关外部行为规范，引发企业外部责任。一般来说，企业违法的领域包括对行政法律法规的违反，如违反反不正当竞争法、劳动法、税法等，对这部分违法行为，企业承担的是相应的行政责任。对民事法律规范的违反，如企业的侵权行为。对非行政法律法规的违反，如对特定行业或领域相关规定或标准的违反，如违反由杭州海关起草的《煤炭化验规程》（HS/T 80—2023）。违反行业规定可能会对企业声誉及业务活动造成损害，影响企业的声誉和形象以及盈利能力。虽然行业规定不属于一般意义上的法律法规，但就企业声誉及业务活动的影响进而承担的责任后果而言，违反行业规定对企业的利益损害亦是相当严重的。违反章程、条例的同时又违反相应外部规范，如企业对部分股东权益的侵犯，同时违反了公司法对股东权利保护的规范，企业应对权益受损的股东承担责任。

之所以区分企业的违法行为是否违反外部行为规范，是因为企业单纯违反自身内部管理规范的责任实属企业内部责任，由企业自身就相关利益调整就能使先前的违法行为造成的利益震荡恢复平稳。在尊重企业自主经营的前提下，对于企业未造成外部利益受损的不当行为，没有介入的必要，否则便有侵犯企业自由之虞。

二、企业犯罪

企业所实施的犯罪，即由企业的决策机构按照其决策程序决定，由直接责任人员具体实施的为自身谋取非法利益，且刑法明文规定企业应受刑罚处罚的行为。在我国刑法体系中，并无“企业犯罪”概念，这是因为企业和公司、企业、事业单位、机关、团体等在法律上均为拟制之人格，统称为单位，故企业犯罪为单位犯罪的种概念。当单位犯罪的主体为企业时，则单位犯罪与企业犯罪在外延上重合。作为拟制的人，企业并没有具体的思维和行为器官，但这并不意味着企业没有意识和行为。企业的意志，来源于对企业具有管理或直接责任的企业成员意志的集合。企业成员意志的集合并非一种简单的相加，需要经过企业内部决策程序升格为企业的意志。质言之，只有经过决策机制确定采用为支配企业具体行为的企业成员意志才是真正的企业意志。至于企业的授权，尽管授权行为可能没有经过此种程序，但是决定企业授权的权利来源和程序，是经过企业决策机制的，授权行为中所体现的企业意愿也属于企业意志的表现。企业的行为必然是由具体的自然人代为实施的，当自然人受企业指挥而实施具体行为时，可以说是企业的意志通过自然人的意志进而通过自然人的行为而实现。质言之，对于自然人行为的理解，除了自然人在其自由意志的支配下实施行为，也具有企业意志通过企业成员行为而实现的属性。将企业成员实施满足企业意志的行为拟制为企业的行为，符合企业犯罪的拟制犯罪性质。如此，对于一般意义上的“单位犯罪”的理解就不是纯粹的单个犯罪，而需要在聚合犯罪中思考。我国刑法所规定的“单位犯罪”是特殊的两类犯罪的聚合体：一类是客观实在的作为单位成员的自然人犯罪，另一类是拟制的单位犯罪。[1] 从这一逻辑出发，我国有关单位刑事责任的追究，考虑的是单位自身意志和行为的违刑事法规范的属性，乃是企业刑事责任一元模式的认定方法。

我国企业犯罪归责的基础是企业自身的犯罪行为，企业所承担的刑事责任是自己责任。企业人格作为法律拟制人格，囿于拟制的虚拟性，自然不存在“企业自身的行为”。因此，对“企业实施的危害社会的行为”应当理解为“受企业意志控制的员工所实施的实现企业犯罪意志的行为”。从这一立场出发，企业犯罪就被完全拟制出来了：“企业基于自己的意志而产生相应罪过，并在这种罪过支配之下借由员工行为实施了具体罪行，进而构成犯罪。”如果员工的不法行为没有体现企业意志而仅体现其个人意志，即使该员工的不法行为是利用了企业的管理制度缺漏及瑕疵，甚至以公司名义、为企业利益（违法所得规企业所有），也不能认为企业构成犯罪。因为此时欠缺企业自己的独立犯罪意志，并无法体现为企业犯罪意志的、可归属于企业的员工不法行为。即使《全国法院审理金融犯罪案件工作座谈会纪要》采取“二要素说”，而没有对“体现单位意志”进行规定，只要刑法对单位刑事责任一元论的规定没有发生变动，对“二要素说”的理解就应该是“可以从‘以单位名义’和‘违法所得归单位所有’这二要素中推导出‘体现单位意志’这一要素，进而满足‘三要素说’”。可以说，在企业犯罪的构造要素中，“企业意志”这一要素居最核心位置。因此，企业犯罪的真正内涵就是：在企业自身的犯罪意志的支配下，借由企业内部员工的自然人行为所实施的，充足全部犯罪构成要件的行为。

三、企业行政违法与犯罪的界限

企业所实施的行政违法行为与犯罪行为均可笼统归属于企业不合法行为

---

〔1〕 参见叶良芳：《论单位犯罪的形态结构——兼论单位与单位成员责任分离论》，载《中国法学》2008 年第 6 期。

这一概念之下，虽然二者产生的法律责任后果存在根本差异，但是外显的后果责任实属事物之表象，并不具备根本价值。对企业行政违法行为与企业犯罪行为的区分，或者说从本质上把握二者，才能做到法律责任适用的均衡与正当。

对行政犯违法性与一般行政违法行为违法性的区别的认识，学术界存在两种对立的观点，即“量的差异说”与“质的差异说”。在“量的差异说”看来，行政犯的刑事不法与行政不法之间没有差异，在基础的“行为类型”上是完全一致的。行政犯所具有的情节、后果等要素起到的作用就是征表原来的行政不法具有更严重的法益侵害或者更严重的责任，也就是行政不法进入刑法评价范围要具备的“量”的要素。[1] 而在“质的差异说”的立场看来，法益侵害程度的判断属于构成要件之有无的判断，因而也属于质的判断。[2]

“量的差异说”认为，行政违法和刑事犯罪并不具有本质上的差异，仅存在量的区别。换言之，二者的区别仅在于，刑事犯罪行为所产生的危险性和社会危害性在量和程度上要大于行政违法行为，但在本质上没有区别。只有当危险性和社会危害性达到一定严重程度时，才构成刑事犯罪，而未达到此严重程度的，则属于行政违法。从整体上讲，“量的差异说”将行政违法与刑事犯罪的区别，仅仅归结于社会危害性和危险性的大小，这一理论混淆了违法和犯罪的概念，存在进一步扩大犯罪圈的潜在缺陷。[3] 行政规范的设立，虽然也考虑规范对社会利益的保护，但是这一目的并非行政规范设立的唯一直接目的。如未经我国药监部门批准的国外有效药品属于“假药”，应在行政法规范上加以制裁，但在刑法规范上却不具有可罚性。换言之，行政法规范的设立还考虑到了行政管理的效率性问题，但刑法规范却是以保护社会利益不被严重侵害为唯一目的的。社会中显然存在严重违反行政法规范的

---

[1] 参见黄小飞：《刑事不法与行政不法的差异：量差说的辩护与拓展》，载《北方法学》2022 年第 6 期。

[2] 参见马春晓：《区分行政违法与犯罪的新视角：基于构成要件之质的区别说》，载《中国刑事法杂志》2020 年第 1 期。

[3] 参见胡业勋、郑浩文：《自然犯与法定犯的区别：法定犯的超常性》，载《中国刑事法杂志》2013 年第 12 期。

行为实质上未侵害社会利益的案例。如果将行政违法性与刑事违法性不做质的区别，将严重违反行政法规范的行为作为犯罪处理，则实质上是以强制之暴力维护政府之命令，违反宪法民主与自由之原则。从社会契约出发，国民让渡权利形成强权集体意在保护自身之根本利益。如此，国家只不过是为了国民而存在的机构，是为了增进国民的福利才存在的。换言之，政府存在的目的就是保护国民的法益。[1] 行为仅侵害行政管理秩序时，即使在行政法上被认为侵害了某种法益，但如果没有最终侵害国民个人法益，就只是行政违法行为，而不可能成为犯罪行为。刑法并不处罚所有的法益侵害行为，只是处罚严重的法益侵害行为。反过来说，犯罪是值得科处刑罚的行为，所以，必须进行实质解释，将字面上符合犯罪的成立条件、实质上不值得科处刑罚的轻微法益侵害行为排除在犯罪之外。

违法性要件属于犯罪构成要件，必须根据刑法的特有目的进行解释与判断，而不能直接援用行政机关的解释与判断。在司法实践中，刑事司法机关对许多事实的认定依赖于行政机关，而行政机关只是基于行政法规范的目的在认定事实，并不考虑违反行政法规范的行为在刑事法规范上的应有论断。因此，对于企业的犯罪行为必须以该行为所造成的国民个人利益损害及程度进行独立认定。

第二节　企业违法犯罪风险

既然作为“法律拟制人格”的企业是在自己的违法犯罪意志支配下实施违法犯罪行为，则企业的违法犯罪就自然地包括两个环节：一是企业在内部管理中形成的违法犯罪意志，二是企业外部生产经营活动中实施的违法犯罪行为。企业外部生产经营活动并不局限于企业的商业贸易活动，如在拒不支付劳动报酬中，作为行为相对人的劳动者对报酬的请求所依赖的身份就不是企业内部员工身份，而是企业外部的债权人身份。因此，企业就拒不支付劳动报酬可能被追究的行政或刑事责任，仍是源自企业对外部承担的责任。企

---

〔1〕 参见张明楷：《避免将行政违法认定为刑事犯罪：理念、方法与路径》，载《中国法学》2017 年第 4 期。

业的外部生产经营活动，是企业在生产经营活动中与外部主体发生交互，进而需因其行为对外部主体享有权利、承担义务的活动。违法犯罪意志与违法犯罪行为之间的联系暗含了企业内部管理与其外部生产经营活动的关系，即企业内部的不正当管理生成了违法犯罪意志，进而在外部的生产经营活动中将该违法犯罪意志具象化，产生了违法犯罪行为。

一、企业内部管理风险

企业的违法犯罪意志是在企业的内部管理中产生的，即企业的不正当管理导致了企业的违法犯罪意志的诞生，因而称为企业内部管理风险。企业意志的形成过程是包含于企业的内部管理过程中的，因为决策程序以及其他相关程序的设立及运行都属于企业的内部管理的一部分。以单位行贿为例，如果企业在内部管理中就公平竞争及相关商业往来进行了妥当的管理，则向相关人进行行贿的意见通常不会经过决策机制成为单位意志。从单位的内部管理的角度来看，正是由于单位对相关违法犯罪没有进行妥当的管理，才导致了违法犯罪的意见在决策机制中通过。更为重要的是，某些决策机制本身存在的问题可能会进一步增加企业违法犯罪意志形成的风险。一般来说，企业的决策机制是高层管理者的集体决策，如董事会或股东会的决策，这种集体决策至少使决策本身受到了一定的监督和制衡，违法犯罪的意见通过这种决策机制成为企业意志所受到的限制较大。而在授权少数人乃至授权一人决策时，这种监督和制衡的作用就微乎其微了，于是违法犯罪意志形成的风险陡然上升。企业为了生产经营的便利，尤其是在部门林立、业务广泛的大企业中，所有事项的决策不可能均由统一的企业核心决策机制完成，必须授权下级管理者对具体事项的决策权。如此，经企业核心决策机制所授权，下级管理者的决策就成为公司的决策，进而同样能够升格为单位意志。如大企业的某个研发部门与其他科研机构或企业的研发合作，只需要该部门的负责人决定即对外发生效力。那么，如果该负责人通过与其他人员合作非法获取第三方商业秘密，则在效果上就属于该企业非法获取商业秘密，企业要为此承担违法犯罪责任。

企业决策机制的风险是企业治理结构风险的结果表现，企业决策机制所显露的问题是企业权力设置和权力制衡体系存在缺陷导致的。企业权力设置和权力制衡体系即企业的治理结构。完善的治理结构是保证企业内部控制功能发挥和促使企业内部控制有效运行的前提和基础条件，也是企业能够实行内部控制的制度环境保障。[1] 企业的内部治理结构本质上就是决策权的层层分授及其监管的体系化，而一旦企业的决策权的分授及监管不当，就容易出现企业的违法犯罪风险。企业在任命董监事等高级管理人员时并不只考虑这些人员的职业素养，虽然职业经理人制度已经日渐成熟，但企业的所有权、法人财产权和经营权分离并不容易实现，尤其是在大股东控制下的企业中，人事任免往往成为大股东控制企业的手段。如此，企业高级管理者的职业素养与独立性就容易受到影响，而这又导致企业难以建立完善的治理结构防范风险。

企业不完善的治理结构增加了企业违法犯罪的风险，但倘若风险管理与内部控制监督机制能及时发挥效用，未必不能悬崖勒马。但问题在于，风险管理与内部监督机制并非企业的强制性义务，而经常处于缺位状态。在因果联系上，即使存在线性相关也不意味着结果的必然性，故企业的治理结构不完善并非一定导致损害结果。另外，风险管理与内部控制监督机制的构建本身需要企业支出相应的成本。于是，企业就缺少足够的动力构建风险管理与内部控制监督机制体系。即使企业在其生产经营活动中需要就某一事项进行风险评估，也往往采用临时性的、专门性的风险评估，而较少采用风险全面评估手段。在风险管理与内部控制监督机制体系不完善的背景下，企业就相关决策的风险性难以把握，甚至即使了解风险后也缺少监督以挽回前期决策的损失。

企业内部管理的风险防控意识对企业的内部管理尤为重要。可以说，企业的内部管理就是基于企业的风险防控意识所构建的。当企业欠缺相应的风险防控意志，则在构建其自身管理体系时就难免在其决策机制、治理结构、风险管理与内部控制监督机制等方面存在侥幸，以至于产生制度性风险。

二、企业外部生产经营风险

企业所实施的违法犯罪行为是企业在其外部生产经营活动中对外部其他

---

〔1〕 参见李莉：《论企业内部控制的风险管理机制》，载《企业经济》2012 年第 3 期。

主体权益进行损害的行为，此种行为违反企业外部的行为规范，是企业与外部主体在生产经营活动中发生交互的结果，故将促进该行为的因素称为企业外部生产经营风险。一方面，从违法犯罪的发生过程来看，违法犯罪行为是违法犯罪意志的外显结果，故企业外部生产经营风险是企业内部管理风险的传导结果。企业在内部管理中的决策机制风险，在企业生产经营过程中就转化为具体的风险。如企业外部经营活动中，必然面临多种诱惑和压力，例如，对高额利润追求、降低成本、快速扩张等。这些因素可能导致企业采取不正当手段，如欺诈、洗钱、贿赂等，从而触犯法律。以企业贿赂为例，当企业能够通过行贿方式获得商业机会时，负有决策权的企业高管一旦作出错误决策，则企业就有可能实施行贿而涉嫌违法犯罪。这些生产经营中的外部风险，是企业在生产经营中对经济利益的不当追求以及原本就存在的内部管理风险所导致的。对于企业而言，对经济利益的追求一般是通过商业交易行为而实现的，而破坏商业交易本身的公平性就能使自己在市场上获得优势地位，进而满足其对经济利益的追求。但是，这种对商业交易公平性的破坏必然直接侵害了其竞争者的利益，也间接侵害了消费者的合法权益，故必然触犯相应的外部行为规范，被立法者认定为违法或者犯罪。

此外，企业在生产经营中对相关法律法规和行业规定的了解不充分，也会导致企业的违法犯罪。虽然此时企业自身罪过的恶性较小，但其客观上违反相关规范的行为仍对社会或他人的合法利益产生损害，仍应承担违法或犯罪的责任。需要注意的是，虽然在责任主义的立场对违法性认识错误的态度有所缓和，但对能够避免的违法性认识错误未能尽到注意义务而错误认识法律规范时，仍不应认定该错误认识能够阻却责任。[1] 企业生产经营中所涉及的各种法律规范，属于企业应当知道的法律规范，企业对这些法律规范具有注意义务。只要企业进入某一领域内，就应该对该领域内各种社会关系的调整规范进行关注。因此，在企业因为不了解相关法律规范而产生违法性错误认识的场合，这种错误认识就属于企业未尽到注意义务而本可以避免的错误，不能阻却企业的责任。

另一方面，企业违法犯罪风险来源于其外部利益相关方，如供应商、客

---

〔1〕 参见车浩：《法定犯时代的违法性认识错误》，载《清华法学》2015年第4期。

户或合作伙伴。企业与供应商、客户或合作伙伴之间可能存在不正当的利益交换，如串投标、行贿、联盟垄断等非法行为，导致企业涉嫌违法犯罪。除此之外，企业也可能成为其供应商、客户或合作伙伴的违法犯罪的受害者，被卷入违法犯罪活动中。例如，企业的某个供应商所供应的原料为侵犯他人知识产权的产品，则企业后续对该侵权产品的利用、销售则可能同样违反知识产权保护相关法律规范。又如，企业的客户使用企业所提供的产品或服务从事于违法犯罪行为时，企业可能因此承担连带责任，如互联网服务提供商未正当履行监管义务而放任犯罪分子利用其所提供之网络服务进行网络诈骗时，企业可能成立帮助信息网络犯罪活动罪。

第三节　企业违法犯罪责任基础

一、企业违法犯罪责任基础概述

“责任”作为一个重要的法律术语，使用范围相当广泛，但其内涵并不唯一。通常来说，作为法律责任而言的“责任”，是指违反法规范的主体就其违反法律规范的行为所应承担的不利后果。如违法刑法规范的犯罪行为就需要犯罪主体接受相应的刑罚。在此意义上，责任能力指的是接受或承担法律所预先设置的不利后果的能力。另外，“责任”还经常在另一语境中使用，即对行为人进行非难的可能性判断时将行为人的责任作为行为人违法行为非难的评判依据。如此，责任就成了否定评价违法行为人的主观评价要件。从这两个维度审视“责任”，不难发现，作为接受刑罚能力的责任实质上承担了违法行为的当罚性标准，作为非难评判依据的责任实际上成了违法行为的应罚性标准。如果不能对违法行为进行非难，则至少对于行为人而言，该行为在法律上就不能说是不正当的。如不具有辨认和控制自己行为能力的人所实施的违法行为，由于其不能理解行为的实质意义以及法律规范的要求，法律就无法对其预先设置禁止性行为规范，也就不能对其进行谴责；即使行为人具备非难的责任，但其实际上不能承担相应的处罚，也无法追求其法律责任，则可以说行为人此时是不当罚的。如企业作为法律拟制人格并不具有承载的生命与自由的肉体，故对企业犯罪的处罚，即企业的刑事责任，就不可能是死刑或自由刑，而只能是罚金。从上述两个责任维度来看，企业的违法犯罪责任自然包括在违法犯罪行为发生后对企业的非难判断与企业承担不利后果两个层面。

对自然人违法犯罪，法律的非难主要考察的是行为人对违法行为的辨认和控制能力，即主观上是否存在罪过或期待可能性的有无。但是企业意志是由完全民事行为能力人所共同决定的，具有远超自然人的理智与独立性，故不可能在违法犯罪的场合认定不具有罪过与期待可能。但是，对于企业的非难，除了企业本身的主观因素，还应该考虑到企业的违法犯罪行为所导致的社会危害性。应当说，违法犯罪行为才是非难企业的前提。违法犯罪存在形式与实质两个层面，形式符合违法犯罪构成的行为还需在实质上进行判断，如果不具有相应的违法性，也不属于违法犯罪。因此，从应罚性的角度，企业的责任是其违法犯罪的主观罪过与行为所造成的客观危害结果。至于企业承担不利法律后果的责任，是以企业本身所具有的财产为基础的。企业就其所有的财产对外承担责任，且囿于其法律拟制人格，一般也只能以财产承担法律后果。但在生产经营活动中，企业的生产经营活动本身就属于企业的自身利益，故可以对其生产经营活动进行限制从而使企业承担不利后果，实现企业违法犯罪的责任追究。如限制业务范围、责令停产停业、吊销执照等处罚事项即属此种内容。

二、企业因自身不法行为而承担责任

企业因自身不法行为而承担责任是罪责自负的具体表现。罪责自负作为一项刑法原则，实质性地说明了犯罪主体所承担的责任（包括法律对其的否定评价以及要求其承担不利后果）是源自其自身的不法行为。在现代法治观念下，基于法秩序统一的原则，刑事领域的罪责自负原则在其他法律领域同样得到普遍承认。每个人都不应该为他人的过错承担任何责任，因此企业的责任来源只能是其自身的不法行为。

企业的不法行为是借助企业内部员工的肢体行为所实施的，这是企业行为的特性。因此，企业的行为与员工的行为必然发生耦合。换言之，员工的肢体行为既属于员工自然人行为，又属于法律拟制的企业行为。企业的责任来源只能是属于法律拟制为企业自身行为的不法行为。因此，员工的肢体行为能否被拟制为企业行为，即员工行为是否归属于企业，是企业是否对该行为承担责任的唯一依据。行为是意志支配下的肢体动作。员工行为之所以能够被认为是企业行为，是因为员工行为受到了企业意志的支配。质言之，当员工接受了企业意志所作出的决定并为此行动时，企业就借助员工的行为满足了自己的意志，故员工的行为就等同于企业的行为。

需要注意的是，在上述逻辑中，可以简单以员工行为是否受企业意志影响而认定企业行为的存在与否。如此，就容易以员工接受了企业甚至上级领导的工作安排而认为企业行为的存在并要求企业对此承担责任。这里需要进一步考虑，形式上来自执行员工上级甚至企业的工作安排是否真正地体现了企业意志。一般来说，企业意志的生成必须经过企业的决策机制。企业的决策机制一般表现为董事或股东会议。但是在一个企业中，企业对具体事项的决策可能存在不同机制。然而，即使是中下层员工的决策，如果是企业内部授予其决策权，也体现企业的意志，因为授予决策权的决策，终究是企业最高决策机制所决定的。有决策权意味着可以生成企业意志，但是仍需考虑决策权的范围，对于授权决策的，自然以企业授权为边界。然而，对企业最高决策机构而言，决策权仍是有限制的。一般来说，董事会或股东会是企业的最高决策机构，是企业最高的权力机构，似乎是不受约束的。但企业存在的唯一目的是以生产经营活动进行盈利。因此，企业的生命在于生产与交易的商业经营活动。基于此，董事会或股东会的决策范围应以企业的生产经营活动为限。如果该决策不属于广义的生产经营活动范围，即使是董事会或股东会所作出的，也只能是董事或股东的意志集合，而不能成为企业意志。如企业的股东会作出的杀死竞争对手的决议，已经超出了正常的商业活动范围，就不可能属于企业正当的决策事项范围，故只能由作出决策的自然人对故意杀人承担责任。

三、企业因其高管员工不法行为而承担责任

雇员行为被认为是雇主行为的延伸，这是企业承担其高管员工不法行为的责任基础。因此此时高管员工的不法行为所对应的责任被认为是企业应承担的责任。这种雇主对雇员不法行为的补偿责任，是认为雇主利用他人的劳动力才扩大了自己活动范围，因为其是增大了获得利益可能性的人，所以雇

主应该对其扩张的范围内发生的损害承担责任，这一学说有通向无过失责任的可能。[1] 在刑法领域，企业的刑事责任只能源自企业自身行为，但这是由刑事责任的专属性以及严厉性所决定的。而在行政法与民法等制裁较为缓和的领域，雇主从雇员的行为中获得了利益，自然要对雇员的行为所造成的损害承担责任。

企业对高管员工的不法行为承担责任的范围是企业利用高管员工的劳动力扩大了自己活动的范围，即企业仅对高管员工的履行工作职务中的不法行为承担责任。如企业的高管在生产过程中私自决定违法环保法律法规，虽然未体现企业意志，但环保部门仍可因企业高管的违法环保法律法规的行为对企业进行行政处罚。在这里，企业高管的行为被视为企业行为的延伸，企业承担的几乎是无过错的代位责任。这里需要注意的是，企业高管员工在企业经营管理方面具有较高权限，而这些权限是依据企业内部管理模式以各种形式赋予的，故本质上是企业权责的配置，而企业的权责配置意味着企业高管行为体现着企业意志。

第四节　企业违法责任承担形式

一、企业违法犯罪承担责任的一般形式

企业违法犯罪承担责任的一般形式即相关法律规范所预设的违法犯罪行为应承担的不利后果，这种不利后果往往存在部门法的差异性。如行政法规范主要调整的是企业生产经营过程中的政府对企业的监管关系，因而行政法规范上所预设的行政责任也是与企业生产经营活动相关的不利后果，如罚款、限制业务范围、责令停产停业、吊销执照等处罚。民事法律规范主要调整的是各种民事法律关系，主要是人身关系与财产关系，而企业往往在市民社会中不涉及人身关系，故违反民事法律规范的责任往往是承担财产减损（补偿或赔偿给对方）的责任。至于刑事法规范，拟制的人由于不具有实际肉体而只能对其进行罚金刑。此外，企业刑事犯罪时往往表现为单位犯罪与个人犯

[1] 参见［日］小口彦太：《日中侵权行为法的比较》，丁相顺译，载《法制与社会发展》1999年第3期。

罪的耦合，这是企业犯罪多为双罚制的原因所在。需要注意的是，我国刑事立法对单位的犯罪资格并未普遍承认，反映到立法的表象则是单位犯罪的法定形式，即仅有立法明文规定某一犯罪可以由单位实施时单位才成为该罪的犯罪主体，单位的不法行为才能被评价为犯罪。至于违反行业规范所造成的同行评价降低甚至否认等后果，也是自然的结果。这些均属于企业违法犯罪承担责任的一般形式。

二、企业治理结构体系改造责任

在法定的企业违法犯罪责任之外，为了实现其良好经验所需的商誉，还应努力修复被先前违法犯罪行为所损毁的外在形象，以及完善违法犯罪行为所暴露的内部管理风险，企业还需承担治理结构体系改造，以确保合法经营的责任。企业的合法经营责任是其伊始的责任，故在治理结构体系上确保合法经营并非仅违法犯罪的责任，但违法犯罪行为已然暴露了企业治理结构体系存在的缺陷已经不足以确保其合法经营时，治理结构体系的改造就成为一项不可推脱的责任。当然，如果企业能够在事前就建立起行之有效的治理结构就不会导致违法犯罪的发生，进而也不会产生违法犯罪责任。因此，可以说事前的合法经营机制建设作为违法犯罪的预防机制建设，在某种程度上也是一种责任，故这里将事前合法经营机制建设也引进来。

（一）事前合法经营机制建设

事前合法经营机制对企业违法犯罪风险的防控，是通过在企业内部构建完善的合法经营治理结构体系实现的，是针对企业内部管理中的权责不清、治理结构不完善、风险管理与监管机制的缺失等增加企业违法犯罪风险的因素进行的防控。良好的企业治理结构体系相当于强化了企业遵纪守法的意志，使企业从自身角度做到主观上的根本不想违法犯罪，进而实现风险的良好防控。从意志支配行为的角度，事前合法经营机制的建设就是在企业的意志层面防范了企业的违法犯罪意志，进而防范企业的违法犯罪行为。当然，企业能够防范自己的违法犯罪行为，但对企业高管员工的个人犯罪行为的监管就较为困难。当存在有效运行的事前合法经营机制时，可以说此后发生的员工个人不法行为并未体现企业意志，进而否定企业犯罪的成立。但是，当企业意志与员工个人意志不能进行很好区分时，则意味着事前合法经营机制的失效，便不能否定企业犯罪的成立。此时，良好的治理结构体系能够有效防范企业内部高管员工利用企业实施违法行为，可在一定程度上减少此类行为的发生。另外，在刑事领域，事前合法经营机制在犯罪意志上将企业责任与员工个人责任严格区别开来，故至少在刑事领域，事前合法经营机制的建设为单位犯罪设置了防火墙。进一步地，在企业一般违法行为中，事前的合法经营机制实际上分离了违法员工的主观恶意，从而能够在一定程度上降低商誉影响。

（二）事后合法经营机制改造

在企业事前合法经营机制未能有效发挥效用，或者欠缺事前合法经营机制，以至于发生了违法犯罪行为时，就需要事后合法经营机制改造来防范之后的违法犯罪风险。事后合法经营改造以企业或者企业高管员工在生产经营活动中业已发生的违法犯罪行为为前提，这是因为事前的违法犯罪行为的发生必然暴露了企业的管理之中存在的不足或漏洞。于是，在事后合法经营改造中，除了对先前违法犯罪行为所造成的社会利益损害进行填补，更重要的是，对已暴露的管理缺陷进行针对性补救，以实现事后的合法经营改造。在事后合法经营机制的改造中，核心在于合法经营机制构建和法益修复。前者是对先前违法犯罪行为的反思，侧重于对未来经营活动的违法犯罪的预防；后者则意图降低先前违法犯罪的损害，既是单位违法犯罪责任的实质承担，又是企业社会责任的体现。

违法性的原点在于国民的利益遭受了侵害。在此意义上可以说，违法行为是“产生了法益侵害及其危险的行为”〔1〕。既然刑事违法性的本质表现为不法行为的法益危害性，则刑罚的必要性中就蕴含了对不法行为所造成的法益危害的填补。刑法之所以采用不同于民事赔偿的刑罚作为刑事责任后果，是因为不法行为所造成的法益危害难以像民事赔偿责任那样对民事过错等行为所造成的被害人损害进行填补，故而只能通过刑罚对行为人进行惩处以填补其不法行为所造成的法益危害。质言之，正是由于不法行为所造成的社会危害在一般情景中是难以填补的，才需要对行为进行刑罚以维护公义。如此，从“刑罚作为填补不法行为所造成的社会危害结果”进行反向解构，自然就

---

〔1〕［日］前田雅英：《刑法总论讲义》，曾文科译，北京大学出版社2017年版，第26页。

能推导出这样的结论：如果行为人能够以其他手段填补其先前不法行为所造成的法益危害结果，则没有必要对其施以刑罚。行为人的当罚性，应从其行为整体性所造成的社会危害结果进行把握。在认定犯罪时，不只要求行为具有一般违法性，还需进一步考虑刑法所特有的规范内容——罪量要素，确定行为的社会危害达到何种程度。[1] 进一步说，一般违法性是可罚性的基础，罪量是当罚性的核心。那么，当行为人通过采取其他手段对法益危害结果进行填补后，则受损法益得以修复，进而导致行为人的罪量要素整体性降低。如果行为人罪量确实少于刑法所规定的社会危害性水平，则即使行为具有一般违法性也不具备刑事违法性，即存在出罪的可能。

基于对法益进行修复的涉事企业事后合法经营机制改造，企业在犯罪发生后要采取措施填补其先前所损害的法益，这就意味着企业必须为其先前犯罪行为付出一定的时间、物力、财力以及人力成本。此外，企业还需对其存在的管理中存在的问题进行合法经营机制改造，这同样需要企业承担一定的负担。甚至在某些情况下，企业的相关违规责任人等高层管理者也需要被撤换或者受到其他严厉处分。因此，涉事企业的事后合法经营机制改造对企业而言具有实质性的制裁属性。

即使事后的合法经营改造没有阻却单位犯罪的成立，但其合法经营机制构建和法益修复的核心仍体现了涉事企业的悔改与社会责任担当，这对其后续的经营活动仍具有重要价值。

（三）合法经营机制外部评估监管制度

无论是事前合法经营机制的建设，还是事后合法经营机制改造，都是企业自身的治理结构体系建设。而治理结构体系的建设并不意味着该机制能够有效运行，发挥应有效用，更不意味着经营行为的合法性。因此，需要对治理结构体系的建设进行监督，以确保该机制的良好运行，发挥合法经营机制的应有效用。这种监管既可以是企业内部进行的，也可以由企业外部的其他主体进行。一般来说，企业内部对其合法经营机制建设的监管本身就属于合法经营机制的一部分，故外部的评估监管的意义更为重要。通过引入独立的外部评估机构，可以对企业的治理结构体系进行全面、客观的评估，帮助企

〔1〕 参见陈少青：《罪量与可罚性》，载《中国刑事法杂志》2017 年第 1 期。

业发现潜在的风险和问题，并提供改进建议。

外部评估机构在对企业建设的合法经营机制的监管上，具有客观、专业、全面的优势。外部评估机构由于不涉及企业内部各种纷杂利益纠纷，能够以公正、中立的身份对企业的合法经营机制进行评估，避免了企业内部自我评估的主观性和利益冲突。在专业性上，外部评估机构由于专门从事企业的合法经营机制评估工作，通常具备丰富的行业经验和专业知识。相较于企业本身，在企业的管理工作中，外部评估机构能够深入了解企业的业务特点和风险点，提供更加专业的评估意见；而专业性的同时也意味着外部评估机构可以从多个角度对企业进行全面评估，覆盖各个业务领域和流程，有助于发现潜在的风险和问题。在外部评估机构的监管之下，发现企业合法经营机制中存在的问题并提供改进建议，能够帮助企业完善治理结构体系，提高其管理水平。

参考文献

1. 陈瑞华：《有效合规的中国经验》，北京大学出版社 2023 年版。

2. 乔远：《风险与管理：企业合规理论与实务》，法律出版社 2023 年版。

3. 梁枫主编，金诚同达研究院企业合规研究中心编著：《大合规时代：企业合规建设指引与案例解析》，中国法制出版社 2023 年版。

4. 敖立、李文宇、张夕夜主编：《现代企业合规指引》，中国政法大学出版社 2023 年版。

5. 张小凤：《合规国际化：中国企业走出去合规风险防控指南》，法律出版社 2023 年版。

6. 陈瑞华：《企业合规基本理论》（第 3 版），法律出版社 2022 年版。

7. 张远煌编著：《企业合规全球考察》，北京大学出版社 2021 年版。

8. 孟刚：《制裁和反洗钱合规风险应对》，中国金融出版社 2021 年版。

9. 华东师范大学企业合规研究中心编：《企业合规讲义》，中国法制出版社 2018 年版。

10. 赵万一主编：《合同法视野下公司法与金融法的适用》，法律出版社 2017 年版。

11. 陈瑞华、李玉华主编：《企业合规改革的理论与实践》，法律出版社 2022 年版。

12. 徐化耿：《信义义务研究》，清华大学出版社 2021 年版。

13. 黄辉：《现代公司法比较研究——国际经验及对中国的启示》（第 2 版），清华大学出版社 2020 年版。

14. 蒋昇洋：《董事注意义务的司法认定：美国的经验和中国的再造》，西南财经大学出版社 2019 年版。

15. 朱锦清：《公司法学》（第 2 版修订本），清华大学出版社 2019 年版。

16. 王军：《中国公司法》（第 2 版），高等教育出版社 2017 年版。

17. 邓峰：《代议制的公司：中国公司治理中的权力和责任》，北京大学出版社 2015 年版。

18. 范健、王建文：《公司法》（第 4 版），法律出版社 2015 年版。

19. 林少伟：《英国现代公司法》，中国法制出版社 2015 年版。

20. 赵旭东主编：《公司法学》（第 4 版），高等教育出版社 2015 年版。

21. 葛伟军：《英国公司法要义》，法律出版社 2014 年版。

22. 甘培忠：《企业与公司法学》（第 7 版），北京大学出版社 2014 年版。

23. 史际春：《企业和公司法》（第 4 版），中国人民大学出版社 2014 年版。

24. 张维迎：《理解公司：产权、激励与治理》，世纪出版集团、上海人民出版社 2014 年版。

25. 张维迎：《博弈与社会》，北京大学出版社 2013 年版。

附件　非法经营罪刑法规范总整理

《中华人民共和国刑法》

第二百二十五条　【非法经营罪】违反国家规定，有下列非法经营行为之一，扰乱市场秩序，情节严重的，处五年以下有期徒刑或者拘役，并处或者单处违法所得一倍以上五倍以下罚金；情节特别严重的，处五年以上有期徒刑，并处违法所得一倍以上五倍以下罚金或者没收财产：（一）未经许可经营法律、行政法规规定的专营、专卖物品或者其他限制买卖的物品的；（二）买卖进出口许可证、进出口原产地证明以及其他法律、行政法规规定的经营许可证或者批准文件的；（三）未经国家有关主管部门批准非法经营证券、期货、保险业务的，或者非法从事资金支付结算业务的；（四）其他严重扰乱市场秩序的非法经营行为。

第二百三十一条　【单位犯扰乱市场秩序罪的处罚规定】单位犯本节第二百二十一条至第二百三十条规定之罪的，对单位判处罚金，并对其直接负责的主管人员和其他直接责任人员，依照本节各该条的规定处罚。

相关规范

1.《全国人民代表大会常务委员会关于惩治骗购外汇、逃汇和非法买卖外汇犯罪的决定》（1998 年）

2.《最高人民法院关于审理非法出版物刑事案件具体应用法律若干问题的解释》（1998 年）

3.《最高人民法院关于审理骗购外汇、非法买卖外汇刑事案件具体应用

法律若干问题的解释》(1998 年)

4.《办理骗汇、逃汇犯罪案件联席会议纪要》(1999 年)

5.《最高人民法院关于审理扰乱电信市场管理秩序案件具体应用法律若干问题的解释》(2000 年)

6.《关于对既涉嫌非法经营又涉嫌偷税的经济犯罪案件如何适用法律问题的意见函》(2001 年)

7.《公安部办公厅关于销售印有本·拉登头像的商品如何处理问题的答复》(2001 年)

8.《公安部经济犯罪侦查局关于打击非法经营销售国内机票有关问题的批复》(2002 年)

9.《最高人民检察院法律政策研究室关于非法经营行为界定有关问题的复函》(2002 年)

10.《最高人民法院、最高人民检察院关于办理非法生产、销售、使用禁止在饲料和动物饮用水中使用的药品等刑事案件具体应用法律若干问题的解释》(2002 年)

11.《最高人民检察院关于非法经营国际或港澳台地区电信业务行为法律适用问题的批复》(2002 年)

12.《最高人民检察院侦查监督厅对非法倒卖陈化粮行为定性的意见》(2003 年)

13.《最高人民法院、最高人民检察院关于办理妨害预防、控制突发传染病疫情等灾害的刑事案件具体应用法律若干问题的解释》(2003 年)

14. 最高人民法院、最高人民检察院、公安部《办理非法经营国际电信业务犯罪案件联席会议纪要》(2003 年)

15.《最高人民检察院法律政策研究室关于 1998 年 4 月 18 日以前的传销或者变相传销行为如何处理的答复》(2003 年)

16.《最高人民法院、最高人民检察院、公安部、国家烟草专卖局关于办理假冒伪劣烟草制品等刑事案件适用法律问题座谈会纪要》(2003 年)

17.《最高人民法院、最高人民检察院、公安部关于依法开展打击淫秽色情网站专项行动有关工作的通知》(2004 年)

18.《最高人民法院、最高人民检察院关于办理赌博刑事案件具体应用

法律若干问题的解释》(2005 年)

19.《最高人民法院研究室关于非法经营黄金案件移送起诉期间国务院出台〈国务院关于取消第二批行政审批项目和改变一批行政审批项目管理方式的决定〉如何适用法律问题的答复》(2005 年)

20.《公安部经济犯罪侦查局关于对四川××、陕西××等公司代理转让未上市公司股权行为定性的批复》(2006 年)

21.《公安部经济犯罪侦查局关于对新疆××公司使用配额许可证行为性质的批复》(2006 年)

22.《最高人民法院、最高人民检察院、公安部、中国证券监督管理委员会关于整治非法证券活动有关问题的通知》(2008 年)

23.《最高人民法院关于被告人缪绿伟非法经营（工业盐）一案的批复》(2008 年)

24.《公安部经济犯罪侦查局关于刘××等人利用银行账户为他人转移资金行为定性问题的批复》(2008 年)

25.《公安部经济犯罪侦查局关于对艾××等人有关行为定性问题的批复》(2008 年)

26.《最高人民法院刑事审判第二庭关于对未经行政许可审批经营成品油批发业务是否构成非法经营罪的意见》(2008 年)

27.《公安部经济犯罪侦查局关于对倒卖银行承兑汇票行为性质认定意见的批复》(2009 年)

28.《关于对闻丽×等人有关行为定性问题的批复》(2010 年)

29.《公安部经济犯罪侦查局关于对徐×等人经营银行承兑汇票贴现业务定性问题的批复》(2010 年)

30.《最高人民法院研究室关于〈关于办理妨害信用卡管理刑事案件具体应用法律若干问题的解释〉溯及力的复函》(2010 年)

31.《最高人民法院、最高人民检察院关于办理妨害信用卡管理刑事案件具体应用法律若干问题的解释》(2009 年)

32.《最高人民法院关于在经济犯罪审判中参照适用〈最高人民检察院、公安部关于公安机关管辖的刑事案件立案追诉标准的规定（二）〉的通知》(2010 年)

33. 《最高人民法院、最高人民检察院关于办理非法生产、销售烟草专卖品等刑事案件具体应用法律若干问题的解释》(2010 年)

34. 《最高人民法院关于个人违法建房出售行为如何适用法律问题的答复》(2010 年)

35. 《最高人民法院关于审理非法集资刑事案件具体应用法律若干问题的解释》(2022 年)

36. 《最高人民法院关于被告人李明华非法经营请示一案的批复》(2011 年)

37. 《最高人民法院关于准确理解和适用刑法中“国家规定”的有关问题的通知》(2011 年)

38. 《最高人民法院、最高人民检察院、公安部、国家安全监管总局关于依法加强对涉嫌犯罪的非法生产经营烟花爆竹行为刑事责任追究的通知》(2012 年)

39. 《最高人民法院研究室关于经营彩票“优化”、“缩水”业务定性问题的研究意见》(2012 年)

40. 《最高人民法院关于被告人何伟光、张勇泉等非法经营案的批复》(2012 年)

41. 《最高人民法院研究室关于非法经营罪中“违法所得”认定问题的研究意见》(2013 年)

42. 《最高人民法院、最高人民检察院、公安部、农业部、食品药品监管总局关于进一步加强麻黄草管理严厉打击非法买卖麻黄草等违法犯罪活动的通知》(2013 年)

43. 《最高人民法院、最高人民检察院关于办理利用信息网络实施诽谤等刑事案件适用法律若干问题的解释》(2013 年)

44. 《最高人民检察院法律政策研究室关于买卖银行承兑汇票行为如何适用法律问题的答复意见》(2013 年)

45. 《公安部经济犯罪侦查局关于利用转账支票为他人套现行为性质认定的批复》(2014 年)

46. 《最高人民法院、最高人民检察院、公安部关于办理利用赌博机开设赌场案件适用法律若干问题的意见》(2014 年)

47.《最高人民法院、最高人民检察院、公安部、国家安全部关于依法办理非法生产销售使用“伪基站”设备案件的意见》(2014 年)

48.《最高人民法院、最高人民检察院、公安部、国家新闻出版广电总局关于依法严厉打击非法电视网络接收设备违法犯罪活动的通知》(2015 年)

49.《最高人民检察院法律政策研究室对〈关于具有药品经营资质的企业通过非法渠道从私人手中购进药品后销售的如何适用法律问题的请示〉的答复》(2015 年)

50.《最高人民法院、最高人民检察院关于办理扰乱无线电通讯管理秩序等刑事案件适用法律若干问题的解释》(2017 年)

51.《最高人民检察院关于办理涉互联网金融犯罪案件有关问题座谈会纪要》(2017 年)

52. 王力军非法经营再审改判无罪案(最高人民法院 2018 年指导性案例)

53.《最高人民法院、最高人民检察院关于办理非法从事资金支付结算业务、非法买卖外汇刑事案件适用法律若干问题的解释》(2019 年)

54.《最高人民法院、最高人民检察院、公安部、司法部、生态环境部关于办理环境污染刑事案件有关问题座谈会纪要》(2019 年)

55.《最高人民法院、最高人民检察院、公安部、司法部关于办理非法放贷刑事案件若干问题的意见》(2019 年)

56.《最高人民法院关于审理走私、非法经营、非法使用兴奋剂刑事案件适用法律若干问题的解释》(2020 年)

57.《最高人民法院、最高人民检察院、公安部、司法部关于依法惩治妨害新型冠状病毒感染肺炎疫情防控违法犯罪的意见》(2020 年)

58. 最高人民法院、最高人民检察院、公安部《办理跨境赌博犯罪案件若干问题的意见》(2020 年)

59.《最高人民法院、最高人民检察院关于办理危害食品安全刑事案件适用法律若干问题的解释》(2022 年)

60.《最高人民法院关于审理非法集资刑事案件具体应用法律若干问题的解释》(2022 年)

61.《最高人民检察院、公安部关于公安机关管辖的刑事案件立案追诉

标准的规定（二）》（2022 年）

62.《最高人民法院关于审理破坏森林资源刑事案件适用法律若干问题的解释》（2023 年）

63. 孙旭东非法经营案（最高人民检察院 2023 年指导案例）

64.《最高人民法院、最高人民检察院印发〈关于常见犯罪的量刑指导意见（二）（试行）〉的通知》（2024 年）